匠心铸魂

——走近大国工匠

赵　西　谭宝国　主编

郑州大学出版社

图书在版编目(CIP)数据

匠心铸魂：走近大国工匠／赵西，谭宝国主编.—郑州：郑州大学出版社，2023.5(2024.6 重印)

ISBN 978-7-5645-9318-6

Ⅰ.①匠… Ⅱ.①赵… ②谭… Ⅲ.①制造工业－先进工作者－生平事迹－中国－现代 Ⅳ.①K820.7

中国版本图书馆 CIP 数据核字(2022)第 252593 号

匠心铸魂——走近大国工匠

JIANGXIN ZHU HUN——ZOU JIN DAGUO GONGJIANG

策划编辑	李勇军	封面设计	孙文恒
责任编辑	暴晓楠	版式设计	孙文恒
责任校对	刘晓晓	责任监制	李瑞卿

出版发行	郑州大学出版社	地　　址	郑州市大学路 40 号(450052)
出 版 人	孙保营	网　　址	http://www.zzup.cn
经　　销	全国新华书店	发行电话	0371-66966070
印　　刷	廊坊市印艺阁数字科技有限公司		
开　　本	710 mm × 1 010 mm　1 / 16		
印　　张	16.5	字　　数	257 千字
版　　次	2023 年 5 月第 1 版	印　　次	2024 年 6 月第 2 次印刷

书　　号	ISBN 978-7-5645-9318-6	定　　价	84.00 元

本书如有印装质量问题,请与本社联系调换。

编委会

前　言

十年树木，百年树人。教书的本质是育人。不同阶段的教育育人的内涵和功能不同，不同类型的学校育人的目标和重点各有侧重。高等职业院校培养的是能在工作一线将成熟的技术和管理规范转变为现实的服务与生产的高技能人才。2019 年印发的《国家职业教育改革实施方案》（又称"职教 20 条"）中明确提出，把发展高等职业教育作为优化高等教育结构和培养大国工匠、能工巧匠的重要方式。"职教 20 条"在特定意义上将高等职业教育的培养目标指向了大国工匠。大国工匠蕴含着两大特征，即工匠技能和工匠精神，而工匠精神是大国工匠的内在本质和核心特征。从人才培养的角度看，大国工匠的培养，不仅要培养工匠技能，更重要的是培养工匠精神。"德者，才之帅。"对工匠精神的培育与推崇，既是才与德、知识技能与思想品德相互关系的要求，也是"挖掘其他课程和教学方式中蕴含的思想政治教育资源，实现全员全程全方位育人"（2019 年 3 月 18日，习近平在学校思想政治理论课教师座谈会上的讲话），解决"培养什么人，怎样培养人，为谁培养人"这一教育根本问题的要求。

洛阳职业技术学院近年来一直把工匠培养作为人才培养和"三全"育人的重中之重。一方面把培养学生的工匠精神、培育未来的大国工匠作为人才培养目标的重要内容，另一方面努力将工匠精神的培育渗透到教育教学的各个方面，并着力使学生在知识与技能、过程与方法、态度与情感的获得与培育中，理解、感受、体悟并重构以工匠精神为核心的精神价值体系。而在教育教学实践中，教师们迫切需要有一本"掌中宝""枕边书"，能对工匠精神进行较为详尽和全面的阐释，并提供恰当的案例，以便于在教学中发挥融入式、嵌入式、渗入式的立德树人协同效应。基于学院党委、行政部门对于立德树人的总体部署和教师教学实践的需求，在宣传统战部的大力支持下，本书获得了2022年学校的规划立项。

培育大国工匠的核心在培育工匠精神。春秋时铸剑大师欧冶子，"融血入剑"，铸就神兵湛卢；莫邪为了铸就剑魂，将生命熔于炉中。中国自古就有以"精气神"铸就重器的传说，这种"精气神"从一定意义上讲，就是工匠之魂，就是工匠精神。"匠心铸魂"："匠心"既是教师的拳拳之心，殷殷之情，也是工匠之心，工匠精神；"匠心铸魂"既是我校教师培育工匠精神的写照，也是本书的主旨。"走近大国工匠"，是本书所要达到的目的，也是教师对莘莘学子成就大国工匠的期许。为了强化对工匠精神的培养，编著团队深入探讨并阐释了工匠精神的劳动起源、历史内涵、时代意义、核心价值，在此基础上，本书围绕工匠精神的意志、思维、品格、情感、志向等个人心理品质，以及工匠精神的内生动力、内在意蕴、价值内核、内蓄根基等四个维度，从家国情怀、科学态度、职业道德、专业素养等四个方面，精选了200个案例，以引导和激励学生在工匠精神的感召下，领悟"技能成就人生"的真谛，进而深钻精研，成就大国工匠；同时，也为教师在工匠培育中，从中撷取润物的一缕春风、一丝细雨提供便利。

本书的特色是鲜明的。一是立足于大国工匠的情志心理特征，利用实例对工匠精神进行了全面解读。这种解读，更能引发师生的情感和心理共鸣，使其有感有悟，可触可摸，为我所用。二是案例选取紧扣学校开设专业，优先选用与专业相关、与洛阳相关，与河南相关的大国工匠、劳动英模，以增加师生的认同感、亲近感，进而通过个人努力，走向大国工匠。三是案例编写多以人物事迹为主，并辅之以简短的体会、感悟，力戒抽象论证、空洞讲解、冗长说明、乏味说教，让师生使用时信手拈来，便能动人以心，起到"感人也深，化人也速"的育人功效。

成书过程是漫长而艰辛的。起心动念始于2020年年末，大家商议干点事，干点有益的事，有益于教师教学和人才培养的事。2021年春天，我们围绕社会主义核心价值观，搜集编写了《公共基础课课程思政故事集锦》，产生了一定的影响。2021年年底，按照学院党委、行政的部署，感受着学校"双高校"建设的热浪，我们紧扣大国工匠的培育这一主题，开始从全校全专业全课程的角度，谋划编写以培育工匠精神为主题的教师工作案头书。经过大量的心血和汗水浇注，如今终于付梓。此时此际，特别感谢时刻关心关注着本书进度的朱美荣书记、赵健院长；感谢亲自给予指导和支持的任晓平副书记、李保安副院长；感谢宣传统战部的直接指导与大力帮助。

本书共五章，第一章由谭宝国执笔；第二章第一、二、三、四节由赵西执笔；第二章第五节，第四章第一、二、三节由何欢欢执笔；第三章第一节，第四章第四、五节由毕予华执笔；第三章第五节，第五章第一、二节由韩卫卫执笔；第三章第二、三、四节由李锡岚执笔；第五章第三、四、五节由张向峰执笔。赵西、谭宝国负责了本书的策划、推进、统稿等工作；侯育谦、毕予华、常书香对本书的工作推进、稿件组织、出版联络等付出了大量的心血。在此，对他们的付出表示衷心的感谢！

本书在编写中，参考和借鉴了许多文章，特别是一些网络上的文章，虽然我们努力与作者联系，但仍有许多原作者无法找到，在此向这些作者致以衷心感谢！

在本书的编写中，虽然我们三易其稿，力求完美，但由于水平所限，不妥之处在所难免，恳请大家批评指正。

编者

2022 年 8 月

目　录

第一章　工匠精神概述

一、工匠精神的提出

中国的工匠由来已久。红山文化的玉猪龙，杭州良渚古城出土的多种玉器，证明了在原始社会末期，已经出现专业的玉石匠人。位于伊、洛河入黄处的双槐树遗址发现的玉蚕、夏朝二里头遗址发掘出的绿松石器件，以及有规制的手工业作坊遗址，都显示出当时已经存在专门的手工业劳动者。殷墟出土的众多精美青铜器，向世界宣示着商朝时中国青铜冶炼与铸造技术的高超。"断竹，续竹，飞土，逐肉"的古诗向后世描绘了古先人制作弓箭、从事射猎的故事；《诗经》中"坎坎伐檀""抱布贸丝"等诗句描述的是木工和商人的活动。近三千年前的齐国宰相管仲，提出"四民分业，士农工商"，说明工匠在战国时期已经作为一个职业类别站在历史的舞台上。随着秦朝的强大和国家统一，手工业和制造业从规制到制度都有了大的发展，车同轨、书同文，统一度量衡，使得手工制造业有了统一的标准；兵马俑坑中出土的大量秦朝文物上的"物刻其名""勒铭记事"，反映了秦朝时国家在制造业上对质量的重视，并且已经有了责任追究制度。

"工匠"一词至少在春秋战国时期已经出现。《说文解字》对"匠"这样解释："匠者，木工也。"以木工为匠人，大概是"匠"字从匚从斤，是木匠最早、最基本的工具，并由此以木工引申为百工之称。《说文解字》对"工"这样解释："工，巧饰也。象人有规矩也。"徐锴注曰："为巧必遵规矩、法度，然后为工。"在这里，明确地提出了把标准作为工匠产品的基础。作为工匠，其产品要"巧"，要"工"，首先必须有标准，有规矩。"工匠"作为有一技之长的制造者的代称，包含着手工业劳动、技术与产品精巧、符合标准规范等内涵。

中国是世界上工匠制度和工匠精神的发源地之一。夏朝二里头遗址考古发掘显示，都城里已经出现成规模的手工作坊，并出土了精美的绿松石器物；殷墟和多处商朝墓葬均发现了精美的青铜铸器和玉器，在商、周时期的众多青铜器中，都存在铸鼎"勒铭"以纪事的情况，把铸鼎的缘起铭刻在器物上；周朝时"士农工商"已经成为公认的社会阶层分类标准；《吕氏春秋》记载的"物勒工名"制度极大地提高了秦国的兵器技术——秦国在兵器生产中，要求工匠把名字刻在兵器上，以示"实名负责"，一方面出现质量问题，可以追究责任；另一方面又促使工匠们用心研究，精心锻造，确保质量。这一制度使得秦国的兵器水平远高于各诸侯国，极大地提升了秦国的战力。秦朝兵马俑的考古发现，兵马俑中长兵器的配件许多都是标准件，某个部件损坏，只要换个配件就行，看似简单，却提高了武器的生产供应及适配能力。这些都显现出早期中国在国家治理层面对工匠的重视。

中国是最早具有和重视工匠文化的国家之一。历史上的许多能工巧匠随着思想家、文学家创造的故事和工匠们创造的典范作品流传下来：屠宰工庖丁的游刃有余，卖油郎倒油时的滴油不漏，"匠石运斤成风，听而斫之，尽垩而鼻不伤"，显示了匠人们娴熟的技艺；伊尹制汤开启中华厨艺，鲁班制造开创木匠一脉，欧冶子铸剑成就龙泉宝剑，不仅有炉火纯青的技术，更包含了出神入化的匠人精神；蔡伦发明的"蔡侯纸"、毕昇创造的活字印刷术，加速了世界文明的传承；李冰父子设计都江堰成就"天府之国"，黄道婆衣被天下；赵州桥设计者李春，天安门城楼建造者蒯祥……一个个耳熟能详的人物，以他们精湛的技艺和卓越制造，功在当时，利在千秋。青铜器、瓷器、木器、玉器、金器、竹器、漆器、丝绸等更是以方寸之物，承载着中国工匠的"精气神"，并以气韵生动享誉世界。始于平凡、成以卓越，工于细微、成以精绝，是工匠的显著特征和外在精神表现。以永乐年间铸造的北京大钟寺古钟为例，这口高 6.75 米、重达 46 吨的大钟，里里外外共铸有 23 万字。每个字都十分清晰，没有错误，全钟没有一处沙眼，敲起来声音洪亮。这样精致神奇的铸造，即便在今天的国际比较中，仍然不落下风。历史精品显现的是巨匠们的超凡入圣，至今仍然在民间流传的"艺不压身""一技在手，走遍神州"等民谚俗语，反映的是社会对于匠人的认同和肯定。

"工匠"是有工艺专长的劳动者。"精神"是指人的兴趣、态度、意志、情绪、思维等心智活动。传统的工匠精神，反映的是工匠们在从事专业劳动时，对劳动过程、劳动技艺、劳动产品所表现出的敬业、专注、执着的态度，是遇到困难时坚持不懈的意志，是青出于蓝、守正创新，对于传承和创新的敬意，是精雕细琢、精益求精，对完美和卓越的无限追求，是万物有灵，将"灵魂"注入产品，使之产生器灵、器韵、器魂，从而达到物我合一、天人合一的求道过程。

工匠由劳动而来，基于中国古代工匠的劳动特征，中国古代的工匠精神主要有以下特点：一是对专业敬重、热爱、专注、执着的态度，即敬业精神。中国传统匠人的师徒传承、尊师重道充分反映了这一点。二是对劳动过程和劳动产品精益求精的无限追求，即精业精神。庖丁解牛是对劳动过程、劳动技艺的完美追求，百炼成钢是对劳动技艺、劳动产品的精雕细琢，干将以身铸剑是对劳动过程、劳动产品无限追求中物我合一境界的生动、悲怆的注解。三是对劳动过程、劳动工艺、劳动产品的改进与创新，即创新精神。黄道婆改良织机工艺，衣被天下；蔡伦造纸，促进了文化传承的大发展。四是德艺兼修的利国利民精神。如木工祖师墨子，擅长制造守城器械，崇尚非攻兼爱；李冰建造都江堰，造福四川；等等。他们都有一种为国为民的情怀。

根植于中国传统文化丰厚土壤中的工匠精神，为新时代中国的工匠精神塑造了鲜明的民族特色。特别是对德艺双馨、物我合一的境界追求，成为新时代中国工匠不竭的动力，使得许多大国工匠在新时代中国的航空、航天、航海、高铁、军事装备等国家重器和民生高科领域踔厉奋发，自强不息，为国家富强、民族复兴不辞辛劳，默默奉献。

改革开放以后，中国快速进入了工业化时代，强大的生产能力使得中国制造走向了全世界。然而，工业化生产的标准化和通用性更多地强调了生产者对标准和规范的遵循与坚持，工业产品的质优价廉与工匠对质量的个性化追求、对质量的精益求精并不契合。时间进入21世纪，互联网技术的发展和信息时代的到来，使得定制服务和个性化需求成为时尚；世界面临着前所未有的大变局，要实现中华民族的伟大复兴，中国经济要保持高位发展，就急需实现从高速发展到高质量发展的转型，中国产品要想在世界上保持强劲的竞争力，中国制造要顺利实现向中国智造、中国创造转变，高素质的技术人才队伍就成了关键。在这种背景下，提倡新时代的工匠精神，不仅是时代的呼唤，也是历史的必然。

2015年春，因为《政府工作报告》的倡导，"工匠"和"工匠精神"成为热词。这是在国家层面首次提出"工匠精神"。2016年3月，《政府工作报告》再次提出：鼓励企业开展个性化定制、柔性化生产，培育精益求精的工匠精神。2016年年底，"工匠精神"一词入选《咬文嚼字》杂志发布的"2016年十大流行语"，"工匠精神"开始受到人们的关注和热议。2017年3月，《政府工作报告》再次强调："质量之魂，存于匠心。要大力弘扬工匠精神，厚植工匠文化，恪尽职业操守，崇尚精益求精，完善激励机制，培育众多'中国工匠'，打造更多享誉世界的'中国品牌'，推动中国经济发展进入质量时代。""工匠精神"被赋予了推动国家经济转型、企业改革发展的新使命，受到了社会的追捧。2017年，党的十九大报告中指出，要"建设知识型、技能型、创新型劳动者大军，弘扬劳模精神和工匠精神，营造劳动光荣的社会风尚和精益求精的敬业风气"。党的十九届四中全会《中共中央关于坚持和完善中国特色社会主义制度　推进国家治理体系和治理能力现代化若干重大问题的决定》提出要"弘扬科学精神和工匠精神"。大力弘扬工匠精神，被赋予了推动经济高质量发展、实现"两个一百年"奋斗目标的重要意义。

2019年春，国务院印发的《国家职业教育改革实施方案》明确指出："把发展高等职业教育作为优化高等教育结构和培养大国工匠、能工巧匠的重要方式。"这标志着"工匠"和"工匠精神"开始从经济社会层面进入教育领域。它不仅阐明了高等职业教育与大国工匠、能工巧匠的关系，也从政策上明确了把培育和弘扬工匠精神，培养大国工匠、能工巧匠，作为高等职业教育的重要目标。

二、新时代工匠精神的内涵

1.工匠精神是爱岗敬业的劳动精神

工匠精神是工匠们在劳动时所表现出来的精神面貌，它和劳动精神具有共同的文化渊源、价值导向和价值追求。从一定意义上讲，工匠精神就是热爱劳动的心态，专注劳动的意志，享受劳动的情感，以劳动为荣的信念与自豪。

工匠精神是热爱劳动、专注劳动、以劳动为荣的精神，是工匠们对劳动光荣理念的认同与坚守。马克思主义认为，劳动创造了人，劳动创造了历史，劳动创造了价值，劳动创造了世界。人类通过劳动使人与动物区分开来，通过劳动创造了物质财富和精神财富，通过劳动提高着自己的能力，实现着自己的人生价值，推动着科技的进步、社会的发展和历史的演变。在社会主义制度下，随着劳动异化现象的逐渐消除，"劳动最光荣、劳动最崇高、劳动最伟大、劳动最美丽"正在成为新的社会时尚。而工匠精神的形成基础与主要表现特征，就是对自己所从事劳动的热爱与坚守，人们因为在劳动中实现了自己的价值而获得幸福感、愉悦感，而幸福感、愉悦感又促生了人们对劳动的自豪感。"艺痴者技必高"，正因他们对劳动的痴爱，才使得他们在困难和挫折面前不动摇、不气馁，不断地改进劳动技艺，提高产品质量。

工匠精神是工匠们在劳动时表现出的创造精神。创造是工匠劳动的典型特征。人类的历史就是一部劳动创造史，人们在劳动中创造了辅助性的生存和劳动工具，如衣服、住房、交通工具等；创造了社会性交往的信息存储交流工具，如语言、文字、书籍、电脑等。随着社会的发展和物质资料的丰富，劳动分工开始出现，除了满足生存需要的一般性劳动外，工匠们不再满足于大众化的、单纯的体力劳动，开始将睿智的思想、宏深的智慧、丰富的情感和崇高的道德融入劳动之中，体脑兼用，以不断挑战自我、超越自我的内力，不断地改进劳动过程、劳动技艺，不断地对自己的劳动产品精雕细琢，以无止境的创造，追求着产品的完美与卓越，创新创造着质量可靠、性能完备、个性特征鲜明的劳动产品。工匠精神中的劳动创造精神，生动地体现了新时代的劳动价值：劳动创造人生，劳动创造幸福，劳动创造未来。劳动创造使得大国工匠、能工巧匠从一般劳动者中脱颖而出，成为经济转型时期急需的人才。

工匠精神是爱岗敬业的职业精神。传统的工匠以个体劳动和手工业匠人为主，现代工匠更多的是具有产业背景、有着稳固职业的个人或群体。爱岗敬业包括爱岗和敬业两个方面，是社会主义核心价值观对于职业道德的基本要求。爱岗，是对自己工作岗位的热爱。作为工匠，爱岗是对自己专业发自内心的热爱，乃至痴迷。工匠的爱岗源于职业精神，又超越于一般的职业精神。他们把工作当事业，全身心地投入，心无旁骛地坚守。敬业，是对待工作的态度。工匠的敬业，既有对待工作勤勤恳恳、兢兢业业、认真负责的普遍坚守，更包含着精钻、细研、专心、执着的坚持。敬业是中国文化的传统美德，孔子主张"执事敬""事思敬""修己以敬"。"执事敬"，是指做事态度要严肃认真不怠慢；"事思敬"，是指注意力要专心致志、心无旁骛；"修己以敬"，是指对自己要严格要求始终保持谦逊上进的态度。

近年来，为了造就一支有理想守信念、懂技术会创新、敢担当讲奉献的中国产业人才队伍，2017年，中共中央、国务院印发了《新时期产业工人队伍建设改革方案》，该方案明确提出，要大力弘扬劳模精神、劳动精神、工匠精神。由此可见，工匠精神和劳动精神、劳模精神共同成为当代劳动者的主流精神。劳动精神从哲学、意识形态角度，为劳模精神和工匠精神提供了理论基础和思想支撑；劳模精神和工匠精神从现实层面诠释了劳动光荣的理念。三者之间相互关联、相互支撑，又互有侧重。就劳模精神、工匠精神而言，劳模精神强调的是对劳动者高层次的道德追求，是对"崇尚劳动、热爱劳动、辛勤劳动、诚实劳动"的劳动观念的恪守；工匠精神侧重的是对产品和技术精益求精的不懈努力，是个人情志上对卓越的产品质量、完美的劳动技艺的专注与坚持。

2.工匠精神是精益求精的品质精神

品质是企业的立身之本。纵观中外百年传承的企业，无一不是把精力专注于产品的高品质。当经济发展从便宜实惠、价廉物美迈向优质优价、品牌效应的时候，品质就成为企业竞争与发展的根本。当企业把生产精品作为时尚与坚守时，工匠精神就成了企业的必需与渴求。

精益求精的品质追求是工匠精神的核心。一个劳动者之所以能称为工匠，其原因就在于他对产品品质的极致追求。精益求精，本义是指一件事、一个产品已经做得很精致，很好了，但还不满足，还要做得更好。精，是精业、精进、精深，是对自己专业技术的高标准、严要求，是永不满足、永不停歇的学习与钻研劲头；精，是精度、精致、精美，也是精品，是对产品的一丝不苟，是对细节的完美追求，是对每一个零件，每一道工序的精心打磨、精细雕琢。精益求精是对产品没有最好、只有更好的完美追求，是不甘平庸、追求卓越的执着精神。

精益求精是过程，是追求卓越的过程，只有进行时，没有完成时。体现在工匠的劳动中，表现为工匠们对完美的无限追求，对自我、对时代的不断超越。从这个意义上讲，工匠精神有着完美主义的特征，每个工匠都是在追求完美的过程中实现着超越。也正因为他们对完美与极致的无休止追求，才使得产品、企业，甚至工匠本人，都被打上了品质的标记。随着品质企业越来越多，中国经济的大国制造、中国创造、高质量发展也就为期不远。

细节决定成败，精度决定寿命。现代工业，特别是智能制造业对细节和精度有着十分严格的要求，满足这种要求，仅仅是出厂标准。谁能制定这个标准，就意味着谁掌握了这个行业的话语权。精益求精反映在对标准话语权的追求上，就要求工匠们在长期的工艺实践和训练的基础上，不断改进工艺，提高质量，始终保持产品的领先地位。精益求精反映在企业品质上，就是不惜花费时间和精力，把精品从99%提高到99.9%，再到99.99%。

精益求精作为工匠精神的核心内涵，对提高企业的生命，提升大国制造的品质至关重要。也正因此，工匠们才能在平凡的工作中显出非凡，在平凡的人生中建立不平凡的功业，在平凡的劳动中实现自己不平凡的价值。

3.工匠精神是追求卓越的创新精神

《礼记》中讲："苟日新，日日新，又日新。"它源自商朝开国君主商汤刻在自己澡盆子上的"盘铭"，旨在提醒自己要自强不息，创新不已。历史上从来没有一个时代像今天一样日新月异，创新正在成为当代成功人士的必备素质。

创新不是必须从无到有，从有到优、从优到改进、开发新功能、磨制新工具、推动产品升级等都是创新。创新有多种类型，既有迭代式创新，也有颠覆式创新；既有微创新的改新，也有巨创新的变革，还有跨越行业界限的创新。追求卓越的创新精神着重强调的是在继承基础上的守正创新，守正是创新的基础，也是创新的源头与活水；而创新方能满足"人们对美好生活的向往"。

自古以来，有效地进行创新和发明的工匠们一直是历史进步的重要推动力量。马钧发明的水车，黄道婆改良织机，毕昇的活字印刷，都有力地促进了人们生产、生活的进步。新中国成立之初，伴随着社会主义建设高潮，倪志福、郝建秀等一大批优秀工匠不断涌现。改革开放后，汉字激光照排系统、充电电池制造、华为的5G技术、高铁研制技术、航天航空技术等诸多行业产生了一大批"工匠精神"的优秀传承者，他们以追求卓越的创新精神，让中国制造、中国创造影响了世界。

追求卓越的创新精神是工匠精神的灵魂。工匠精神强调对劳动的热爱、陶醉，甚至痴迷，但绝不等于因循守旧；工匠精神强调对专业的坚持与执着，也绝不等于故步自封。因为热爱所以苛求，因为陶醉所以痴迷，因为专注所以精准，因为执着所以突破。热爱与陶醉、专注与执着都蕴含着突破极致的内因和追求创新的活力。特别是对于新时代的工匠而言，工具、技术、材料的变革日新月异，人们对美好生活的向往指日可期，要使产品满足市场和人民的需求，既要有对职业的敬畏，对精品的苛求，更要有超越自我、不断突破、追求卓越的创新精神。

品质是企业的生命，精益求精的工匠精神决定着产品的品质和企业的品牌。创新作为工匠精神的灵魂，决定着企业的活力。创造性继承、创新性发展，不断超越、敢为人先，超越自身、超越别人、超越同行、超越昨天……这些富含创造性的工匠劳动所表现出来的工匠精神，赋予产品和企业以活力，可以使企业保持旺盛和持久的生命力。精益求精的品质精神和追求卓越的创新精神相辅相成，成为工匠精神的双翼，为企业的可持续发展赋能。

4.工匠精神是协作共进的团队精神

与传统工匠相比，新时代的工匠在工作环境上已经脱离了手工作坊，他们的劳动对象也不再是一个完整的产品，更多的是作为现代企业大机器生产、流水线生产上的一员，承担其中一道工序、一个环节、一个零件的专业生产。比如高铁的生产，其零部件高达四万多个，涉及列车组、线路技术、接触网、信号通信等多个系统；一列高铁从生产到运行，需要各个环节、各个系统的通力合作，需要多个工种、多种工匠同心协力，分工协作才能实现。

现代化的大生产决定了工匠的劳动只是完整产品的一部分，完美的产品需要的是每个工匠的完美结晶，又不是简单的完美部件的堆砌。这就需要协作共进。协作，就是所有团队成员既有细致的分工，又要严密合作。分工不是各自为战，而是合作背景下的分工；合作也不是职责不明，而是分工基础上的合作。这种劳动特征，就需要每个工匠都具备协作共进的团队意识。在做好本职、本专业工作的同时，也要考虑相关部件的生产与装配。在提高自己产品质量的同时，兼顾到相邻、相关产品的质量，以实现产品质量的整体提高。

协作共进的团队精神作为新时代工匠精神的内涵之一，对于保证现代企业的产品质量有着重大意义。一件产品，只有每个工匠都尽职尽责，每个部件都尽善尽美，每道工序都完美无缺，每个环节都严丝合缝，这件产品才能确保质量。也因此，新时代的工匠不仅要具备"单打独斗"的实力和技巧，还要有相关的知识储备与素养。工匠们共同努力，共同推进，整体提高，是现代企业缔造高质量产品的要义之一。也因此，协作共进的团队精神成为新时代工匠精神的基本内涵。

质量之魂，存于匠心。工匠之魂，存于精神。工匠精神具有明显的情志特征。作为单调重复的劳动者，工匠们通过自己创造性的劳动，为社会创造物质财富、精神财富，追求自我价值实现的幸福感和愉悦感，并在愉悦感中不断激发创造激情，从而为社会创造更加完美、更加卓越的产品与服务。在工匠精神中，热爱劳动是心态，专注劳动是意志，享受劳动是情感，以劳动为荣是信念，也是自信。工匠精神所体现的正是我们这个时代所需的：高尚的价值观，高远的人生境界，博大的人文情怀，良好的人生状态。

三、工匠精神的时代价值与培育

1.工匠精神的时代价值

实现中华民族伟大复兴的中国梦归根到底要靠辛勤劳动、诚实劳动、科学劳动来实现。大力弘扬工匠精神，厚植工匠文化，培育更多大国工匠，是立足新发展阶段、贯彻新发展理念、构建新发展格局、实现高质量发展的必由之路。弘扬工匠精神是社会文明进步的重要尺度，是社会主义核心价值观个人层面价值准则的重要体现，是个人职业道德的具体体现和基本遵循，是员工个人价值实现与个人成长的道德指引。

弘扬工匠精神是社会文明进步的重要尺度。实现中华民族伟大复兴，国家需要物质、精神力量都增强，人民需要物质、精神生活都改善，个人需要物质、精神财富都富足。中国特色社会主义事业需要各行各业的共同奋斗，三百六十行，行行出状元。行业无贵贱，劳动最光荣。工匠精神的弘扬作为社会主义核心价值观在劳动上的具体体现，有助于各行各业的劳动者树立职业自信和奋斗目标，在民族复兴的进程中发挥强大的精神支撑。

弘扬工匠精神是高质量发展的精神源泉。中国经济的高质量发展需要从制造大国向大国制造、中国创造进行转变；需要从高速、走量发展向高增值、品牌经济的发展。只有将"工匠精神"融入生产、设计、经营的每一个环节，才能实现由"重量"到"重质"的突围，中国制造才能赢得未来。工匠精神作为精益求精的品质精神，在企业品牌形象塑造和品牌内涵建设中发挥着重要作用。驰名中外的全聚德等老字号，能够成为品牌上的常青树，无不得益于对工匠精神的坚守。

弘扬工匠精神是员工个人成长的道德指引。在现代企业中，许多员工存在着对企业品牌塑造非常有害的"打工者"心态，他们视企业为客店，对工作疲于应付，当一天和尚撞一天钟。这种心态的产生源于对个人发展前途的无望。现代企业要可持续发展，就必须尊重员工的价值、启迪员工的智慧、给员工的个人发展提供出路。"工匠精神"作为一种职业精神，是基层员工提升精神追求，完善个人素养，实现个人成长、成功的重要道德指引，是其立足本职，规划职业生涯的制胜法宝。

2.工匠精神的培育途径

必须加强、加快工匠精神的培育已经成了全社会的共识。工匠精神的培育需要国家、社会、企业、学校的共同努力。

从国家看，党和政府高度重视工匠精神的培育，相继出台了一系列文件以加速工匠精神的培育；制定了许多政策，鼓励企业建立大师工作室，对大国工匠、能工巧匠，自上而下进行大张旗鼓的表彰。政府的倡导和引导为在全社会形成尊重工匠、崇尚工匠精神的良好氛围开了好头。科学有效的激励保障制度正在逐步建立，这是"工匠精神"得以延续和发扬的重要保证。

从社会层面看，必须形成良好的社会氛围。由于传统文化的影响，工匠在人们心目中仍是无奈的选择，社会和企业对劳动、工匠、工匠精神的重视和尊重程度尚待提高。而这不仅是社会文明进步的重要表征，也是培育和弘扬"工匠精神"的必要条件。

从企业来讲，要建立以工匠精神为核心的企业文化，使得基层员工能在工匠精神的滋养下充分发挥主人公精神，推动企业的发展，而当前企业中普遍存在的对于"短（期）、平（稳）、快（速）"的经济追求与工匠精神的强化是有差距的。

工匠精神培育的主阵地在学校。2019年国务院出台的《国家职业教育改革实施方案》指出："把发展高等职业教育作为优化高等教育结构和培养大国工匠、能工巧匠的重要方式。"首次从国家政策层面明确了高等职业教育在弘扬工匠精神，培养能工巧匠、大国工匠上的重要地位。工匠之魂，在于精神。铸器先铸人，铸人先铸魂。欲成工匠，先立精神。在高职院校大力弘扬和培育工匠精神，需要全课程、全方位、全过程营造育人的氛围。一是在育人目标上突出工匠精神的培育，把弘扬工匠精神纳入人才培养方案。努力将工匠精神的培养渗透到教育教学的各个方面，并着力使学生在知识与技能、过程与方法、态度与情感的获得与培育中，理解、感受、体悟并重构以工匠精神为核心的精神价值体系。二是营造浓厚的校园文化氛围，使学生把成为能工巧匠、大国工匠作为实现自我价值的奋斗目标。丰富校园文化内涵，让大国工匠在校园里有名、有形、有声，让学生能够感知、能够走近大国工匠，让学生能有所感悟、能受到激励。三是培养一支热爱工匠、尊重工匠，具有匠心、匠魂，深刻领会工匠精神的专兼职教师队伍。教师对工匠精神发自内心的尊崇是学生工匠追求的播种机、宣传队，对工匠精神的弘扬至关重要。四是充分发挥课堂的主场地作用。工匠精神与高素质技能型人才所必备的职业精神在内涵上是一致的，爱岗敬业、精益求精、追求卓越的工匠精神，正是职业态度、职业能力、职业精神的具体化，也是社会主义核心价值观在个人层面的具体体现。利用思政课、课程思政，"发挥融入式、嵌入式、渗入式的立德树人协同效应"，将工匠精神融入课程教学。

第二章　工匠精神的内生动力：家国情怀

　　家国情怀是个体在情感和理智上将个人与家庭、社会和国家作为共同体的高度认同、维护和热爱，并自觉承担其责任。家国情怀是中华优秀传统文化的基本内涵之一。《大学》开篇即讲"大学之道，在明明德，在亲民，在止于至善"。要"明明德于天下"，必先修身、齐家，才能治国、平天下。这种文化基因把个体成就、个人幸福、个人价值和家庭、社会、国家紧密联系起来，让人从小就把个人抱负与远大理想、人生追求与家国情怀相融合，把个人价值的实现和国家的前途、民族的命运、人民的幸福一并考虑。

　　家国情怀是建功立业，实现个人人生价值的必备心态。习近平总书记指出："只有把人生理想融入国家和民族的事业中，才能最终成就一番事业。"家国情怀在增强民族凝聚力、建设幸福家庭、提高公民意识等方面都有重要的时代价值。它把个人奋斗与家庭自豪、社会认可、国家利益融为一体，与传统的行孝尽忠、乡土观念、民族精神、爱国主义、天下为公等优秀精神文化相互融合，交相辉映。

　　家国情怀是工匠精神的内生动力，是工匠成为大国工匠的必由之路。生为国民，爱国是工匠乃至全民应尽的义务。人在社会中生存，需要生存发展的物质条件和外部环境来保障；温饱之后，要寻求心灵的慰藉，追求精神的价值。精神有了寄托，工作才有动力；人生有了追求，生命才有意义。当工匠们将个人的发展与国家荣誉相同步，当工匠们带着源于内心深处的对祖国的热爱投入工作，家国情怀所带来的强烈的使命感和责任感会使工匠们以主人翁的自豪与坚持，攻坚克难，精益求精，砥砺前行，在平凡的岗位上做出不平凡的业绩。

梁启超说："知责任者，大丈夫之始也；行责任者，大丈夫之终也。"责任和担当，是家国情怀的精髓。时代不同，人生的舞台不同，个人的兴趣、爱好、职业、能力有异，家国情怀的表现形式也不相同。作为新时代的工匠，尽管不强调像屈原那样为国家"亦余心之所向兮，虽九死其犹未悔"的悲壮，也很少有"人生自古谁无死，留取丹心照汗青"的豪迈，但为了精益求精，追求卓越，进行技术攻关，改革创新，"衣带渐宽终不悔，为伊消得人憔悴"的思想境界还是必备的。

作为中华民族伟大复兴历史进程参与者的当代大学生，作为未来可期的大国工匠，充分发扬"爱岗敬业、争创一流，艰苦奋斗、勇于创新，淡泊名利、甘于奉献"的劳模精神，在专注于个人幸福的同时，还要兼顾个人与社会、小家与国家，把对家庭的情意凝聚在对他人、对社会、对国家和民族的大爱与担当上，只有这样，才能实现人生的真正圆满。

立足民族复兴的时代，基于培育工匠精神的需要，本章的思政故事我们从利国利民、民族精神、心怀天下、报国之志、热爱家乡五个方面进行阐述。

第一节　利国利民

"利"是利益，是便利、有用，它常常与"害"相对应。利国利民是指对国家、对人民都有好处。"利民"有两个意思，一是指能让百姓得到实惠和利益的职业，如工商业者；二是指有利于民。

作为职业，利国利民强调的是所进行的生产与服务能够对国家、对人民有利，有助于国家富强和人民生活便利。作为精神，它是儒家思想中仁爱之心在修身、齐家、治国、平天下中的外在体现，是指人在社会中的所言所行、所作所为，都要考虑到国家利益和人民利益。中国历史上青史留名的人物，无不是利国利民的楷模。"苟利国家生死以，岂因祸福避趋之""为人民而死，虽死犹荣"分别表现了林则徐、王若飞等为国为民、利国利民的崇高精神。

利国利民是工匠精神的内涵之一。毛泽东在《纪念白求恩》中说得非常明确："白求恩同志毫不利己专门利人的精神，表现在他对工作的极端的负责任，对同志对人民的极端热忱……一个人能力有大小，但只要有这点精神，就是一个高尚的人，一个纯粹的人，一个有道德的人，一个脱离了低级趣味的人，一个有益于人民的人。"就新时代工匠精神而言，利国利民并不是一定要做什么惊天动地的大事业，而是以高度负责的态度，以对人民极端热忱的精神，在自己的岗位上，在平凡的工作中，随时随地，把一件件小事做好、做精，在利己的同时，利国利民。

作为新时代的大学生，要想最大程度地实现自己的人生价值，就需要把国家和人民的利益挺在前头，只有这样，你的目标才足够高，你的心胸才足够大，你才会有足够的动力和担当，才能在自己的工作中把个人追求和国家、人民利益相协同，从而实现"利国利民利天下，为人为家为苍生""利国利民利己，为你为我为他""利国利民利己，惠你惠我惠他"的价值追求。

一、大禹治水，利在千秋

上古时期，中原地区洪水泛滥。许多部落背井离乡，人民流离失所。虞舜当了首领后，到处访贤选能。大家一致推荐了禹，说禹为人谦逊，孝敬父母，和气有礼，兄友弟恭，做事认真，生活简朴。经过考察，舜就把治水的大任交给了禹。大禹是个有德行、有能耐的人。上任时，大禹和涂山部落的女子结婚才四天，就告别新婚妻子，带着父老乡亲重整河山的企盼，踏上了征程。

大禹腰缠准绳，左手持规，右手拿矩，带着助手伯益和后稷，风餐露宿，跋山涉水，走遍了中原的山山水水，测量了所到之处的高高低低。他吸取父亲鲧用堵用拦治水的教训，发现了通过疏通水道导水入海的新方法。于是他每到一个地方，便安营扎寨，确定方案，去动员、发动群众加入治水大军。他和大家一起吃住在工地，挖山掘石，肩挑手扛，事必躬亲。

治水中，他曾经三过家门而不入。有一次他从自己家门口路过，听到小孩的哭声，那是涂山氏刚给他生的儿子。他好想进去，哪怕只是拥抱一下妻子，亲吻一下孩子，但他一想到身上的责任、百姓的疾苦和治水任务的艰巨，只能噙着泪，向那间茅草屋行了一个大礼，便带着助手起身而去。

大禹治水讲究智慧。他治水是先治山，通过治山疏通水道。山治好了，水脉通畅了，再治理土地。龙门山的开凿就是例子。当时龙门以南一片沼泽，伊水无处可去。大禹仔细勘察地形，发现要给伊水寻找出路，最省工省力的方法就是开挖龙门山，将伊水引向山北，导入黄河。于是，他足丈肘量，确定地方，挖开龙门山，将伊河经洛河引入了黄河，从此伊水汇流入海，不再为患。

大禹在治水的过程中，足迹遍布祖国的众多大山大川，许多地方都流传着他的传说。传说大禹治水后根据山川地理情况，将中国分为九个州——冀州、青州、徐州、兖州、扬州、梁州、豫州、雍州、荆州，这是中国最早的地理分区。

经过大禹长达13年的山水治理，沧海成了桑田，条条河流驯服般平缓东流，进入大海。洪水退去，昔日的山陵露出了峥嵘，沼泽和滩涂变成了粮田，人民开始安居乐业。大禹治水，摩顶放踵，胼手胝足，以利天下。

有舍才有得，无我才能成就大我，个人的事业只有得到人民的认可，才能获得最大的价值。经过治水，他收获了威望，收获了人心，也收获了自己的地位。他被各部落推举为首领。他的儿子继承了他的地位，建立了自家的王国，这就是中国历史上的夏王朝。

后人为纪念大禹利国利民的丰功伟绩，为他修庙筑殿，尊他为"禹神"。中国有个叫法是"禹域"，意思是说，这里曾是大禹所治理的地方。

二、李春建桥，泽被桑梓

隋代统一全国，结束了长期以来南北分裂、兵荒马乱的局面，大大促进了当时社会经济、文化等各方面的发展。

当时，位于河北的赵县是南北交通的必经之地，从这里北上可到达重镇涿郡，南下可抵达京都洛阳，陆路车旅络绎不绝，水运船只昼夜繁忙。

可是发源于太行山的洨河经过赵州城南，每逢夏季，雨水山泉顺流而下，波涛汹涌，给两岸车辆行人带来极大不便。当地百姓渴望建桥，争相捐资。为此，当地官府决定在洨河上建造一座大型石桥，以结束长期以来两岸百姓交通不便的状况，故选派造桥匠师李春负责大桥的设计和施工。

李春受命后既当指挥官，又亲自上阵，对洨河及两岸的地质情况进行了实地考察，在总结前人建桥经验的基础上，根据水陆交通的需要和自然地理环境的特点，详细计算用料，挑选高技术石匠，提出了独具匠心的设计方案。李春和工匠们采用了圆弧拱形形制，使桥面低，跨度大，节省用料；并在拱肩做了一大改进，将以前桥上的实肩拱变成了敞肩拱，不仅能提高泄洪能力，还能减轻洪水对桥梁的冲击。大拱洞上面两侧各有两个小拱洞，一是美观，二是减轻河水对桥身的冲击力，使石桥的寿命延长。

赵州桥的建成，标志着我国造桥技术达到了新的水平，其影响是巨大、深远的。据资料统计，在1400多年里，赵州桥经受了8次以上的地震考验，承受了无数人畜车马的倾轧，饱经了无数风霜雨雪和洪水的冲蚀，迄今为止，仍然屹立在洨河之上，便利着人们的出行。

三、李冰治水，成就"天府"

《左传·文公七年》记载："六府、三事，谓之九功。水、火、金、木、土、谷，谓之六府；正德、利用、厚生，谓之三事。义而行之，谓之德、礼。"意思就是工匠在生产实践活动中，要遵循社会的道德要求和准则，要满足利国利民的要求。

四川被称为"天府之国"，这与李冰父子率领民众修筑的伟大水利工程都江堰有着密切的关系。2000多年前，四川西部水旱灾害连年发生，旱则赤地千里，涝则一片泽国，老百姓家无隔夜粮，身无御寒衣。秦国改此地为蜀郡后，秦昭王任命李冰为蜀郡守。李冰到任后，亲眼见到当地严重的水旱灾情，认识到治蜀必治水的重要性。李冰就带着他的儿子二郎，由当地农民做向导，沿着岷江跋山涉水进行实地考察和沿途访问。考察后，李冰决定凿山使岷江的水分流一股到山的东边去，在分洪减灾的同时，又可以引水灌田，一举两得。等泄洪时，李冰才发现分洪的效果并不理想，洪水大时西岸仍然会发生水灾，于是再次对岷江进行详细的调查和勘测，一个堪称世界经典的筑堰方案被制定出来：在距离玉垒山稍远的江心修筑一道分水堰，把岷江的水在玉垒山面前分成两股。

李冰见到漫山遍野的竹子和就地可取的卵石，就发动民众砍伐竹子，请来竹工编竹笼，用竹笼装鹅卵石在江中进行筑堰的试验。他发现竹笼小了不行，就让竹工编成长三丈、直径两尺的大竹笼，装满鹅卵石，然后一个一个地沉入江心，在江心筑起了一条狭长的小岛似的分水大堰。大堰两侧垒砌了大卵石护堤，靠内江的一侧称为"内金刚堤"，靠外江的一侧称为"外金刚堤"。大堰筑成以后，从根本上消除了岷江流域的水旱灾害。李冰给大堰起名叫"都安堰"，表达了他对江河安宁的期盼，宋元以后改称"都江堰"。

2000多年前，李冰集中工匠智慧建造的集防洪与灌溉的综合性大型水利工程，采用简便易行的用杩槎截水断流的方法，进行淘滩和维修堰堤。都江堰不仅消除了岷江流域的水患，而且方便了航运，彻底改变了成都平原的面貌，把原来的水旱灾区变成了"水旱从人，沃野千里"的富饶粮仓。

四、蔡伦造纸，传承文明

文字的发明突破了语言交际在时间和空间上的限制，使一发即逝的语言可以"传于异地，留于异时"。人们先是用甲骨作为文字书写材料，春秋时期又发现并利用竹简和木片以及缣帛进行书写。但由于甲骨来源有限，竹木太笨重，缣帛太昂贵，都不适于作为书写的材料。人们迫切需要一种书写方便、造价低廉的材料，以提高传播的效率。于是纸的发明应运而生。

说起纸的发明，不得不提东汉时的蔡伦。

蔡伦出生于一个穷苦家庭，小时候因生活所迫到皇宫当了一名宦官。出身农村的他，动手能力很强，又善于察言观色，很快得到上级的青睐，他的官职也从小黄门一步步升为大总管，还兼任尚方令，监制各种御用器物，并可以近身伺候皇上。

蔡伦经常看到皇上批阅奏章，厚厚的简牍，不太醒目的字体，翻阅起来很费事，时间久了还容易看坏眼睛。于是，他就想，如果能制造出一种简便、轻盈、廉价的书写材料就好了。一次，蔡伦带着手下人来到离城不远的陈河谷游玩，看见溪水中漂着一团枯树枝，上面悬浮着一层薄薄的白色絮状物。他感到很好奇，就蹲下身仔细察看。只见这东西扯扯挂挂，犹如丝绵。蔡伦脑海里闪现出制作丝绵时的景象，茧丝漂洗完后，总有一些残絮遗留在箅席上。箅席晾干后，那上面就附着一层由残絮交织成的薄片，揭下来，是不是可以写字？蔡伦想着，如果用这个东西来做写字材料，应该成本很低。于是他就顺着河流向上游走，发现这些烂絮是由涨河时冲下来的构树皮、烂麻等物纠缠到一块儿，经过一段时间的冲、泡、沤、晒慢慢形成的。回到皇宫后，蔡伦找来皇室作坊中的技工帮忙，找来大量的树木，将树木剥皮，然后将剥下的皮捣碎，用水泡烂，再加入沤松的麻缕，制成稀浆，用竹箅捞出薄薄的一层，晾干，揭下，经过千百次的试验就有了最初的纸张。后来，蔡伦又加以改进，将破布、烂渔网捣碎，将制丝时遗留的残絮也掺进浆中，使制成的纸更结实。

蔡伦挑选出规正的纸张，进献给汉和帝。汉和帝试用后龙颜大悦，重赏蔡伦，并诏告天下，推广造纸技术。蔡伦造的纸越来越好，纸张质地细腻又有韧性，兼有简牍价廉、缣帛平滑的优点，没有竹木笨重、丝帛昂贵的缺点。这是利国利民的大好事，蔡伦因此被封为"龙亭侯"。人们把这种新的书写材料称作"蔡侯纸"。

渐渐地，纸取代了帛、简，成为我国重要的书写材料并普及开来，极大地提高了知识的传载量，有力地促进了科学文化的传播和发展。之后，蔡侯纸传播到世界各地，加速了世界文明的进程，为人类文化发展做出了杰出贡献！

五、活字印刷，利国惠民

毕昇是生活在北宋庆历年间的一介布衣，关于他的籍贯及生平史料的记载较少。关于毕昇的职业，以前曾有人做过各种推测，最为可信的说法是，毕昇应当是一个从事雕版印刷的工匠，用现在的话来说就是印刷铺里的一名工人。因为只有熟悉或精通雕版技术的人，才有可能发明活字印刷技术。

毕昇是个有心人，非常善于观察和总结。他发现雕版印刷术存在很大的弊端：在雕版的时候需要耗费大量的时间、精力和材料，每印一本书，就要重新雕一次版；大量的书版积累起来，保存就要占用很大的空间；而且书版雕成以后，若发现其中存在错字，再改正就难了。一天，他在路边散步，发现一个江湖画师正在往一幅风景画上盖图章，他凑近仔细一瞧，那画师竟把三枚图章穿在一起。毕昇颇有兴趣地看了一会儿，忽然，脑海中闪现出一个想法——将每个字都刻成一个印章，书中写到哪个字，就将哪个字的印章排列进去，这样一来，不就可以排成完整的一页书吗？这一页印刷完毕，这些印章还可以再用；这一本书印刷完毕，还可以用这些印章再排下一本书。如此印刷，岂不比现有的雕版印刷要简单方便得多？他赶紧跑回住处，用胶泥做成一个一个方块，刻上反字，一字一块；接着用火将这些字模烧硬，按韵排列在特制的木格里；然后根据需要将活字排在铁框里固定好，刷上墨就可以印书了。这样的活字可以多次使用，比整版雕刻省时省力，经济还方便。于是，印刷技术因为毕昇而发生革命，中国印刷史因为毕昇而大步迈进。

平民毕昇依靠自己的智慧和实践经验发明的活字印刷术，大大提高了印刷效率，使得书籍从富豪贵族阶层走向平民阶层。这是中国乃至全世界印刷史上的一次伟大变革，在经过德国的进一步发展和完善后迅速传到其他国家，为欧洲文艺复兴运动的到来提供了物质准备，可以说惠及了全世界的国家和人民。

六、心若无我，方成大我

你能想象一个失去四肢和一只眼睛的人如何自食其力，并带着大家开山治水，脱贫致富？朱彦夫就是这样一个人。

1933 年，朱彦夫出生于沂蒙山腹地，14 岁参军，16 岁加入中国共产党，先后参加过淮海战役、解放上海、抗美援朝。1950 年在朝鲜争夺阵地的一场战斗中，志愿军战士在-30℃的低温下与敌人进行殊死搏斗，直到阵地上只剩下一个遍体鳞伤、残缺不全的人——这就是朱彦夫。在这场战斗中，他失去了四肢和一只眼睛。

一个从健康变成重度残疾的人，其所面临的心理压力和生活困难是难以想象的。

抗美援朝结束后，他放下一身战功，回到了自己位于山区的家乡。刚回家的 8 个月里，为了生活自理，他砸了 140 多个碗，摔碎碟盘 23 个、茶杯 7 个，泼掉饭菜无数次，因摔伤用药近百次。一次次失败，一次次重来，他终于拄着双拐站了起来。村民被他的精神感动，被他的坚韧折服。1957年，全村党员一致推选朱彦夫为村党支部书记。当时的沂蒙山沟里穷得揭不开锅，许多家庭吃了上顿没下顿。他当了村支书后，拄着拐杖，用假肢支撑着到田间研究庄稼长势，研究如何育苗，研究市场需求，终于将光秃秃的荒山变成了果园；在战火烧过的贫瘠土地上，种出了高产的作物，带着全村走向了致富道路。

朱彦夫是个勇士。他的勇气不只是在战场上，也体现在面对不能自理的生活上，更体现在他身残志坚、忘我地投入带领村民致富的路上。更了不起的是，在首长的鼓励和同志们的关怀下，他用嘴咬着笔与用残臂夹着笔交替，以自身为原型，写出了 33 万字的自传体小说《极限人生》。

对于朱彦夫而言，人生有极限，人生的极限在于无法超越身体器官的功能；人生又无极限，无极限的人生在于无所不装的心胸。他忘我地投入生产中，执着于生产的研究，2018 年获得"最美奋斗者"的称号，他以实际行动，以坚强的毅力充分展现了大国工匠的精神。人生为了小我，可以坚强，可以颓丧；人生为了大我，唯有挑战和坚强。

朱彦夫，一个失去双手双脚、一只眼睛失明的人，先后荣获时代楷模、全国模范伤残军人、中国消除贫困感动奖、全国敬业奉献模范、山东省优秀共产党员等荣誉称号。他的事迹，荡气回肠。他创造的奇迹，让人相信：世上没有办不到的事情。

七、双目失明，大爱有光

不幸让朱丽华双目失明，她却用双手触摸光明。她看不到光明，却用无私的奉献，用自己的双手推拿出自己灿烂的人生。

浙江嘉兴人朱丽华，13 岁时，因为参加体育比赛而磕伤，造成右眼失明。只剩一只眼睛看世界的她，18 岁时，又由于另一场意外，完全失去光明。很难想象，在最美好的年龄成为盲人，朱丽华该是多么绝望。从此之后，五彩斑斓的世界只停留在她的记忆中，无尽的黑暗让她在很长时间里都沉浸于失明的痛楚和折磨当中。朱丽华彷徨、无奈、绝望，好在她的个性坚强，熬过了上天给她的这场磨难。1985 年，她生命中的春天到了，嘉兴市民政部门开设了一个中医推拿培训班，她被选中去参加学习。在这一年里，她学习认真刻苦，手受了伤，即便是大挫伤打石膏也不间断学习，每次练习练到手都抬不起来。终于，学有所成，她成为当地唯一的盲人中医师。

她以大爱之心对待病患。她技术精湛，治疗脑瘫患儿名声在外。按摩中，为抱住突发抽搐的脑瘫患儿，她扭伤导致椎间盘突出，不得不住院；从事推拿工作 30 余年，她为 22 万人次缓解病痛，治疗了 308 例脑瘫患儿。为解决残疾人的生计问题，她开设诊所，为 100 多名残疾人提供了就业机会。她明白只要心中有光，生命就不会黑暗。

朱丽华双目失明，却心向光明。她常说："自己少花一元钱，就能多捐出一元钱。"她关注社会，关爱他人，热心公益。汶川地震，她缴纳了 10 万元特殊党费；得知寒门子弟上学困难，她初心不改，大爱助人，积极伸出援助之手；几十年资助贫困学生 480 多人，资助金额高达 373 万多元，仅 2019 年一年，她就结对帮扶大学生 36 人，一次性捐助 37 万元。

从黑暗无光的青春，到五彩缤纷的人生，朱丽华经历的风雨并不能用简简单单的几句话说完，可命运的不幸并没有让朱丽华绝望，而是让她在自强不息中奉献社会，惠及他人。这些利民的善举，人民是不会忘记的。她先后获得全国自强模范、浙江省优秀共产党员、浙江省道德模范、《感动中国》2019 年度人物等多项殊荣。

八、心系国民，大勇试药

中国是肝炎大国，而乙肝真正进入人们的视野还不到 50 年。当时的中国正被世界封锁，大批肝炎患者不仅缺乏有效的检测技术，也缺乏有效的治疗方法。在此背景下，陶其敏顺时授命，通过私人关系赴日本学习检测技术。当她学成归来，想用日本的技术进行调查时，日本却拒绝提供检测板。就在大家一筹莫展的时候，陶其敏站出来说，日本的不能用，我们自己做。她加班加点，硬是在四个月的时间里，研制了一套乙肝检测试剂盒。通过调查，发现中国澳抗阳性人数竟高达10%。面对如此高比例的乙肝人群，研制疫苗进行阻断是最好的方法。

疫苗的研制何其艰难！陶其敏进行了无数次尝试，为了加快研制进程，陶其敏的脑子里只有学习和研究，甚至在发生车祸、肋骨被撞断后，只休息了不到一个月，她就咬着牙、忍着痛，让爱人每天用自行车把她推到单位，坚持研制工作。终于，第一支疫苗研制出来了。按照规定，新的疫苗需要动物试验数据，可一直找不到合适的动物，望着每天增加的乙肝患者，陶其敏决定拼了，拿自己做试验。给自己注射，成功了是疫苗，不成功就是病毒，其中的危险可想而知。疫苗注射后，她每天进行体温检测，每周采血检测，一星期，一个月，她毫无反应。大家都知道，试验者很有可能因为病毒而献身，大家和她一样处在长期的紧张与不安中。两个月、三个月，没有人愿意放弃，终于她在体内发现了抗原体。疫苗研制成功了！

乙肝疫苗的研制成功，对陶其敏来说是一"针"万利，可以坐享其成。可为了国人的健康，她将疫苗的制作技术无偿交给了长春生物制品研究所，并依次向全国推广。数十年过去，她要摘掉肝炎大国称号的愿望终于实现：中国人乙肝病毒携带比例由10%降到了7%，5岁以下儿童的感染率更是从5%降到了0.3%。

对于心系国民健康的陶其敏来讲，与乙肝的战斗还没有停止。中国的乙肝病毒感染多始于幼龄期，成人感染者的慢性乙肝转化率仅有5%，但90%的幼龄感染者可发展为慢性肝炎，其中40%可能发展为肝硬化，因此新生儿、青少年乙肝疫苗的接种就成了重中之重。经过她和她的团队的努力，1982年，陶其敏和她的团队研制出特异性高效价免疫球蛋白，可用于母婴传播及职业性感染的预防。1992年，陶其敏又成功研制出基因工程乙肝疫苗，乙肝病毒终于被攻克了！

生命只有一次，陶其敏为了中国人的健康不顾自己、勇于试药、不计名利、造福后代的精神，永远被人民铭记。

九、十年磨砺，终结硕果

俗话说：十年磨一剑。马成福却在文冠果行业磨了 22 年，现在还在继续磨着剑。

1968 年出生于甘肃景泰的马成福酷爱文学，工作后专职从事报告文学写作，但他依然惦念家乡的建设和发展，先后发表了很多篇关于家乡状况的文章。马成福关注民生、关注生态，他曾经写作了《流血的石羊河》《全球生态危机》《发展文冠果绿化大西北》等生态和忧思文章。

2000 年，马成福为了采写《流血的石羊河》，走遍了河西走廊的每一片土地，深谙河西走廊、祁连山和石羊河流域的生态危机和水危机，因此他一直在苦苦思索治理干旱和风沙的良策，寻找一种既抗旱节水又有经济效益的树种。

一次采访途中，在寸草不生的腾格里沙漠边缘地带，马成福看到几棵生机盎然的文冠果，他仿佛在干旱沙漠中遇到了清泉，心底升起"发展文冠果，绿化大西北"和"让西北的农民不再受干旱"的决心和信念。回到家后，他说干就干，在兰州新区承包了一片荒山尝试着用文冠果造林。兰州有一句俗话：在山上种活一棵树，比养活一个娃还难。那里是湿陷性黄土，挖下去几十米都是尘土飞扬的干土。在没有水的艰苦条件下，他利用水车拉自来水种活了 50 万棵文冠果，在水秦路上形成了一道绿色的风景线，也给受干旱困扰多年的当地民众带去了不小的希望。但困难又来了，低产是文冠果的主要特性，马成福认为唯有培育出高产量和高品质的种子才可以解决这个难题。于是他在甘肃景泰创办了西北文冠果基地，带领团队不畏艰难，加班加点搞研发，开始了文冠果创业的漫漫征程。他经常被大家调侃，由一位作家，变成了一个面朝黄土的老农民。马成福丝毫不在意。在他的带领下，团队克服种种困难，终于破解了文冠果移栽成活难和"千花一果"等难题，他的文冠果出现了四瓣、五瓣的果子，产量大大提高了。

一直以来，马成福带领农民脱贫致富，把鲜为人知的文冠果做成了利国利民的新兴产业，他还有着把沙漠变成文冠果林海的豪情壮志：哪怕最后变成沙漠中的文冠果，哪怕沙漠中的文冠果没有太多的食用、医用价值，也要为守护我们的家园做一点贡献。从写作到育林，马成福以十年磨一剑的"雕琢"精神做着利国利民的好事。

十、商圣造秤，诚己惠民

范蠡，又名陶朱公，他协助越王勾践复国之后，隐姓埋名，弃官经商，被后人称为"商圣"。经商中他发现，人们买卖时遇到称重，全凭经验估堆，很难做到公平，便想发明一种衡量重量的工具。

一次，范蠡在路上看到农夫从井里汲水，方法很是巧妙：井边竖着一根木桩，木桩顶端绑着一横木；横木的一头吊一块石头，一头吊着木桶。利用杠杆原理，石下桶上，轻便省力。范蠡受到启发，回家便找来细直的木棍儿，上边钻上小孔，在小孔里系上方便提的麻绳，一头拴上吊盘，可以装东西，另一头挂块规则的鹅卵石，作为秤砣。货多，鹅卵石就离绳远，货少，离得近，这样秤才能平衡。为了方便，他在细木杆上刻出标记。原始的秤就这样诞生了。

秤的标记刻多少，开始还没有规矩。有一天，范蠡抬头仰望星空，看见天上的星星，南斗六星和北斗七星最亮、最稳定，于是就用十三颗星作标记，一颗星一两，十三颗星一斤。这便是中国市场上最早的统一计量的工具——秤。

时间久了，范蠡看到一些商人的欺诈行为，卖东西时缺斤少两。怎么才能规劝、告诫商人行商要厚道呢？范蠡经过苦思冥想，对刻度进行了富有寓意的改进：把秤杆改为红木嵌金星，在十三颗星之外，另加福、禄、寿三星，以十六两为一斤。寓意"经商者若欺人一两，则失去福气（幸福）；欺人二两，则不得'俸禄'（做不了官）；欺人三两，则折损'阳寿'（短命）"，以此教育商人要公平厚道。

秤就这样流传下来，而秤所特有的中国商道文化——童叟无欺、公平交易也随之代代流传。

第二节　民族精神

民族精神是一个民族在长期的历史进程中积淀形成的民族文化、民族意识、民族信仰、民族习俗、民族性格、民族价值观念和价值追求等共同精神追求，是民族生命力、创造力和凝聚力的集中体现，是民族赖以生存和发展的精神支撑。中华民族在五千多年的发展中，逐步形成了以爱国主义为核心的团结统一、爱好和平、勤劳勇敢、自强不息的民族精神。这种精神，作为中华民族赖以生存、共同生活、共同发展的核心和灵魂，奠定了中华民族坚不可摧、绵延不绝、奋发图强的立业根基。

一个民族的发展与崛起，不仅取决于经济、科技，而且取决于民族精神。弘扬和培育伟大的民族精神，是衡量综合国力的重要指标，也是实现民族复兴伟大中国梦的要求。高昂的民族精神，作为中华文化的核心与精髓，具有凝聚和动员全民力量、树立民族形象、提升国际竞争力的重要作用。具体而言，在中国制造向中国智造、中国创造的转型中，有助于调动和发挥每个工匠的工作积极性，从而汇聚起蓬勃的创新创业力量，推动中国经济的高质量发展。

民族精神是"历久弥新的"。从愚公移山到红旗渠精神，从后羿射日、共工怒触不周山到抗日战争、抗美援朝，从精卫填海到海南造岛，从木牛流马到动车高铁，从嫦娥奔月到探月工程，这些民族精神和新时代的"伟大创造精神""伟大奋斗精神""伟大团结精神""伟大梦想精神"一起，激励着当代大学生和当代工匠在中华民族复兴的征途上奋力拼搏。

一、统一文字，利在千秋

《三国演义》中有句话："合久必分，分久必合。"似乎是道出了中国历史分裂与统一的规律，却没有道出中国一定要由分到合的原因。在中国人心里，分是偶然，合才是必然。形成这种根深蒂固的大一统思想的原因很多，其中秦朝时统一文字功不可没。

文字的产生，标志着人的思想、感情、意志有了传承的载体，这是人类文明史上最重大的里程碑。春秋战国时期，东周王朝丧失了中央集权，诸侯国各自为政，互不统属，各有着自己的文字。主要有"六国文字"和"秦国文字"两大类。"六国文字"里有楚国的简帛文字，特点是书写在竹简或布帛上，字体颀长。有齐、鲁等国的齐系文字，特点是异体字繁多，装饰笔画醒目。另有韩、赵、魏等使用的晋系文字，特点是结构修长、笔画细劲。以及北方的燕国使用的燕系文字。秦国的文字"大篆"则是接近正统的西周和春秋金文，比较严谨统一。

秦始皇统一六国后，实行郡县制，派人到各个地方行使管理。结果他们到了地方很久，也没有什么消息传来。秦始皇大为恼火，命人下去查问。原来这些人一到地方，就遇到了语言文字不通的难题，上下交流起来十分困难。他们发出的命令百姓看不懂，百姓的反馈他们也不明白。满腹经纶的人竟然"目不识丁"，工作很难开展。秦始皇得知后非常重视，认为统一文字和语言迫在眉睫。他命令丞相李斯着手推行"书同文"政策，力求统一六国文字，打破地方壁垒，实现各地区顺利沟通和交流。

李斯非常重视这件事。他博采众长，在大篆的基础上演化出了小篆。小篆呈长方形，以方楷一字半为度，大致比例为3：2，看起来匀称美观。所有笔画以圆为主，圆起圆收，方中寓圆，富有奇趣。有的上下对称，有的局部对称，上紧下松，辨识度极高，易于推广。所以小篆很快就成为秦朝通用的语言文字，并得到普遍认可。此时，秦朝才实现了真正意义上的统一。语言文字的规范，不但让收复的"六国"民众有了集体归属感，对于中华文明的发展和传承也有着重要的意义和作用。

文字作为文明传播的密码，它的规范统一，不但促进民族融合，推动经济发展，也打破了语言和时间上的局限，使跨时空的知识存储和再现历史得以传承和延续，同时也促进了大一统之下的政治文化事业的发展，凝聚了民众的价值共识，对中国的统一具有重要的意义。

二、遨游太空，大勇无畏

对生命的敬畏和对死亡的恐惧是人的本能，伟大的精神价值就在于超越这种本能，进而把个人生命融入国家和民族事业中，实现自己人生的价值。

航天员杨利伟的"飞天梦"从一开始就打着民族精神的印记。小时候看美国航天员登月的影像，看到太空飘扬的美国国旗，他便萌生了带着五星红旗遨游太空的梦想。这梦想有他个人的兴趣，更有为国争光的雄心。22岁时，他如愿成为一名空军歼击机的飞行员，又凭借过硬的技术和身体素质被选为中国第一批宇航员。

去北京接受培训前，他和战友们都以为航天员的待遇很好，结果等他到了地方才发现屋里除了承重墙什么都没有。简陋的条件反而坚定了杨利伟成功的决心。他克服各种困难，加紧训练，最终脱颖而出，成为中国第一个进入太空的宇航员。

作为中国第一个太空宇航员，这在外人看来是殊荣，但在他看来，自己面对的是未知的危险，可能会付出生命，甚至是尸骨不存。爱国情操、民族大义是杨利伟拼搏的精神底气。2003年10月15日，他乘坐"神舟五号"飞船，开始了惊心动魄、惊险重重的首次太空航行。火箭刚脱离地球，飞船就遇到前所未有的强烈震动。杨利伟回忆说："当时的震动极其痛苦，五脏六腑似乎都要碎了，心里就觉得自己快不行了。"他只能一动不动，强忍痛苦。地面指挥官也陷入了空前的紧张，盯着一动不动的杨利伟，所有人都安静了，生怕他出意外。直到飞船进入太空，杨利伟被窗外的光线刺激得忍不住眨眼，指挥大厅有人大喊："快看啊，他眨眼了，利伟还活着！"返航过程同样惊心动魄，由于火箭上升与落地的气压不一样，返航时飞船窗户发生破裂。看着细小的裂纹越来越多，杨利伟做好了牺牲的准备。在一闪而过的恐惧和慌张中，他想到的是，即便自己牺牲了也是十分值得的，因为这也能够为中国的航天事业带来前所未有的经验。最后好在有惊无险，杨利伟成功着陆。

太空之旅是由许许多多的惊魂一刻组成的。杨利伟作为中国太空旅行第一人，所面对的困难与危险、所承受的心理压力也是空前的。在危难面前，他对国家民族的忠诚，以及践行这种忠诚所表现出来的大勇，换句话说，他这种敢于为祖国奉献、牺牲的爱国主义精神，正是伟大民族精神的体现。

三、爱恨建毁，大义伤情

"科学虽没有国界，科学家却有自己的祖国。"在近百年屈辱的岁月里，国家强大、百姓安乐、社会繁荣是每个爱国者的追求。在国家民族利益面前，许多仁人志士把自己的好恶爱恨与国家民族共振。我国的"桥梁之父"茅以升，一生情系桥梁，视桥梁如爱子，可为了家国民族，他却亲手炸毁自己费尽心血建造起来的钱塘江大桥。

茅以升出生于乱世，长大后他深感国家积弱，立志改变这种局面。从美国学成归来后，正赶上政府修建浙赣铁路，需建一座横跨钱塘江的大桥。但是钱塘江水势复杂，建造难度很大，许多外国知名专家都束手无策。心系祖国的茅以升顶着巨大的压力，接下了这个工作。两年的时间里，他带领团队呕心沥血，攻坚克难。最终凭借中国人自己的力量建起了钱塘江大桥。看着自己心血凝聚而成的大桥设计精美，实用性强，茅以升有着万分的自豪和骄傲。

然而刚刚通车三个月，为阻挡日军侵略的铁蹄，当局就命令他炸掉钱塘江大桥。看着自己的得意之作，茅以升心潮难平，不禁痛哭起来："这比亲手杀死自己的儿子还要难受啊！"但是茅以升明白，当时建桥是国家需要，是为中国人扬眉吐气、谋福利，此刻炸桥也是爱国，是为阻挡日寇的侵略。

1937年12月23日，日军逐渐逼近富阳。茅以升早早来到大桥边，看到逃难的百姓全部经过大桥离开，含泪发出了"炸桥"的命令。他心血凝成的、建成仅通车89天的钱塘江大桥被炸成六段，通途彻底瘫痪，日军的铁骑被完全挡在了城外。

事后，茅以升郁郁寡欢多日。他自嘲说："我怕是这世界上唯一炸桥的建桥专家吧。"他还写下了"不复原桥不丈夫"的诗句。抗战一胜利，茅以升就马不停蹄地投入大桥的修复工作中，继续为祖国的桥梁事业发光发热。

四、踔厉自琢，为国争光

高铁事业在中国快速兴起并迅猛发展，背后有无数技术人员的自强不息和默默奉献。宁允展就是这无数技术人员中的一员。

2006年，仅有技校学历的宁允展被选为第一个学习380A型列车转向架定位臂精细研磨技术的工人。转向架是高速动车组关键技术之一，定位臂则是转向架的核心部位。对于初中毕业就上技校的宁允展来说，无数个问题扑面而来。这看似简单的工作，方寸之间有乾坤，比绣花还要精细百倍。可以说，如果把高铁列车比作长跑运动员，转向架就是"腿脚"，定位臂相当于"脚踝"，是转向架的核心部位，通过定位节点和轮对连为一体。在高速运行状态下，定位臂接触面要承受几十吨的冲击力。为保证安全可靠，定位臂和轮对节点必须达到75%以上的贴合率。在高速动车组进入批量生产后，转向架研磨效率跟不上生产进度，这一问题使宁允展寝食难安、日思夜想：如何才能解决这个问题呢？经过无数次尝试，他有了一个大胆的想法。他摒弃了外方研磨工艺，采用更加精准科学的方法，研发了"风动砂轮纯手工研磨操作法"，将研磨效率提高了一倍多，接触面贴合率从75%提高到90%以上，成功打破了这个长期制约转向架批量生产的瓶颈。他对研磨的精准理解与把握让日本专家叹服不止。

终于，京沪高铁试车时，CRH380A型列车以486.1公里的时速，刷新了高铁试运的世界纪录。380A型列车也是中国高铁首家获得美国商标专利、具有自主知识产权的列车，成为向世界推销的一张国际名片。它向世界展示了中国后来居上、踔厉自强的奋进精神。每小时486.1公里试运速度的世界纪录背后，是高铁列车每一个配件、每一道工序的完美无缺，是宁允展等一个个工匠的精益求精。

与当下许多人的精致利己追求不同，宁允展不为金钱不为权，一门心思搞技术，踏踏实实做手艺，将对技术的极致追求与完美苛求和国家的高铁事业同步发展，为中国的高铁技术增了光添了彩。正是许许多多的宁允展，使得中国从高铁大国成为高铁制造大国，并使中国制造跨越品质门槛，成为优质制造。宁允展本人也获得了"大国工匠年度人物"的称号等诸多荣誉。

五、创新图强，惊艳世界

新中国成立后，面对作坊式的工业状况和资本主义的全面封锁，国家在洛阳建立了第一拖拉机厂。为了突出重围，一拖利用香港这个开放的国门，从欧洲购进了一台履带式拖拉机，安置在专门的厂房里。从全国各地会集的技术人员，将该拖拉机一遍遍地拆卸，一遍遍地研究。大家发扬自力更生、奋发图强的精神，群策群力，1958年，新中国第一台拖拉机在一拖下线，中国农机工业从此实现了零的突破。

一拖集团通过模仿学习，自主创新，拥有了"东方红"这个驰名的中国商标。"东方红"这个响亮的名字，反映了新中国翻身农民的喜悦心情。一拖的工匠们博采众长、创新研发，以奋发图强的雄心，在农业现代化、农业自动化的道路上领先奔跑，中国第一台拖拉机、第一台压路机和第一台军用越野汽车均诞生于此地，使中国快速走上了农业机械化道路。

2018年10月，由河南省智能农机创新中心自主研发的国内首款无驾驶室的纯电动无人驾驶拖拉机——"超级拖拉机1号"亮相洛阳伊滨区。蘑菇头GPS天线、鲨式呼吸信号灯、隐形式不锈钢外壳、毫米波雷达……这款极具"科幻感"和无人驾驶"黑科技"的高颜值、高性能智能农机一下子就引得众人驻足观看。作为国内首款无驾驶室的纯电动无人驾驶拖拉机，"超级拖拉机1号"整机重1.6吨，由无人驾驶、智能控制系统的"大脑"，动力锂电池、中置电机驱动系统的"心脏"，以及智能网联系统的"耳朵"等组成。功率达50马力，可满负荷工作4个小时，相当于能将重量约3.7吨的重物每秒提升1米。由于世界范围的人口老龄化加剧和全球农业人口减少，农业现代化是农业发展进程中"机器换人"的必经过程。同时随着新能源汽车的规模化应用发展，新能源电池成本越来越低、性价比越来越高，协同创新研发无人驾驶拖拉机，可以抢先布局，未雨绸缪，在农业自动化新一轮的风口上站稳脚跟。

当"超级拖拉机1号"出现在被誉为"亚洲第一、世界知名"的中国国际农业机械展览会上，立即惊艳四方。参加展览会的美、英、法、德、意等国同行专家高度关注。日本一家世界知名的农机企业社长称赞其是整个展厅最特别、最具创新性的展品。

60 多年前，我们引进一台，如获珍宝；现如今，我们创新创造，让世界惊艳。

六、大国重器，功成有我

"两弹一星"作为国之重器，凝聚着一代人的心血功力。其中既有科学家的荣誉，也有大国工匠为国为民甘于奉献的精神。在我国独立研制原子弹、氢弹的过程中，为了确保"两弹"制造完美无缺，在缺少精密自动化设备的情况下，技术大比武在全国范围内开展，其中的优胜者以精湛的眼力、手工、技术，完成了不逊于机器的车工、钳工、焊工技艺，从而参与了原子弹、氢弹的制造。他就是中国火箭发动机焊接技术的第一人——高凤林。

20 世纪末，为长三甲系列运载火箭设计的新型大推力氢氧发动机，大喷管的焊接一度成为瓶颈，其大喷管的延伸段由 248 根只有 0.33 毫米壁厚的细方管组成，全部焊缝长达 900 米，工作过程中，走神、注意力分散、身手不稳……只要稍一疏忽，就可能把管子烧穿或者焊漏。面对大喷管的首次焊接，高凤林不舍昼夜，连续奋战一个多月，终于攻克焊漏和烧穿两大难关，成功焊接出了第一台大喷管。不料在随后的 X 光检测中显示有 200 多处焊缝裂纹，工作面临被判"死刑"的命运。大家异常担心，高凤林却异常镇定，他从材料的性能、大喷管的结构一一分析，并进行剖切试验，在 200 倍的显微镜下，发现了 X 光机所检测的"裂纹"只是焊漏与夹角所造成的假象。于是，第一台大喷管成功试车，新型的大推力发动机成功应用，大大提升了火箭的运载能力。

工匠之大者，需要大量之付出。因为工作忘我，高凤林被同事称为"不吃不喝的骆驼""和产品结婚的人"等。他自己说："连续熬夜最长的一次将近一个月，每天到凌晨 5 点左右。"老母亲 98 岁高龄都没有脱发，他却已经鬓发稀疏了。焊接时为了攻关，他常常不顾环境险恶，为此多次负伤，鼻子因伤缝针，头部受伤进入异物，经三次手术方才取出，黄豆大的铁屑由于贴近胳膊上的骨头至今无法取出。

工匠之大者，需经大事之考验。2006 年 11 月，诺贝尔奖获得者丁肇中教授委托秘书辗转找到高凤林，希望高凤林帮助解决一个技术难题。原来由世界 16 个国家和地区参与的暗物质与反物质探测器，将搭乘美国"奋进号"航天飞机到国际空间站执行探测任务。探测器用的是液流氦低温超导电磁装置，在制造中遇到了大难题，此前已经来了两拨世界级高手，但由于难度巨大，所制定的实施方案一直没能得到认可。高凤林领命之后，经过充分论证，提出了自己的工作思路，工作方案得到专家肯定，随之通过了国际联盟总部的评审。高凤林也被美国宇航局委以特派专家的身份参与项目督导实施。

在高凤林的手中，诞生了我国长三甲系列运载火箭、长征五号运载火箭的第一颗"心脏"，也就是氢氧发动机喷管。在几十年的工作中，他攻克了航天焊接 200 多项难关，先后为 90 多发火箭焊接过发动机，占我国火箭发射总数将近四成。因此，他也被称为中国火箭发动机焊接技术第一人。在 2014 年德国纽伦堡国际发明展上，高凤林一人同时获得三项金奖。

七、自立自强，自造枪炮

1937 年抗日战争全面爆发后，中国工农红军改编成国民革命军第八路军。全面抗战使八路军的人数增加，从而导致武器装备很不匹配，很多士兵不得不用冷兵器的大刀、长矛和梭镖与日军作战。为了提升部队战斗力，我们党提出了"没有吃没有穿，自有那敌人送上前。没有枪没有炮，敌人给我们造"的口号。一方面通过战争缴获进行补充，更重要的是自上而下发起大生产运动，全党全军和各根据地都开展了红红火火的生产自救。从中央领导摇纺车、三五九旅垦荒种田到各军区开办兵工厂，从简单的枪械修理到制造出特色鲜明的抗日武器，为抗击日寇和中华人民共和国成立提供了精神和物质保障。

在众多的八路军兵工厂中，位于山西省黎城县城北 45 公里的黄崖洞兵工厂是最大的，也是最著名的一个。1939 年春，毛泽东决定开辟一条自己生产武器弹药、自己装备自己的生路。1940 年，经过大家自力更生，艰苦奋斗，黄崖洞兵工厂开工生产。最初是枪械修复和复装子弹，后来开始制造子弹。要制造子弹，就得生产填装子弹使用的无烟药。虽然火药从宋朝开始在我国就已经大量使用，但那是黑火药。而子弹使用的是化学火药，也叫无烟药。要制造无烟药，又必须从制造硫酸开始。在边区深山里制造硫酸受到许多条件限制。没有耐腐蚀的铅板，没有容器，工厂因陋就简，用水缸、瓷盆、铁锅、铁罐、切面机、压面条机等就地取材的民用工具，制成了硫酸等十几种化学药品。1941年，无烟火药硝化棉研发成功，并开始生产子弹。到1944年时，已经能够月产浓硫酸7200公斤、浓硝酸2400公斤、无烟药360公斤、硝化甘油炸药7900公斤，还可以制造迫击炮、手榴弹、地雷等。

兵工厂还生产了一种看上去毫不起眼的手榴弹，在黄崖洞保卫战中竟成了克敌的利器！这种手榴弹是一个足足五斤重的圆球。是专门针对晋西多山区且战场多在山顶或山腰而设计的。在日军发起进攻时，点燃这种手榴弹，让其顺着山势滚下，往往给敌人造成意想不到的打击。在日寇围攻黄崖洞时，这种充满智慧的武器就发挥了特殊的作用。

前线的需要就是兵工厂努力的方向。黄崖洞兵工厂还开始制造枪械。制造枪械最大的问题是特种钢，没有特种钢，八路军就通过破坏日军的铁路，用铁路钢轨来代替，克服种种困难，设计制造了轻便易携带、200米精准度的"八一式步枪"。

兵工厂的工人们在艰苦的岁月里所形成的自力更生、艰苦奋斗、不怕困难、严谨求实的作风，深刻地影响了新中国的军事工业。这些兵工厂的技术工人后来几乎都成了新中国军工企业的骨干，为新中国的军工事业、国防事业发展做出了巨大贡献。

八、自强不息，感天动地

鲁迅说："我们从古以来，就有埋头苦干的人，有拼命硬干的人，有为民请命的人，有舍身求法的人，……这就是中国的脊梁。"以愚公移山、铁杵磨针等为代表的中国寓言、故事，恰恰是这种民族精神的形象写照。

《列子·汤问》中写了一个中国人妇孺皆知的寓言故事——愚公移山，

很能说明要成为大国工匠所必备的一些精神和品质。传说中的太行、王屋两座山，方圆700里，高万仞。山的北面住了个快90岁的老头，因为山的阻塞，出入都需要绕行山道，年纪大了，他就异想天开，召开家庭会议说："我们一块努力挖开大山，修一条路，怎么样？"子女们可能是孝顺，也可能是把他当老小孩看，纷纷表示同意。只有他老伴提出疑问："凭你的力气，一个土丘都削不平，你能把太行山、王屋山怎么样？挖下的土石放哪儿？"儿孙们可能是看热闹不嫌事大，就说把土石填到渤海里。好了，意见达成一致，近90岁的老愚公开始率领家中的男劳力上山凿石挖土，往渤海边运送。从太行山到渤海，一年才能往返一次。河曲有个老头叫智叟，讥笑愚公说："你太蠢了，就凭你风烛残年，苟延残喘，连山上的草木都无可奈何，还能把土石怎么样？"愚公听了感叹道："你这个老顽固，真是不开窍。即使我死了，还有儿子，儿子又生孙子，子子孙孙无穷匮也，而山不加增，何苦而不平？"一席话说得智叟理屈词穷。于是愚公一家就日复一日地继续着他们神圣而伟大的事业。

愚公挖山的事迅速传开了，握着蛇的山神听说了这事，怕他没完没了地挖下去，哪天把山神庙也给挖了，也可能是被愚公的精神给感动了，就向天帝报告，天帝被愚公的诚信感动，便命令大力神的两个儿子把愚公家门前的两座山给背走了。从此以后，从河北到汉水，一路平川，再也没有了阻碍。

"聪明者最愚蠢，愚蠢者最聪明。"这句话揭示了聪明和愚蠢的辩证关系。聪明者往往被困难吓倒，被世俗的流言左右，未开弓已回头；愚笨者脑子一根筋，认定的事情八匹马也拉不回。在现代人看起来，愚公移山虽然荒诞无稽，但揭示的智慧却是人生走向成功的一大法宝。不管是波澜壮阔的社会斗争，还是精益求精的个人追求，都离不开初心不改的坚定信念和使命在身的坚韧不拔。要成为大国工匠，从愚公移山的故事，我们至少可以得到如下启示：

成功的10000小时定律——一生只做一件事，把一件事做到极致；

坚定信念，使命在肩，是人生成功的一半；

成功需要的是生命不息，挖山不止；

专注于自己的内心，别被世俗左右。

九、布衣子爵，放羊太傅

民族精神的核心就是爱国爱民，就是祖国有难，勇于支援的深厚情感。民族精神不一定是流血牺牲、为国捐躯，力所能及地为国家贡献自己的力量也是十分可贵的。卜式就是这样一个人，"但行好事，莫问前程"，最终实现了人生的逆袭。

西汉时期，洛阳有个农民叫卜式，兄弟二人分家时，他把全部家产留给弟弟，自己只带了一百只羊上山放牧，他经常和羊群在山里吃，在山里住。在他的经营下，羊长得膘肥体壮，羊群也逐年扩大。当时北方的匈奴骑兵经常到汉朝地盘上抢掠烧杀，他们突袭而来，遇上汉军，又飞驰而去，百姓不胜其扰。卜式得知汉武帝决定对匈奴开战这个情况后，主动给汉武帝上书，表示愿意捐助一半家产，支援对匈奴的战争。

汉武帝很惊讶，就派官员了解卜式的情况。官员找到卜式问："你想当官吗？"卜式答："我只会放羊，不会当官。"官员想："舍财又不要官，是不是有冤屈，想引起皇帝注意？"卜式说："我从来不和大家争利，邻居们有困难，我就资助。讨伐匈奴，这是大家的事。应当有力出力，有钱出钱。当官为将的，应该不怕牺牲；大家都这样做，匈奴一定可以打败，边境就安定了。"官员回去后，如实向汉武帝汇报。当时的丞相公孙弘说："这事儿不合常理，这家伙想必是个大奸大恶之徒。希望陛下不要搭理他。"结果这件事不了了之。

卜式继续过着他放羊的日子，经营的羊也越来越多。

一年后，匈奴投降，汉朝获胜。由于战争消耗，国库亏空很大，汉武帝下令让地主捐钱。卜式得知消息后，找到河南太守，主动认捐了 20 万钱。河南太守将认捐名单呈报给皇帝，汉武帝审看名单时，又看到了卜式的名字。方才明白，真是以常人之心度君子之腹了。于是，汉武帝下令赐给他 400 人的更赋钱，官封中郎，爵为左庶长，并赐给农田 10 顷，还布告天下。

皇帝赐官，卜式却不愿接受。无奈的汉武帝对他说："你不是擅长放羊吗？我后花园上林苑中有很多羊，你就来帮帮忙吧。"卜式不好推辞，穿着布衣草鞋，做了放羊的郎官。一年后，皇帝游园，发现羊群大了不少，就客套地问他有什么秘诀，卜式说："非独羊也，治民亦犹是也。以时起居；恶者辄斥之，毋令败群。"汉武帝听了很惊讶，认为即便是放羊，卜式也能找到规律，认真执着，用心专一。当即封他为缑氏令。他上任后，勤政爱民，不负圣望，将缑氏治理得井然有序，汉武帝觉得卜式精神高尚，忠厚有才干，应该重用，最后卜式被封子爵，并官拜太子太傅。

卜式作为一个普通的牧羊人，身份卑微。"以鸿渐之翼困于燕雀，远迹羊豕之间，非遇其时，焉能致此位乎？"卜式的青史留名，固然与当时的环境有关，但更重要的是时代、国家和人民需要这种具有高洁品行和民族精神的人。

十、民族工艺，大国情怀

每一个朝代都有它独特的印记。唐朝作为世界公认的中国古代最强盛的朝代之一，其建筑更是独具一格，给我们留下了许多难能可贵的研究资源。

黄德节，1966年出生于福建省福鼎市点头镇一个农村家庭。从小他就喜欢宏伟庙堂里的斗拱。14岁那年，黄德节开始跟随父辈等民间工匠，专注学习传统建筑的鲁班榫卯大木结构。19岁拜师国家级大师左国保先生，开始钻研唐宋传统古建筑技术。他从研究斗拱开始，专心领悟斗拱下接柱身，上承屋檐，以独特的杠杆结构支撑中国古建筑特有的大屋顶形态。斗拱之间以榫卯结合，不使用一根铁钉，这样纵横交错的组合犹如在梁架与柱间增设了一层弹簧，若遇地震，可如太极般以柔克刚，化解地震冲击。

自20世纪80年代初期开始，随着国家经济的发展，黄德节带着他的团队相继承建修复了众多民间古建筑工程。福建福鼎八景之昭明寺、资国寺，福州五大丛林之西禅寺，太姥山金顶寺，等等，无不闪耀着他们的智慧。

仁寿寺，位于佛山市禅城区。"山高佛为峰，水清禅入境，林幽心无尘，莲香法华生。"这是仁寿寺的设计理念。仁寿寺的大型仿古建筑样式丰富，尤以屋顶造型最为突出。作为历史上代表性的佛山佛教寺院，仁寿寺于2018年迎来了新一轮的改造。由于项目的规格高、用材大、使用斗拱技术等特殊性，经政府及寺方深度考察，决定邀请民间古建筑匠师黄德节来担任仁寿寺木结构部分承建工作。黄德节携民间匠师百余人，在仁寿寺不遗余力苦干多年，终将仁寿寺木结构部分呈现给大众。相比国内寺院大多采用的钢筋混凝土结构，仁寿寺中轴线建筑全部为仿唐木结构。全殿采用传统榫卯结构，将民族建筑工艺与当代传承手法巧妙融合，赢得了广泛的美誉，彰显出民族自信。

黄德节认为，当代中国国运亨通，人民富足，这种强盛，用具有中国文化精髓的传承建筑来表达，融合当代精神的创新，方能展现我们的大国胸襟、民族情怀。作为民族的历史遗存，盛唐建筑的血脉继承一定不能中断。作为一名工匠，不为后人、民族留下值得记忆的东西，是不负责任的表现。

第三节　心怀天下

天下，是指没有时间、空间、地理限制的"普天之下"。在中国传统语境中，天下既有地理意义上的疆域，如中国、世界；也指在该范围内的国家政权，如"天下共主"；还指苍生、百姓。《江山》有句歌词："打天下，坐江山。"习近平总书记讲：江山就是人民，人民就是江山。心怀天下，就是心怀苍生，心怀世界。

茶余饭后，中国人总爱坐在一起谈天说地。从国家大事到家长里短，无所不包。其中所反映的是"家事国事天下事事事关心"的胸怀，也正是中国传统文化中天下意识的体现，更是中华民族共同体意识和人类命运共同体意识在民间的表现。

从"身居陋室，心怀天下"到"天下兴亡，匹夫有责"，这是中国人家国情怀的写照，也是中国被世界认为是文化国家的主要特征。从"千古第一相"的伊尹，到四处奔走以熄战火的墨子；从悬壶济世的李时珍，到新冠肺炎疫情防控期间"逆行"的医护人员；从衣被天下的黄道婆，到

"誓叫天下无饥饿"的袁隆平……一个个大国工匠立足本职，心怀天下，把自己的工作做成了天下的事业。在追求个人发展的同时，改变着人民的生活；在努力实现个人价值的同时，最大限度地实现着兼济天下苍生的心愿。

心怀天下是工匠精神的内生动力之一。心怀天下可以使工匠立意高远，从更广大的视野和更辽阔的格局看待自己的工作；可以使工匠产生动力，社会的需要和人民的口碑给予他们奋进的力量；可以使工匠更加执着专一，人民的企盼是不竭的加油站；可以使工匠成就更大的辉煌，人民日益增加的对美好生活的追求就是工匠最绚烂的华章。

一、中华厨祖，伊尹之志

伊尹，夏朝末年人，因其母居伊水之上，故以伊为氏。伊尹是商朝初年著名的政治家、思想家，因其在军事、厨艺、医学等方面都成就非凡，被后世人尊为历史名相，有着"中华第一相""千古第一相""奴隶宰相"的称号。

伊尹小时候被寄养在为有莘氏做饭的庖人之家，从小耳闻目睹，长大后在烹饪上有许多独特的做法和见解。他重视汤水对美味的作用，"凡味之本，水最为始"；他强调火候的适度，"九沸九变，火为之纪"；他擅长五味调和，"调和之事，必以甘酸苦辛咸，先后多少，其齐甚微"；他总结了美食的标准，"久而不弊，熟而不烂，甘而不哝，酸而不酷，咸而不减，辛而不烈，淡而不薄，肥而不腻"。他还独到地将烹饪之道上升到治国之道。后来历史文献中很多冠以"伊尹"的词语往往表示厨艺的高超，比如"伊尹煎熬""伊尹负鼎""伊尹善割烹"等。也因此，伊尹被列为"华夏十大名厨"之首。至今在中国香港、中国台湾、新加坡等地的中餐烹饪同行仍尊奉伊尹为"厨圣""厨祖""烹调之圣"。

伊尹生活的时代，正是夏朝晚期，夏桀的荒淫无度、暴虐无道使得百姓深受其害。伊尹由于常研究三皇五帝和大禹等贤明君主的为政之道而远近闻名，以至于求贤若渴的商汤三番五次以玉、帛、马、皮为礼前往有莘国去聘请他。伊尹接受了商汤的聘请，开始辅佐商汤取天下，兴社稷，救万民，成就了商汤在中国历史上的圣名，开创了商王朝500多年的基业。

从奴隶到宰相，从与汤汤水水打交道的厨师，到一人之下万人之上，伊尹的成就得益于他的胸怀天下、心系苍生，他看到老百姓受苦受难，就像自己将之推入沟中一样难受。

"伊尹之志"，意思就是怀抱天下的志向。职业无贵贱，地位无高低。只要胸怀天下，心有大义，即便是厨师，也能遇水化龙，成就不世之功。伊尹以拯救天下之民为己任，以汤济为药治病医世，以天下为案板治世救民，苏轼在《伊尹论》中感叹道："办天下之大事者，有天下之大节者也；立天下之大节者，狭天下者也。夫以天下之大，而不足以动其心，则天下之大节有不足立，而大事有不足办矣。"意思是说，胸怀天下能成大事的人，应该是道德高尚、坚守节操的人。为天下谋福祉的人，是把名利看得很轻的人。天下的财富都打不动他的心，那么天下的大事业就可以交给他做了。

二、心系苍生，国士无双

立足当下，心怀远方。这是许多成功者的心志特征。

被称为"杂交水稻之父"的育种专家袁隆平一生有两个梦想：一个是"禾下乘凉梦"，一个是"覆盖全球，造福世界梦"。

1953年，袁隆平从遗传育种专业毕业后，被分配到湖南安江农校，从事红薯育种的教学、研究。那是个粮食短缺的年代，温饱是最大问题，就连国家主席也在缩食。年少的袁隆平走在街头，看着面黄肌瘦的行人，暗暗地想：努力，一定让人民吃饱饭。

袁隆平从事水稻育种工作期间，除了生病、睡觉外，其他时间全部都是在田地里度过的。1960年的一天，正在田地搞研究的袁隆平发现了一株鹤立鸡群的水稻，经研究证实为"天然杂交稻"。这个偶然发现使他的研究有了重大突破。偶然中有必然，偶然是因为不期而遇，必然是他扎根田间，处处留心。试验在获得突破的同时，也受到了社会主流研发者的质疑。年仅30岁的他，面临着权威的压力和世俗的抵制，甚至在1968年还遭遇了恶意破坏，有人将他精心培育的700多株杂交水稻抛到了机井里，幸亏他在寻找中发现了残存的秧苗，才使得试验能够继续下去。

从东北到海南，从夏季到冬天，年复一年，袁隆平成功选育出世界上首个实用高产杂交水稻品种"南优2号"，使水稻亩产从250公斤提高到1500公斤。1976年，"南优2号"在全国大面积推广种植。袁隆平打破了经典遗传学观点的束缚，被称为"杂交水稻之父"。他所解决的不仅仅是水稻育种的科研问题，更是中国人吃饱吃好的国计民生大问题。

"发展杂交水稻，造福世界人民"，让全世界不再为吃饭问题所困，是袁隆平一生的追求。为此，他带领他的团队长期致力于杂交水稻在世界范围内的推广和普及。目前，杂交水稻已在世界各国种植800万公顷，印度、越南、孟加拉国、菲律宾、美国等均有大面积种植，每公顷平均产量比当地品种高2吨左右。

2021年5月，91岁的袁隆平因多器官功能性衰竭而去世。去世前的三个月，他还在海南的繁育基地里坚持工作。在他的梦想里，"田里的水稻很高，有高粱那么高，穗子有扫帚那么长，米粒有花生米那么大，他就坐在这样的稻穗下乘凉"。这个梦想，有他，有小我，更有人民，有大我。他立足水稻育种这一具体工作，心系世界人民吃饭的大问题，无愧于"时代楷模"，无愧于感动中国的"国士无双"。

2004年《感动中国》给袁隆平的颁奖词写道："他是一位真正的耕耘者……当他名满天下的时候，却仍然只是专注于田畴。淡泊名利，一介农夫，播撒智慧，收获富足。他毕生的梦想，就是让所有人远离饥饿。"

三、平欠抑涨，商济天下

商人多奸，这是中国人的世俗之见。人们谈到"商人"二字，往往联想到金钱和利益。逐利是商人的本能，但逐利的过程和利益的分配蕴含着许多商人取之有道、诚信好义、济世救人、兼济天下等高尚品德。中国文化要求商人具备"智""勇""仁""强"四种品质。"智"是要有智慧，而不是小聪明。"勇"是商人要抓住商机，勇于决策，不能畏首畏尾。"仁"指的是对人要有仁义，切勿太过于奸诈。"强"指的是商人要有赢不骄、亏不馁的意志力和毅力。该理论就出自2500年前，生活在洛阳，被称为"商圣"的有道商人白圭。

白圭，战国时周人，因擅长经商被世人熟知，是"中国历史上著名的100位商人"之一。白圭经商的理念是"乐观时变"，就是要时刻留意农业生产变动和市场行情，掌握好时机，才能赚取厚利。而且，他擅长的经营原则就是"人弃我取，人取我与"，说白了就是不跟风。这个道理看似简单，但真正做起来是有难度的。在战国时期，他的这种理念可谓非常超前。

白圭选择从事农产品行业，他认为民以食为天，天下百姓最离不开的东西就是粮食，如果经营有道，既能为自己带来丰厚的利润，也能平抑因为粮食歉收所造成的天下灾荒。白圭在粮食丰收、粮食价格相对低廉时，进行大量收购；到了粮食欠缺、价格上涨时，白圭就把囤积的粮食以高于收购价的价格出售。如果遇到灾荒之年，他囤积的粮食销路更好，而农民遇到灾年颗粒无收时，他也会无偿捐助，帮百姓渡过难关。因此，他深受农民的爱戴。

有人将商人分为三类：仁商、诚贾、奸商。白圭就是仁商的代表。他曾说过："如果做不到言必信，那么信用就到头了；如果不重视声誉，那么名声就到头了；如果不重视仁爱，那么亲情就到头了；如果不会用人，自己又没本事，那么事业就到头了。"白圭自己胸有大义，眼有百姓，非常节俭，吃苦耐劳；跟雇工同甘共苦，在雇工遇到困难时，乐于施助，故后世尊他为"商祖"和"商圣"。

四、一丸济世，儿童方舟

当下，几乎上年纪的人都有个童年记忆，那就是吃糖丸。这糖丸就是顾方舟研发的。

20世纪60年代，脊髓灰质炎（俗称小儿麻痹）在中国暴发，仅在南通市就有2000个孩子发病，此疾病在易感儿童中隐性传染，病发后破坏脊髓神经，导致孩子呼吸麻痹和终身残废，引起人们的极大恐慌。当时正是七八月的高温天，许多人家封门闭户禁止孩子外出。在这样的情况下，31岁的顾方舟临危受命，研制脊灰疫苗。

顾方舟，1926年生于上海，在乡亲们的资助下进入大学学医。他深知，医者仁心，不能只为赚钱。大学期间他努力学习知识，宣传公共卫生，努力把专业、职业、个人使命和社会担当融为一体。

1955 年，江苏南通脊髓灰质炎暴发性传播。为了争分夺秒研发疫苗，他将家搬到云南的大山深处，寻找动物做试验。疫苗进入临床试验阶段，由于缺乏试验对象，他先是以身试药，又冒着凶险，瞒着家人将自己的孩子当作试验对象。在他的带领下，试验室其他人员的子女也参与了临床试验。一个个目不转睛的白天，一个个提心吊胆的夜晚……一个月过去了，参与试验的孩子安然无恙，第一期临床试验通过后，第二期、第三期相继成功。为减轻儿童服用疫苗的痛苦，他将疫苗做成糖丸；为了提高效率，减少接种次数，他将病毒的三个血清放在一个糖丸里，在一定时间里吃三次，就可对三种病毒免疫。这种方便保存与服用的糖丸疫苗接种率高，性价比高，已经成为几代人的时代记忆。顾方舟也被称为"糖丸爷爷"。顾方舟等人的努力，使得新中国小儿麻痹发病率从 1949 年的 0.0406‰，下降到 1993 年的 0.00046‰。2000 年，世界卫生组织（WHO）认定中国已经阻断脊髓灰质炎本土野毒株的传播。

2019 年 1 月，顾方舟因病去世。他曾说过，他这一生，只做了一件事。但正是这一件事，使得祖国的数十万"花朵"免受疾病折磨；正是这一件事，保护了中国儿童健康成长。他的成就立足于他的职业，立足于他的"让千百万人受益"的初心。他说："我这一辈子，不是说从别人那里得到了什么，而是说我自己能给别人什么。"这是他的胸怀，一个心怀天下的医者的情怀，一个共产党员的情怀。正如协和医院的院长王辰对他的评价："他是国家的顾方舟，是人类的顾方舟。他的功劳和成就，确实可谓功在当代，泽被子孙。"

五、席不暇暖，墨子兼爱

墨家学派创始人墨子，名翟，生活在大约公元前 468—前 376 年。他出身卑微，年轻时放过牧，当过木工，并且有很强的匠人天赋，传说他造出来的守城器械就连木匠的祖师爷鲁班也无法攻破。墨子曾经学儒术，因不满其烦琐酸伪，自创墨家学派与之抗衡。墨子主张兼爱、非攻，尚贤尚同，节用节葬，尊天事鬼。当时他门徒众多，鼎盛时有上千人。由于人员多开支大，为维持日常运转，墨子将他们培训成了技术精湛的工人，打家具、搞建筑、造守城器械。后来这些门徒都成为受老百姓喜欢的木匠和各诸侯国最抢手的"军火商"。他们生产的连弩车、转射机是当时火力最强大的重型武器。但他们通常只为防守方制造武器，绝不卖给侵略者。

墨子颇有侠义之风，为了天下太平，常常四处奔走，席不暇暖，清锅冷灶。广为流传的墨子故事就是止楚攻宋。说的是鲁班来到楚国，帮助楚国制造兵器，修建云梯，准备攻打宋国。墨子听说后，便急急忙忙从齐国出发，去制止战争。经过十天十夜，墨子衣服脏乱，头发胡子乱作一团，脚也磨破了，终于到达楚国都城郢。他批评楚王自己物质富足，还要去抢夺别人的财产。并当着楚王的面，和鲁班现场推演攻城和守城的方法。你来我往，鲁班连用九种方法，都被墨子一一破解。墨子说："我的300个徒弟全部学习了守城之法，他们不惜用生命的代价守护宋国。"楚王见取胜无望，便放弃了攻宋的计划。

墨子赤手空拳，单枪匹马，消弭了一场战争。后来孟子形容墨子的高义："墨子兼爱，摩顶放踵利天下，为之。"

墨子是一位思想家，更是一位伟大的工匠。他为了苍生的和平与安宁，以实际行动奔走于天下。十天十夜，靠着双脚，从山东，经安徽、河南，来到湖北，这种精神就足以让天下人敬服！身为木匠，他心系天下。墨子的一生都在为扶危济困而奔走呼号。明知不可为而为之，他是在为信仰而奔走。他的"兼爱""非攻"是要建立一个博爱互利，没有亲疏远近的理想社会。

班固在《答宾戏》中说："孔席不暖，墨突不黔。"是说墨子像孔子一样终日为天下操劳，就连将席子暖热和将炉烟囱熏黑的时间都没有。

六、悬壶济世，利泽万代

宋朝时，以"先天下之忧而忧，后天下之乐而乐"闻名后世的范仲淹年轻时说过一句名言，成为后世中国人职业选择的指导，这就是"不为良相，便为良医"。为良相，可以辅佐明君治理国家，造福天下；为良医，可以救民之厄，利泽苍生。

《本草纲目》的作者李时珍，1518年出生于湖北蕲州（治今湖北蕲春）的一个小山村的医学世家，爷爷和父亲都是医者，自小耳濡目染的全是医者仁心的情怀。他20岁那年，蕲州发生了严重洪灾，洪水过后，瘟疫开始蔓延，病魔吞噬着无辜的生命，李时珍随父亲日夜救护病人，目睹此情此景，更坚定了他悬壶济世、治病救人的决心。

此后，李时珍开始跟随父亲学习医术。他发现许多因为误用药材而耽误治病的案例：有同物不同名的；有同名不同物的；有难以辨识的；有以前的书中未曾记载，因为对药材的认识和使用不统一、不准确而导致患者误用的。这些现象，在李时珍心中掀起巨大波澜，他决定纠正讹误，重修本草。

之后的十年间，满怀利泽苍生为天下计的李时珍，开始了他的使命之行。他全身心地沉浸在浩如烟海的医书宝库中，熟读了《内经》《本草经》《伤寒论》《金匮要略》等古典医籍以及大量的植物学书籍，单是笔记就装了满满几柜子，为修订本草积累了许多珍贵资料。进入具体工作时，问题一个接着一个。一方面本草内容涵盖面广，包括古代能做药物的动物、植物和矿物。另一方面药物的多样性，以及同一药物的生长性状、习性和不同生长阶段的药性药理都需要审慎地验证，比如我们所熟悉的"正月茵陈二月蒿，三月四月当柴烧"。同一种植物，不同月份性状不同，药性不同，只有到实际中去认识，去检验，才能保证结论的准确。于是，李时珍开始走出书房，深入山川田野，遍寻民间医案，一一书实对照，描物画形，摹状写性。他边考察，边行医，足迹遍布湖广、江西、江苏、河南、安徽等省份，行程多达两万余里。每到一处，李时珍便与当地的农夫、药农、猎户、渔夫、矿工打成一片，虚心向他们求救，并用心把药材的药性、形状、特征记录下来，借以丰富、完善、充实、纠正书本上有偏失、不恰当的中药材知识。他还亲口品尝了许多药材，判断其药性和药效。

几十年如一日，李时珍在中医药学的道路上不停跋涉。1578年，一部永垂史册的中药学巨著——《本草纲目》终于脱稿。该书190多万字，共收编药物1892种，附有药方11000余首，插图1100余幅，涉及植物学、动物学、矿物学、化学、天文学、气象学等诸多领域的知识，是有史以来最大的一部本草学著述，被公认为"东方医学的巨典"。19 世纪著名生物学家达尔文曾评价《本草纲目》，说它是中国古代医学的"百科全书"。

《本草纲目》这部旷世名著的问世，功绩彪炳。李时珍从医者初心出发，主动承担济世救民之使命，毕其一生，为后世留下了取之不竭、用之不尽的宝贵财富。他心系天下苍生，后世百姓也永远纪念他。现在，蕲春雨湖南岸的李时珍墓前，花岗岩砌成的墓门横梁上镌刻着"科学之光"四个大字，这是后世对他的最高赞誉。

七、黄婆纺织，衣被天下

宋末元初，黄道婆生于松江乌泥泾（在今上海徐汇区）的一个穷苦人家。当时，正是兵荒马乱之时，蒙古军队锋芒直指都城。山河破碎的南宋王朝，君庸臣腐，置民族存亡于不顾。富庶的江南，竟一派"人家如破寺，十室九空"的败落景象。但是在这烽烟血火里，勤劳的百姓承继着祖先传统，种瓜播谷，栽桑植棉，男耕女织，不断创造社会财富，发展社会生产。黄道婆就是在这样的群众土壤里生根、发芽、成长起来的。

黄道婆幼时家境贫穷，被卖给别人当童养媳。整天辛苦劳作，还要被打骂，她的生活里充斥着辛酸，只有棉纺劳动，才能给她莫大的快慰。每当她看见棉田里那雪团似的棉花，坐在那"车转轻雷秋纺雪，弓弯半月夜弹云"的棉纺画卷里，便感到一种难以形容的快乐。她非常喜欢棉花纺织，手拴到棉纱上，心织到棉布里，就开始想着怎样提高工效。有一天，她无意中看到海南岛的黎族所生产的匹幅长阔而洁白细密的"慢吉贝"、狭幅粗疏而色暗的"粗吉贝"等，不由得对那些地区心驰神往，暗想：若是能学到那里的纺织技术该多好啊！南游学艺的志向，加上恶劣的生活环境让她勇敢地逃出了公婆家，逃至已有相当纯熟纺织技术的海南一带。为了早日掌握黎家技术，她刻苦学习黎族语言，研究黎族的纺棉工具，废寝忘食，争分夺秒，每学好一道工序，她的心就仿佛开了花。慢慢地，黄道婆的一头青丝换上了白发，丰润的脸上刻下道道深而密的褶皱，但她还是精神抖擞，深钻细研，锲而不舍，刻苦实践，三十年如一日，终于成为一名技艺精湛的棉纺织家。

元朝建立后，统治者为了缓和民族矛盾，实行了一些恢复和发展生产的措施，江南经济开始好转。黄道婆回到她阔别30多年的长江之滨。她抱着造福于民的善良愿望，投身于家乡的棉纺织业的传艺、改良和创新活动中。一方面，她把自己在海南所学向家乡的妇女倾囊相授，另一方面，她把黎家的先进经验与家乡的生产实践结合起来，对棉纺织工具与工艺进行了改革，制造了新的擀、弹、纺、织等工具。与此同时，黄道婆还创造出三锭脚纺车，代替过去的单锭手摇纺车，脚踏的劲儿大，还腾出了双手握棉抽纱，同时能纺三根纱，这在当时是世界上最先进的纺车，实在是个了不起的技术革命。

黄道婆回乡几年之后，松江、太仓和苏杭等地都传用了她的新法，以至于有"松郡棉布，衣被天下"的盛称。黄道婆的一生边实践边研究，有力地推动了我国棉纺织业的发展。

八、春风十里，花开有你

"三十年磨一剑，就干一件事——治沙造林，能让更多的人受益于好的生态，这就是我一生的追求。"这是陈宝军的笃定与执着。

陈宝军，老家湖北，1991年于新疆石河子大学园林系果树专业毕业后，被分配到新疆和田地区策勒县策勒乡乡政府林业站，成为一名技术员。初到新疆，他语言不通，生活习惯不同，到县城买东西，交通工具是驴车，路上是滚滚沙尘。为了尽快适应环境与工作，他利用四个月的时间学习了维吾尔语，了解了当地的文化、风俗。1994年，他进入县林业局工作，他的目光开始盯上浩瀚的沙漠。当时的和田地区年降水量只有35毫米，全年风沙天气有200多天，每到沙尘季，黑沙暴遮天蔽日，年复一年地与人类争夺着可资生存的环境，吞噬着农田和村庄。仅新中国成立后，和田地区被流沙吞没的农田就达46万亩。沙进人退，策勒县县城不得不三迁其址。他自己总结道："那时候叫作一二一天气，就是晴一天，阴两天，下一天土。如果是沙尘暴的话，你晚上睡一觉，第二天醒来，你家里的门就打不开了，让沙子埋住了。"

作为林业局的领导和技术人员，陈宝军和沙漠较上了劲儿。白天，他们头顶 40 多摄氏度的高温平田挖坑，固沙种树，晚上就住在帐篷里。每天工作十多个小时，饿了就吃几口馕，目标就是让树苗成活后成为沙漠的屏障。为了确保苗木成活，他们动心思、想办法，利用县城的苗圃进行苗木的本地培育、引种、驯化，既掀起了造林高潮，又提高了成活率。在他的带领下，策勒县造林 26 万亩，封沙育林 4.7 万亩，果树种植面积 28.6 万亩，当地的生态环境得到了明显改善。

2012 年，陈宝军到和田地区林业草原局当了领导，又把目光放大到了整个地区，开展植树造林，保护植被，建立防沙林带，改善沙漠边缘生态，同时还向沙漠要效益，大力发展红枣、核桃、葡萄、杏等特色经济林，让沙地生金。经过努力，和田地区的人工林生态体系建设走到了全国前列，树林网化率达到 95%；全区特色林果面积达到了 300 万亩，年产干鲜果品超 400 万吨，年产值 80 多亿元，林果收入成了当地农民的主要收入来源。

陈宝军有一股劲儿，这是一股"宁肯掉下十斤肉，不让生态落了后"的拼劲；陈宝军有一颗心，这是一颗立足本职、放眼天下的雄心。从乡村技术员到县里，再到地区，每到一处，他都立足本职，但目光所及，却是那一片天地。他心中的念想，是那片土地上生存的人们。他说："绿化事业要一代接着一代干，持之以恒、坚持不懈，只有生态环境根本改善了，人民的幸福指数才会不断提升。"

凭着他的一股劲儿、一颗心，经过 30 多年的努力，昔日满目的流动沙丘、漫天的风沙已成为历史，取而代之的是林茂草丰田肥的喜人景象。在新疆的荒漠戈壁，陈宝军从一棵树种起，逐渐放眼天地，培育了春风十里，其中花开有你，绿树有你。

九、脚踏实地，心系远方

在内蒙古阿拉善盟额济纳旗西部，被联合国生态环境考察团称为生命禁区的荒漠戈壁上，有一个公路养护站，这便是被称为"千里边防线，西北第一哨"的内蒙古自治区最后一个养护站——达来呼布机械化边防养护队赛汉陶来养护站。孙卫东作为这里的站长，带领 11 名养护工，养护着长达 686.3 公里的边防公路。他们几十年如一日，脚踏实地，眼望远方，以最朴素的感情，最平淡的工作，养护着天下一隅的交通要道，养护着过往行人的安全。

1988 年，孙卫东成了阿拉善盟的一名公路养护工。在最平凡的工作中，他日复一日，年复一年，单调而重复地奔波在公路上，见坑填坑，遇槽填槽，见缝灌缝，抢修养护，普查整修，以确保这条通向远方的公路每天畅通无阻。2009 年，赛汉陶来养护站成立，孙卫东担任了站长。他负责的养护路段条件十分恶劣，长达 600 多公里的作业路段，大家在哪儿养护，就在哪儿露宿，一日三餐就是矿泉水、干饼子、榨菜，因为风沙大，无孔不入，大家都说吃的是馍菜水就沙子。孙卫东说："公路畅通了，边防连队和农牧民的边防巡逻、安全出行和生活物资运输补给才有保障，想想这些，这些年吃的苦都不算什么，再苦再累也值得。"为了保证在恶劣的自然条件下公路畅通和行车安全，他们需要每个月全面养护一次，一次短则十天，长则半月。风刮沙打，雪滑冰冻，越是天气恶劣，他们内心的使命和责任就越坚定。养护班的同志都明白："吃不了苦中苦，当不了养路工，只有公路畅通，自己心里才踏实。"

把养护站当作家，对于守护在荒漠戈壁的养护工来说，是对这片土地的热爱，也是对每一个过往行人的守护。为了确保养护路段的安全畅通，孙卫东有时一个月回不了一次家，虽然家人不吵不闹，但他对家的愧疚和对家人的感谢显而易见。"舍家忘己，献身公路"是口号，孙卫东把这个口号变成了心里的执念。他脚踏实地，心系公路，以自己平凡的工作，让自己养护的公路联通天下。

孙卫东立足脚下，心系公路，确保了边疆公路畅通无阻。他所在的养护站被内蒙古自治区评为全区"最美道班"，他个人也获得了"2016 年感动交通十大年度人物"称号。这是组织和国家对他的认可与肯定。

十、最美"逆行"，大爱济世

2020 年的春节不太平。一场突如其来的新冠肺炎疫情揪紧了全国人民的心，让本该团圆喜庆的新春佳节笼罩着莫名的紧张气氛。

遏制疫情！阻断传播！抢救生命！武汉战"疫"的召唤，国家和人民的需要，检验着全国医务工作者的大仁大爱，大勇大义。54万名鄂地医务人员、346支国家医疗队、4万多名外地医务人员毅然赶赴前线，齐集武汉。

大医精诚，钟南山院士84岁，耄耋之年，临危受命，作为国家卫健委高级别专家组组长——他不但有着精湛的医术，还有着2003年抗击"非典"的丰富经验——他义无反顾地赶往武汉防疫最前线。坐在嘈杂的餐车一角，钟南山略显疲惫，面前摆着文件和电脑。

到了武汉，钟南山建议公众"没什么特殊情况，不要去武汉"，可他自己却做了"逆行者"，义无反顾赶往防疫第一线，风尘仆仆却又那么坚定。满满的行程安排，连轴转的会议，奔赴疾控中心、上媒体直播，这样高强度的工作恐怕年轻人也吃不消。但他顾不上休息，亲自监管指挥部，指导整个疫情防控。组织参与新冠肺炎疫苗的研发，预测疫情的发展，利用抗击"非典"的经验，充分利用现有技术分析结果，对新冠肺炎疫情的发展趋势进行预测。带领医护人员与病毒做抗争，与死神争分夺秒，甚至冒着生命危险亲自拯救重危病人。

钟南山更像一位老者，关心全国人民的日常防护工作，给出积极有效的防疫建议。他的话犹如定海神针，让成千上万的中国人看到了战胜病毒的希望。不少网友说，听见钟南山的名字，犹如吃下定心丸；但也有人表示，年轻人也要赶快成长，钟教授如此辛苦，除了敬意，怎能没有愧疚？还有很多网友感动于钟南山教授不顾个人安危，一心为了民众的无私精神。

钟南山胸中只有一个信念，就是天下无疫、人民无恙。可以说，武汉战"疫"，残酷凶险，但也彰显了以钟南山为代表的医疗工作者的仁心仁术。他们以无畏的"逆行"，谱写了为国家、为人民勇担道义，共克时艰的壮丽华章。把人民装在心里，人民把他立为丰碑。

第四节　报国之志

爱国深情自古以来就融入中国人的血脉中，成为中华民族的文化基因，去不掉，打不破，灭不了。"苟利国家，不求富贵"的忘我，"位卑未敢忘忧国"的自律，"先天下之忧而忧，后天下之乐而乐"的博大，"天下兴亡，匹夫有责"的担当，"苟利国家生死以，岂因祸福避趋之"的勇猛，是无数先贤的真挚表达。爱国之情经过一代又一代人的传承，对每一个中国人来说，既是本分、职责，也是心之所系、情之所归、行之所为。

爱国主义始终离不开民族富强、人民幸福。在奋进新征程、建功新时代的征途中，爱国这一最深层、最持久的情感迸发出来，化为报国之志，强国之行，也是每个中国人最基本的责任。一个人要想有大作为，要想实现人生的最大价值，莫过于把个人的前途、命运和国家民族的进步结合起来，把报国作为自己的立德之源、立功之本。

报国不一定要征战沙场，也不一定有惊天动地之举。坚守平凡的岗位，哪怕是只为了"两弹一星"所需的那颗螺钉，为了航母上的那道焊缝，为了战士作战服上的那枚扣子，为了后方人民的衣食富足……因而艰苦奋斗，自强不息，锐意进取，顽强拼搏，这都是报国。从"两弹元勋"邓稼先隐姓埋名，到"水稻之父"袁隆平扎根乡野，再到"共和国勋章"获得者钟南山的"逆行"出征……无数大国工匠为祖国筑起"万里长城"和"铜墙铁壁"。

国家富强需要工匠的报国之志。因为心怀报国之志，工匠们才会不计名利，不怕困苦，甚至不怕牺牲。"两弹一星"研发时，千万个科技工作者义无反顾地投身荒漠戈壁，为了祖国的强盛而刻苦攻关。他们与放射性物质相伴，随时面临对身体和生命的摧残，但他们一直坚守在自己的岗位上默默付出，从未退缩。

工匠精神因为有了报国之志而精彩。有了报国之志，在参与长征火箭、航空母舰等国家重器的生产时，就会因自豪而不惧困难；有了报国之志，就会因为高铁加工的一颗螺丝，磨平的一点毛刺而骄傲，激励人们在平凡的工作中更加努力，不断出彩；有了报国之志，人生价值也将改写，工匠也从"小我"走向"大我"，进而成为大国工匠。

一、高空穿线，矢志报国

报效国家是一个亘古不变的话题。历史催生了无数个大国工匠，他们用激情，用一腔爱国的热血，努力拼搏，在爱国文化的熏陶中奋进。

竺士杰就是这样一位爱国工匠。

竺士杰，1998年毕业后成为一名码头机械操作工人，在宁波北仑第三集装箱码头有限公司开启了他的职业生涯。这是一个离地40余米、约4平方米的司机室，方寸空间，单调的工作也一度使他感到气馁和灰心。但慢慢地，他发现用吊机把集装箱在岸上与船舶间互相搬运的机械操作中也暗藏着国际难题：桥吊装卸很难同时实现"快"和"稳"。为此，在公司里他向有经验的老师傅请教，回到家里他上网查阅各种资料，还跑去书店买回一大撂专业书，关在房间里自己琢磨。"天下大事，必作于细。""桥吊操作"需要有极致的耐心、精准的操作、细微的手法，以及对职业精益求精、追求卓越的鲜明态度。起初，竺士杰从龙门吊转岗到桥吊，满头大汗地操作了10多分钟，愣是没吊起箱子，最后还是师父帮忙解了围。竺士杰善于在精细中出彩，他不断摸索、反复试验每个环节，掐秒表，将操作细化到每个微小动作。为了练习精准推挡，他卡在手柄上的虎口都磨出了血泡。针对传统桥吊操作方法中存在的问题，他探索出了一套新的桥吊装卸操作法。该操作相比传统操作法节省了一半以上的时间，仅需两个步骤就能让秋千般的司机室稳定下来，帮助司机在40多米的高空"稳、准、快"地完成集装箱装卸作业，显著提升了传统桥吊操作效率，使宁波舟山港桥吊司机平均一次着箱命中率从72.6%提升到了79.68%。提升的命中率虽小，但对于千万级别的码头来说，就是个大数目。他的操作为宁波赢得了许多国际赞誉。

竺士杰获得成功后，一方面继续自己的研究，另一方面开始报效社会和国家，帮助他人。2015年，"竺士杰创新工作室"成立，这个工作室是一个集生产、管理、技术为一体，包含40多名优秀人才的创新团队，其中很多成员是高学历、高素质的人才。以此为基础，竺士杰积极发挥劳模的典型引领作用，打造"金牌导师"团队，为一线工人搭建成长成才的"快车道"。他带领的"竺士杰创新工作室"已拥有技能人才17名，获"浙江省万人计划高技能领军人才"等10余项荣誉。

二、千锤百炼，技能报国

从神舟一号到神舟十一号，从华龙一号到中国第二艘航母，这些打破西方垄断的大国重器，背后都有一个洛阳工匠的身影，他就是中信重工的炼钢工人杨金安。

1984年，杨金安成为中信重工冶炼车间的一名炼钢工人。车间里弥漫的烟尘，四处乱溅的钢花，打雷般的轰鸣声，熔铸着他的炼钢梦。面对艰苦的环境，更要学点真本事，这种想法使他在平凡的工作中成长为不平凡的大国工匠。

他乐观，条件差、活儿累，他丝毫不在意。在他看来，"炼好一炉钢，就像在炎热的盛夏喝了一大碗凉茶，爽透了"。他倔强，厂里进行劳动竞赛，杨金安带着十几个年轻人发了狠劲，一年里有八个月都拿了大奖。他爱学习，平炉改电炉之前，碳的控制、合金回收率等重要指标全凭经验。他到处买资料，了解世界上最先进的炼钢工艺和技术。他爱钻研，随身带着一个工作手册，里边记录着炼钢的种类、材料、大小，以及每炉钢水的电耗、氧耗等，这样的手册他记了50多本，积累成了他的炼钢宝典和数据库。他的工匠室里，有个玻璃柜，陈列记录着他和他的团队克服的一个个难题，其中有为大国重器所铸就的超低碳不锈钢系列、核电钢系列、航空航天钢系列等。

2015年6月10日，他所主持的国内最大规格、超特大型整锻加氢筒体锻件用338吨钢锭浇注如期进行。从早上到晚上，一个个程序，一件件事务，一个个环节，都在有条不紊地进行。到夜里10点，战役将要打响，一声"送电"话音刚落，电极意外打火，让大家都捏了一把汗。杨金安关掉电闸，爬上钢炉，发现是电极夹头磨损，如果修整，需要半天时间，拥有老到经验的他以临时加铜垫片的方式成功解决。6月11日17时，钢水精炼结束；19 时，338 吨超大型钢锭浇注成功。6 月 12 日夜，国内最大的管板锻件成功冶炼、浇铸。三天三夜的时间里，他两破纪录。当人们在开心庆祝时，他手拿开口的啤酒，酣然入睡，梦里，是轰隆隆的响声，红通通的钢花……

"从一个无知青年成长为现在的一名大工匠，是国家、企业为我搭建了平台，所以我始终怀有感恩之心，报国之心。"正是因为立足本职做奉献，尽职尽责勇担当，多年来，他先后获得了"河南省五一劳动奖章""中原大工匠""全国机械冶金建材系统李斌式十大金牌工人""中国重型机械行业大工匠""全国五一劳动奖章"等荣誉。

好钢需要千锤百炼，千锤百炼才能成就优秀炼钢人。杨金安一直坚守炼钢第一线，凭借着执着的精神、高超的技艺，怀揣着一颗为国争光、为厂争气的技术报国梦，先后攻克了航天、航母用钢，核电用钢等一个个难题，打破了国际上特种钢对中国的封锁，造出了世界上冶炼能力最大的钢系，以实际行动阐释了大国工匠的使命担当，为中华民族的伟大复兴书写着制造强国的篇章。

三、行行有道，服务报国

张秉贵 1918 年生于北京，亲身经历了旧社会的深重苦难。中华人民共和国成立后，30 多岁的张秉贵十分渴望投身于祖国的建设中。当时的"新中国第一店"开业招工，张秉贵因有多年的经商经验被破格录用，从此成了北京百货大楼的一名售货员。从一名旧社会的学徒工到光荣的售货员，他非常自豪，并坚定了为人民服务、为国家建设添砖加瓦的信念。

北京百货大楼是当时全国最大的商业中心，客流量很大，外宾也很多，加上当时物资匮乏，购物时通常要排很长的队。为了提高服务水平，树立新中国商业服务的对外形象，他苦练售货技术和心算速算法。服务时，他的售货技术堪称艺术：他练就了令人称道的"一抓准"，顾客买东西，他一把就能抓准分量，顾客要 5 两，他一抓便是半斤。他的"神抓"既让顾客佩服称奇，又大大提高了工作效率。为提高收付款的速度与准确度，他练就了神奇的"一口清"算账速度：顾客会同时购买不同的物品，有时分斤分两买多种糖果，他能一边称重一边用心计算，等到称完包好，他也同时报出了总价。

为应对人员拥挤的情况，他发明了"接一问二联系三"工作法：接待 a 顾客时，便问 b 顾客买什么，同时与 c 顾客打招呼，做到了工作时人不闲、心不闲，使顾客不受冷落心里暖。在问、拿、称、包、算、收等环节，不断摸索，精益求精，使接待顾客的时间从三四分钟减为一分钟。

作为售货员，他技艺精湛；作为服务员，他心里想的是为人民服务；作为新中国商业对外窗口的工作者，他把个人形象与国家形象联系在一起，注重仪表，坚持每周理发，每天换衬衣、刮胡子、擦皮鞋。他把单调重复的商业服务升华到艺术的境界，通过眼、语、行及表情姿态的协调运用，把商业服务做成了"燕京第九景"。有位拄拐的老人，陶醉于他营造的服务艺术，经常来旁观欣赏，老人说："我是个病人，每天来看看您站柜台的精神劲儿，为人民服务的热情劲儿，我的病也仿佛好了许多。"有位音乐家说："你的动作优美，富有节奏感。如果配上音乐，是非常动人的旋律。"

从 1955 年 11 月开始工作到退休，30 多年间，张秉贵腰板挺直地接待顾客近 400 万人次，没有跟顾客红过一次脸、吵过一次嘴，没怠慢过任何一个人。他把为人民服务、为国争光的理念融入本职工作中，他说："站柜台不单是经济工作，也是政治工作；不单是买与卖的关系，还是相互服务的关系。""一个营业员服务态度不好，外地人会说你那个城市服务态度不好，港澳同胞会感到祖国不温暖，外国人会说中华人民共和国不文明。我们真是工作平凡，岗位光荣，责任重大！"

岗位光荣，责任重大。正是基于这种信念和自觉，作为一名售货员，张秉贵用自己心中的"一团火"温暖着每一位顾客的心。因为他的努力与贡献，他被选为中共十一大代表，第五届和第六届全国人大代表。1957 年被评为"北京市劳动模范"。1978 年被北京市授予"特级售货员"称号。1979 年被国务院授予"全国劳动模范"称号。

四、铁路之父，交通报国

中国当代交通工具从绿皮火车到快速火车再到高铁动车，诠释了交通强国、铁路先行的发展理念。"道路通，百业兴。"这句精练的话语，道出了交通建设与经济发展、国家富强之间的密切关系。说到百年铁路强国梦，就不能不说中国铁路之父詹天佑，在国家积贫积弱、风雨飘摇之时，他带领大家独立设计和修建了中国第一条铁路。

1905年，清政府设立铁路矿务总局，准备修建北京到张家口的京张铁路。帝国主义列强听到后，都想拿下这项工程，尤其是英国和俄国，为了逼迫清政府同意，他们私下达成协议：如果中国人自己修这条铁路，他们将不提供任何的材料和技术支持。这种背景下，詹天佑临危受命，担任京张铁路的总工程师。詹天佑作为我国派出的第一批留美学生，目睹了中国落后被欺凌的现状，下定决心，立志要为中国人争一口气，一定要修建好这条铁路。

詹天佑背上标杆仪器，奔走在荒山野地。白天，攀山越岭，勘测线路；晚上，在油灯下计算数据，设计绘图。最难的是南口至青龙桥段，要穿越军都山，军都山坡度很高，按照正常设计，火车爬山异常吃力，甚至可能出现事故。"怎样使庞然大物顺利开上山？"为此，他经常查资料到深夜，不停地用各种方案进行演算，但还是毫无头绪。有天晚上，詹天佑像往常一样，坐在那里思考列车爬坡的方法，一旁的女儿手里拿着一把剪刀，学着他的样子比画着。詹天佑担心女儿划伤自己，便大声呵斥她："把剪刀收起来！"女儿吓了一跳，手里的剪刀掉在了地上。詹天佑跑过来想收起剪刀，却被剪刀的形状吸引，他看了一会儿，突然大声叫道："有了！有了！"妻子和女儿感到莫名其妙，问道："怎么了？"詹天佑激动地说："八达岭的铁路可以仿照剪子那样修建，火车一折一返地往上爬，通过来回折返减少爬坡的陡度，这样就可以顺利地翻过军都山这个陡坡。"很快，詹天佑将方案设计出来，坡度较陡的那一段路以"之"字形修建，京张铁路顺利通车。后来，为了纪念詹天佑，当地人把这段铁路称为"剪子岭"。

京张铁路，是一条难度之大为世界罕见的铁路，也是由中国人自己设计施工的第一条铁路。它的成功鼓舞了人民的志气。是啊！落后就要挨打，就会在国际社会备受欺凌，国家富强才是民族振兴的基础，才是人民幸福的保障！国家富强是詹天佑的梦想，是詹天佑一生自强不息奋斗的动力，甚至在弥留之际，他仍然念念不忘中国铁路的发展。

五、赤子情深，铸梦重器

国家强大的标志之一，就是独立制造并拥有世界领先的国之重器。国之重器的制造需要科学家的呕心沥血，也需要工匠们的精益求精，洛阳中信重工重型装备厂数控车间的刘新安就是这样一名技工。他勤于钻研，敢挑重担，用在"铁疙瘩"上练就的"绣花"手艺，带领团队，攻坚克难，将一个个不可能变为现实，为国之大器、重器的产品配套奠定了基础。

1986 年，16 岁的刘新安进厂当起了学徒。看着师父镗刀飞转，加工出一个个精美的零件，心中的兴奋、好奇化为内在的动力，驱使着他暗下苦功，刻苦钻研。苍天不负苦心人，1993 年，刘新安被组织安排学习操作数显车床。第二年，他便当上了当时最先进的镗铣床的机长。困难和压力同在，责任和机遇并存，一上任，他就接受了一批特急出口件磨辊轴的加工任务。加工中，钻头常常折断，为了找到原因，他拿出了不服输的拼劲，三天三夜盯在现场，硬是找到原因，解决了问题，保证了出口配件交检合格，为中信重工撬开国际市场的大门尽了自己的力量。

2006 年，刘新安荣获"全国五一劳动奖章"。这年，公司引进了当时世界上最先进的数控镗铣床，他受命担任机长。他以 40 岁的年龄，从零开始，学数控编程，学英语。仅半年时间，他就从一个门外汉变成了熟练的技工。之后，他平均每月完成 1600 个工时，年均工时连续 5 年居公司第一，相当于 1 年干了 4 年的活儿。他也成了效率的代名词，他说："我的工作法则是，对限定时间缩短、缩短、再缩短，对有限的时间，利用、利用、再利用。"2009 年，在加工一批出口德国的部件时，奇怪的外观、严格的标准使加工难度陡增。谁都说这活儿太难干了，不敢接。为了攻关，他每天早上 7 点到厂里，夜里 1 点回家，通过反复验证，一举攻克孔位偏差的难题，一次校验合格。2008年，刘新安的工作经验被编成"刘新安工作法"在全厂推广。

刘新安三十多年如一日，扎根生产第一线，从学徒工到全国技术能手，他和他的工匠团队围绕企业重大项目和关键部件进行项目攻关29个。承载着中华民族伟大复兴的首艘航母的航母舰载机起降和回收系统，我国国产首架大飞机C919的铝合金板材张力拉伸机，神舟系列飞船护航的特种钢部件……这些国之重器，都饱含着刘新安等人的辛勤与汗水。

2015年，刘新安获得全国劳动模范称号，"刘新安劳模创新工作室"也在中信重工重装厂数控一车间挂牌成立。2017年，刘新安当选为党的十九大代表。2018年，刘新安被评为第十四届"全国技术能手"，"刘新安劳模创新工作室"入选"国家级技能大师工作室"。

六、战机医生，航修报国

虽然报国不分岗位，不分地区和职业，但是能够为战斗机服务，应该是许多技工的梦想。安徽芜湖国营机械厂的陈卫林，就是这样一位从普通车工，经过自己努力，成为给战斗机检查治病的鼎鼎大名的战机医生。

1997年，陈卫林从技校毕业进入芜湖国营机械厂当了一名普通车工。他积极上进，为了弥补理论知识的欠缺，他先后自学了大专和本科课程。他虚心求教，用心思考，在操作中善于学习老师傅们的工作细节和诀窍。勤奋和钻研使他很快成长为技术骨干。

陈卫林主要从事战机关键、核心零部件的生产、加工、维护。一架战斗机，每个零部件都有自己的作用，影响着战斗机的整体性能，他就负责在战斗机"生病"时对其"把脉诊治"。战斗机的零件多数是唯一的，没有标准替代品，需要他们在没有参数的情况下，克隆一个相同的零配件。拿到一个磨损的零件，如果不能修复，就需要按照该零件再造一个新的零件。2006年，一架新型战斗机需要更换一个螺栓，因国际上技术封锁，厂里向国内其他企业寻求帮助，对方竟开价300万元。陈卫林不甘心，他拆下原零件，比对加工，经过两个月，完成100多道工序后，成功制造出了符合要求，且结构强度更高的螺栓。

某新装备钛合金零件偏心孔精度高，他果断采取分段切削，用数控车床加工；新装备修理需要的铝合金壳体，形体大、壁厚薄、变形大，他合理安排加工路线、切削参数，研究变形规律，解决了变形尺寸控制难题……一个个零件的背后，都需要他们掌握零件功能、进行图纸测绘、编制加工流程、进行零件加工。说起来容易的步骤都需要他们不懈地努力。

一个早年技校毕业的工人，要成长为大国工匠，最难的就是在成绩面前不停顿，不故步自封。陈卫林是个好"医生"，同时经过学习也成了数控车床的优秀程序员。战斗机的阀杆加工就是例子：阀杆在工作中与压盖的间隙只有头发丝的十五分之一，这个大小直接影响飞机性能，在实际加工中，即使把程序设计好了，如果装夹方法不对，对加工的材料没有感觉，也可能什么都没问题，但产品却不合格。陈卫林不只是做好了专业的程序设计，还摸准了机床的脾性，熟悉了材料的感觉，要求自己达到人机一体，心领神生。

陈卫林至今已经修了20多年的飞机。20多年来，他独立或参与完成了350多项零部件国产化自制的攻关任务。对于他来说，"每天都是新鲜的，因为每个零件都是不一样的。做一行就要认真执着地把这一行做到最好"，"想取得好成绩绝非一日之功，没有捷径可走"。随着智能制造时代的来临，工匠精神也被他赋予了新的时代内涵。

陈卫林说："匠人的技能和精神是不可或缺的，从某种意义上说，智能制造应该是匠人和机器的完美结合！"对他而言，匠人精神包含着对国家强盛的美好愿景和个人的不懈努力。

七、以身为饵，诱歼匈奴

"犯我大汉者，虽远必诛！"这句话很为中国人长脸。然而在汉武帝之前，汉朝却常常为匈奴的入侵而困扰。汉高祖刘邦在白登山被匈奴40万大军包围七天七夜，史称"白登之围"。此后汉朝用和亲政策换来了短暂的边境安宁。刘邦去世后，匈奴单于曾给吕后写信，要娶吕后，此等奇耻大辱，还不得不忍。匈奴入侵就像根刺一样扎在了汉朝皇帝的心上。经过汉文帝、汉景帝，到了第五位皇帝汉武帝时，他决定对匈奴进行打击。

汉武帝踌躇满志，鼓励养马，调兵遣将，部署正忙。老百姓长期饱受匈奴欺凌，苦不堪言，这时见朝廷欲动真格，爱国热情顿时高涨。边境附近的马邑有位商人，叫聂壹，他找到巡边的汉将王恢，献计说，匈奴人经常侵犯边境，掳掠烧抢，货物经常被抢，自己可以利用经商的身份，假装与匈奴配合，把马邑献给匈奴，引诱匈奴大军到马邑抢夺货物，汉军提前做好埋伏，堵住匈奴的后路，围歼匈奴大军，甚至可以活捉单于。

聂壹的建议经王恢报到了汉武帝那儿，经过朝堂争议、论证、完善，汉武帝同意了设计合围匈奴的战略部署。汉元光二年（前133），汉朝调集30万大军，由韩安国、李广、公孙贺率领，埋伏在马邑附近的山谷中，由王恢率领3万大军从侧翼切断匈奴退路。一切计划就绪，聂壹以经商为名，求见匈奴首领单于，交谈中，他告诉单于，他的商队有几百人的武装保镖，他可以配合单于杀掉马邑的守官，将马邑献给单于。但马邑地处汉朝腹地，匈奴要派大军进行接应。

议计停当，单于派出使者随聂壹进入马邑。单于亲率10万大军从武州进入汉地，一路直奔马邑。聂壹进入马邑后，找到长官，将一死囚犯处斩，将头悬挂在城门上，以策应匈奴人。单于接到使者报告，火速朝马邑进兵，一路上却发现途经之处只有牲畜没有人，这让单于疑心顿生，在途经一个边防站时，抓获了一个小官，经过审问，得知汉军已经做好埋伏。单于大惊失色，迅速下令撤退。再说汉朝大军，负责拦截的王恢发现匈奴撤兵后，认为以3万敌10万，难以战胜，便退了兵；另外埋伏的汉军，几天不见动静，出兵追击，已经不见敌人踪迹，马邑之围告败。汉武帝以畏敌观望、临阵脱逃下令处死王恢。王恢虽向太后求情，但最终自杀以谢罪。

马邑之围虽然没有成功，但让我们认识了马邑的一名普通商人——聂壹。一个强大的国家，需要每个人去支撑、去维护。作为汉朝商人的聂壹，虽然在两边都能混得开，但匈奴对汉朝的掳掠、对汉朝人的欺负与歧视，深深地刺痛着他的民族自尊心，使得他在国家利益面前，主动献计，甚至不惜以自身为饵，冒着生命危险，为汉朝效力，他所表现出来的大无畏精神，正是中国文化所独有的家国天下的魅力，是一个普通商人报国之心的体现。

八、大爱无疆，医者无界

过去我们讲世界人民大团结，现在我们讲人类命运共同体，这些关系国际关系的大事，却在我们身边的医务人员身上得到了具体的实践。2018年5月28日，中国第20批援助赞比亚医疗队抵达赞比亚，该医疗队由洛阳河科大一附院牵头组建，队员由洛阳22人、郑州2人、济源4人组成，进行为期1年的援非任务。

援非的任务是光荣的，这种光荣不只来自个人的政治、业务素质，更来自国家的需要，代表的是国家的形象。济源市人民医院麻醉科医生、42岁的韩丽准备报名，她刚做完手术的母亲说："这是好事，去吧！"

援非的任务是神圣的。作为医生，职责和使命决定了其形象必然和国家联系在一起，在非洲疫情的高发区，绝不能退缩畏惧。2018年，刚果（金）暴发埃博拉疫情，当有人问："埃博拉一旦蔓延到我们这里，我们会不会撤离？"河科大一附院的医生司建洛说："只有爆发战争，我们才会撤离，因为我们不会打仗。如果疫情暴发，我们只能冲上去，因为我们是医生。"

非洲的生活与工作是危险的。危险来自疟疾、艾滋病、肺结核等在当地肆虐的传染病。应急艾滋病阻断药、抗蛇毒血清及治疗疟疾的青蒿素，在国内时难得使用，在非洲却是常备。虽然万般小心，仍会防不胜防。韩丽在一场手术中意外暴露，在药物预防和检测期间备受煎熬。危险更来自当地的治安。暴乱、示威、打架、斗殴，这些国内不常见的事情，在非洲几乎每天都在上演，于是医疗队严格规定：除了上班和采购，队员不得私自离开驻地。

非洲的工作是艰难的。陌生的城市、困苦的生活、不同的种族信仰，无一不考验着每个人的意志；只具备基础药物和仪器设施的医院，使得援助医生经常需要自己动手维修检查仪器。韩丽说："这里使用的是最原始的麻醉机，很多时候需要手控。"封闭的手术室外加当地高温，每次手术后大家都像脱水了一般。

援非的生活是单调而枯燥的，但援非医生的内心是精彩的。当看到一个个病患康复后感激的眼神，这些医生的内心都会涌起中国人的骄傲与自豪。正如一位援非前辈所说："我们援外医疗队员无怨无悔，为赞比亚人民的健康幸福，我们愿意奉献自己的技术才能。作为国家重任的担当者、'一带一路'的贡献者、中非友谊的传播者，我们深感骄傲和自豪……"

九、匠心铸"剑"，守护蓝天

他学的是钳工，工作中却与铣工产生了特殊的情结。他说，当你有了这种情结，"你所做的工作就不再是工作，而是你想触达特殊情结的感情连接。工作已上升至一种精神，深深地融入了血脉里，精细打磨每一个零件，把产品做到极致精准，对每一个零件、每一道工序都专心雕琢，就像在做一件艺术品"。

他就是我国航空工业闻名遐迩的"铣工王"——航空工业铣工首席"技能专家"、航空工业"技术能手"、全国职工道德建设先进个人、国防科工委"技术能手"、"全国五一劳动奖章"获得者、河南省"中原技能大奖"获得者、河南省政府特殊津贴专家、新乡大工匠、新乡市突出贡献高技能人才——王红杰。

1997年，王红杰怀着对祖国航空事业的热爱，到新乡新航134厂工作，他学的是钳工，却爱上了机械重复、枯燥无味的铣工，在经年累月的打磨下，他以精湛的技术和舍我其谁的勇气，为一架架国产战机打造大梁，在车间里守护祖国的蓝天。

2011年，随着C919等国产战机新机型部分零部件的投产，新品研制、加工的压力剧增，王红杰总是主动承接急、难、无工装、无刀具的任务，如复合角度、不规则的散热器、铣吊耳等，他总是创新利用自制工装和刀具设计装夹定位，实现复合加工，并总能按时圆满完成任务。爱之愈深，嗜之愈笃，技术愈工。军工产品的迭代升级，先进材料和工艺的引进，都需要技术同步跟进。王红杰不断学习，并将前沿铣工理论运用到实际中进行创新。在C919、神舟飞船、某型发动机等十多个型号的零部件加工中，他首创了很多国内成果。如加工某发动机的主燃滑油散热器，体积大且不规则，要保证密封性又不能拆分，整体加工又无法定位，他经过几十天不舍昼夜探索后，终获成功，确保了总装的顺利进行。2017 年，C919 飞机的热交换器装置有两种封条为散热器芯体配套零件，精度要求极高，铣削加工时平行度很难保证。王红杰多次实践，自行设计了一套包括钳口、垫铁、斜铁在内的专用工装夹具，对两种零件进行加工，确保了加工的稳定性和零件的尺寸精度。仅此一项直接为新航创造 200 余万元的经济效益。

"桃李不言，下自成蹊。"他将自身的经验、绝技、绝招毫无保留地传授给他的徒弟，他的 9 名徒弟中，有 1 名高级技师、3 名技师、5 名高级工，多人次在省、市技术比赛中获奖。他所带领的班组也多次荣获省、市级"工人先锋号"。

王红杰说："在为铸剑国防、扬我国威而殚精竭虑、奋斗不息的航空人中，我只是普通的一员，只是为航空工业的发展尽了一些应尽的微薄之力。'全国五一劳动奖章'这个荣誉既让我感到无比光荣又深感责任重大。'天下难事，必作于易；天下大事，必作于细。'一生只做一件事，把一件事做到极致，这就是我工作的意义。我将继续立足岗位，开拓创新，精益求精，为建设新时代航空强国奋斗终生。"

十、"蛟龙"深潜，有我汗水

大项目离不了小工匠，小工匠撑起大事业。2004 年，国家 863 重大专项"蛟龙"号载人潜水器进入安装，该项目是当时世界上潜深最深的载人潜水器，其研制的难度不亚于航天工程。为了确保安装成功，中国船舶重工集团公司七〇二所抽调技术骨干参加总装工作。作为从事钳工安装及科研试验 40 多年，参加和主持过数十项机械加工和大型工程项目安装调试的钳工师傅，顾秋亮成为"蛟龙"号载人潜水器首席装配钳工技师。

顾秋亮一直在平凡的钳工岗位上发挥着不平凡的螺丝钉作用，他爱琢磨好钻研，工作中好啃硬骨头；他干起活儿来专注投入，只要进入工作状态，他很快便忘记了自我。"板太硬又太薄，打个孔要磨两次钻头，螺丝很难吃牢。""蛟龙"号总装开始，就遇到了"吃牢螺丝"的难题，顾秋亮带着钳工组动脑筋，想办法，确保了安装质量。2009 年，"蛟龙"号开始进行海上试验。一出海，顾秋亮便产生了严重的晕船反应，他吞下晕船药，硬挺着走上甲板，顶着60多摄氏度的高温，挥汗如雨地投入工作，使晕船很快"退居幕后"。"蛟龙"号内部维护空间狭小，他需要爬进爬出，才能完成拆卸、安装、维护和保养。4年的海上试验，晃去了他不知多少个不眠之夜。冲刺7000米深度的前夜，他连续两个晚上通宵达旦……

大禹治水三过家门而不入，顾秋亮为了"蛟龙"潜水舍小家成就平凡英雄。2012年6月，整装出发的"蛟龙"号潜水器再次向着7000米的极限深度进行挑战。刚刚启航，他却接到了紧急通知——他的老伴儿重病住院。他万分焦虑，难以权衡，"蛟龙"号就如同自己的孩子："一路走来，我精心呵护着它，伴随它成长，为它整理行装、包扎伤口、精心手术、穿上新装，看它踏上征程，我希望亲自护送它完成其'成人'前的最后一次考验。"经过剧烈的心理斗争，加上组织的宽慰和帮助，他毅然随队出征，完成了7000米级的海试任务，用实际行动展现了新时代的工匠在平凡岗位报效祖国，创造不平凡业绩的英雄风采。

使命感和荣誉感使他完成了一次次的挑战。顾秋亮同志为我国大型试验基地重大试验设施的建设、调试、维护和运行提出了许多行之有效的解决方案，比如在亚洲第一的400米长拖曳水池轨道的高精度安装调试、大型低噪循环水槽的建设工作中，他解决了大型模型安装、测试仪器调整等关键技术。7000米深海的压力达到700个大气压，"蛟龙"号载人潜水器要进行资源勘查、深海观察和深海研究，必须承受巨大的海水压力，只有密封完好才能保证三名下潜人员的安全。顾秋亮根据图纸设计了专用工装，满足了精度要求，又保证了足够的强度。他把中国载人潜水器的组装精密度提升到了丝级，为"蛟龙"号的成功做出了贡献。

2019年4月，顾秋亮被中央宣传部、中央文明办、全国总工会评为"最美职工"。他说："在海上工作生活确实很苦很累，但我感到很兴奋、很自豪。不管是晚上加班到半夜还是早上五点半起床保养潜器，不管日晒还是雨淋，我感到很光荣，能为海试出一份力，我很骄傲，因为在祖国的深潜纪录中有我的汗水，光荣！"

第五节　热爱家乡

家是家乡的家，也是国家的家。家乡与国家一脉相连，好似十指连心。辽阔的祖国由一个个小小的家乡组成，祖国的兴隆才有家乡的繁荣，同样，一个个家乡的发展才能带动祖国的腾飞。热爱祖国与热爱家乡密不可分，相辅相成。

中华民族自古以来对故土的依恋就镌刻在骨血中，并代代传承。大禹为了治理泛滥的洪水，拯救深受天灾之苦的家乡父老而日夜兼程；《诗经》中"昔我往矣，杨柳依依；今我来思，雨雪霏霏"是将士们守护家园时对家乡的思念；还有阔别已久，海峡的那一端仍旧惦念的乡愁。家乡是生命的摇篮，记载着自己的人生轨迹，想起家乡，就会想起亲人，想起带给自己快乐的童年和充满激情的青春，除了她固有的可爱以外，家乡已经被注入了情感内涵，这种情愫已经融进了我们每一个人的生命里。无论是土生土长的家乡人，还是生活在当地的外乡人，或者是旅居在海外的华人，都对自己的家乡有份难舍的情怀。

一方水土孕育一方人。国之工匠们在家乡文化的熏陶下，靠着坚韧的品性，执着于精雕细琢，逐渐成名，成师。但家乡的一草一木、一山一水都时时牵动着他们的感情，召唤着他们用自己的力量反哺家乡、奉献家乡。

造福桑梓是古代匠人的典型价值观。在共同富裕的感召下，热爱家乡，回馈家乡，既是新时代工匠奋进的动力，也是他们报效国家的价值体现；他们的人生也因此而升华，而精彩。

一、泥塑大师李长青

泥塑是一种古老的民间艺术，根植于中华文化沃土，具有强烈的东方情调。在四川省眉山市仁寿县就有一位青年雕塑家，正致力于泥塑文化的发展，他就是"钦斋泥塑"的传承人李长青。

眉山钦斋泥塑发源于清代道光年间，第一代传人酷爱泥塑艺术，因其有一书房名为"钦斋"，便将自己的泥塑技艺命名为"钦斋泥塑"。钦斋泥塑主要从日常生活场景中取材，作品具有鲜明的情感元素。李长青的父亲就是钦斋泥塑传人。受家传泥塑技艺熏陶的李长青，从小就喜爱泥塑，四五岁时就尝试着像父亲那样，用泥土塑造动物、花鸟，有时候捏泥巴太入迷，还会忘了回家吃饭。待到年纪稍长，父亲见李长青实在喜爱泥塑，便开始对他进行指导。父子俩常趁着劳作间歇，坐在田埂上，儿子拿着泥巴操作，父亲在一旁指导。

逐渐地，李长青的泥塑手艺得到了很大的提升，由他创造出来的作品惟妙惟肖，形神具备，十分动人。李长青高中毕业后，父亲希望他把泥塑当作一种爱好，再学习一种谋生手段。但是李长青的心中有一个梦想，就是带着钦斋泥塑走出四川，向全国、全世界展示这民族文化的瑰宝。因此李长青报考了四川美术学院雕塑系，无奈事与愿违，他被该校装潢艺术专业录取。于是他选择了休学，并到世界级雕塑大家王官乙、龙德辉大师的雕塑进修班学习。在那里，李长青接受了专业、系统的学习。一年后，李长青为拓宽视野，丰富自己的创作灵感，开始四处游学。其间，他一边到雕塑企业打工赚取生活费，一边去名校旁听理论知识。渐渐地，李长青开始在业内小有名气，他的作品被越来越多的人喜爱。还有一家雕塑企业开出丰厚的待遇吸引李长青留下。

但此时，李长青又做了一个重大的决定——回到他日思夜想的家乡。他要在钦斋泥塑的发源地发扬泥塑文化，吸引更多的人到他的家乡，感受最经典地道的民俗文化。李长青回到眉山后，创办了一家雕塑企业。经过李长青的不懈努力，2016 年，钦斋泥塑被眉山市人民政府确定为非物质文化遗产，他和父亲也正式成为传承人。2018 年，钦斋泥塑不仅作为川派泥塑代表性项目入选《中国工艺美术全集》，还先后五次亮相中央电视台，更有云南客商一口气花了 40 多万买走钦斋泥塑一套泥人。之后，越来越多的家乡人依靠泥塑文化养家、立业，李长青终于实现了他依靠泥塑发展家乡、建设家乡的志向！

二、"汴绣皇后"王素花

刺绣，是中华大地上一项璀璨的艺术。早在北宋时期，就已经出现了专门负责刺绣的工匠、绣娘，北宋皇宫中专设"文绣院"，负责为皇室的衣物刺绣。北宋的绣品、绣技已经相当卓越超群，明代文人屠隆在《考槃余事·宋绣画》一文中称赞宋绣精彩绝伦："眉目毕具，绒彩夺目，而丰神宛然。"

河南开封，作为北宋时期的都城，数百年来一直流传着由宋绣衍生出汴绣的传说，却一直没有人睹其真容。直到新中国成立后，有一位女子遍寻宋时绣女留下的织锦布片，历经千辛万苦使这门古技重现人间。她就是人称"汴绣皇后"的汴绣技艺传承人——王素花。

王素花，20世纪30年代出生于一个贫苦的家庭，儿时看到母亲为了补贴家用，起早贪黑为大户人家做绣工，王素花也跟着母亲学习起来，渐渐地在村子里有了点小名气。后来，王素花嫁到了开封——汴绣的发源地。新中国成立后，百废待兴。王素花积极地投身到祖国建设事业中。凭着对织绣的热情和兴趣，她主动到开封刺绣合作社当了一名月工资只有四块钱的职业绣工。正是在这里，她接触到汴绣，并给她的刺绣人生带来了巨大的转折。

1958年的一天，开封刺绣合作社突然收到一个十分光荣的任务：将《清明上河图》搬上绣缎，并作为河南省给新中国成立十周年的贺礼。听到这个消息，王素花二话不说，第一个举手揽下了任务。当时她只学了不到两年的汴绣，技艺并不纯熟，但乐观、坚韧、热爱刺绣的王素花没有气馁，她开始加班加点，以厂为家，带领其他绣工，交流争论、反复练习、精益求精。整整四个月，他们吃住在厂里，学习在厂里，工作在厂里。功夫不负有心人，经过大家的共同努力，他们复原及发明了滚针绣、反戗绣、拉链绣等14种新针法。1959年国庆前夕，精美的汴绣《清明上河图》终于摆到了人民大会堂，而王素花也受邀赴京，得到了中央领导的接见。这次任务的成功不仅提高了她的绣技，更让她在开封城名声大噪，但是她依旧勤勤恳恳工作在刺绣第一线，致力于汴绣的还原、创新。

王素花深知，她的成就来自家乡父老的支持，来自乡亲们的关怀和帮助。退休后，她毅然决然借钱创业，在家乡办起了汴绣厂，专门招收贫困人员及残疾人，免费培训他们学习汴绣，免费提供吃住。同时还与政府及社会各界进行合作，更好地传承汴绣，帮助更多的家乡人走出贫困，过上美好生活。

三、蜜雪冰城

"你爱我，我爱你，蜜雪冰城甜蜜蜜。"

2021 年夏季，一首上头的主题曲，一个可爱调皮的"雪王"玩偶引爆全网，"蜜雪冰城"这个河南本土的茶饮料品牌成了家喻户晓的全国知名品牌。短短数月后，在巨大热度和过硬品质的加持下，蜜雪冰城在全球的门店数量超过了 10000 家。不仅覆盖全国 31 个省（市、自治区），还开到了越南，成了真正的民族品牌。

蜜雪冰城的创始人张红超是河南商丘人，他从小就心思灵活，十几岁便跟着爷爷倒腾小生意。十八岁时，张红超考上了河南财经政法大学，由于家庭贫困，他一边上学，一边做兼职。临近毕业时，张红超萌生了创业的念头。他想起了家乡的刨冰——在炎热的夏天把大块的冰块刨成雪花状，然后再把糖浆之类的浇上去，点缀一些葡萄干、碎花生和山楂条之类的干货，再糖渍一些时令水果，又能喝又能吃，还特别冰爽。利用毕业实习的机会，张红超来到商丘的刨冰一条街，沿着街喝了几家饮料，并暗自记下配方和流程。回到家，他趁着记忆熬了糖浆浇在自己冻的冰块上，佐上新鲜水果，给奶奶做了一杯。老太太喝了赞不绝口，把自己压箱底的3000 元积蓄拿了出来，支持张红超去创业。

回到学校后，张红超在城中村依靠简陋的设备开了一家叫作"寒流刨冰"的小店，这就是蜜雪冰城的前身。一开始生意很红火，但是随着消费者新鲜劲的消失，再加上拆迁以及产品单一等因素，他小店的生意越来越萧条，最后只能关了门。但是他并没有坐以待毙，而是反复研究调整配方，再让大家试喝。2005 年，一款火爆郑州的彩虹帽冰激凌横空出世，这款冰激凌一支卖到十几元，购买的人却络绎不绝。张红超抱着尝试的心理购买了一支，品尝后，他暗下决心要根据这款冰激凌做出来更适合大众口味的冰激凌。经过半个多月不分昼夜的研究尝试，蜜雪冰城第一支新鲜冰激凌终于出炉，并且经核算成本，即使是一元一支，也有利润。

于是 2006 年春，蜜雪冰城新鲜冰激凌开卖，一元一支，轰动市场，每天来购买的人都排起了长队。看着生意这么火爆，张红超主动邀请乡亲们加入这项生意，并给他们提供机器和原料，教他们技术。就这样，蜜雪冰城逐渐壮大，张红超也被人称作河南的"甜蜜工匠"。

张红超把这份"甜蜜事业"做大后，没有忘记之前家乡对他的帮扶。他不仅帮助家乡的人们开店致富，还积极回馈社会，经常参与公益募捐。

2020 年年初，新冠肺炎疫情肆虐之时，张红超的蜜雪冰城捐赠 700 万元用于抗击疫情。2021 年 7 月，特大暴雨席卷郑州时，蜜雪冰城又捐出2200 万元，用于抗洪救灾和灾后重建。作为土生土长的河南企业家，张红超和他的蜜雪冰城始终不忘初心，牢牢记着回馈家乡的责任和使命。

四、钧瓷传人刘志钧

河南禹州是中国"五大名瓷"之一钧瓷的产地，因其瓷土、釉料、工艺等优势，出产的钧瓷意象丰富、奇妙绚烂，誉满全球，素有"钧都"之称。禹州的出名不仅依靠过去的辉煌，更离不开现代制瓷匠人们的传承。钧瓷传人刘志钧便是致力于发扬禹州钧瓷，打造家乡品牌的代表。

刘志钧，1969 年生于禹州市，长于禹州市，受其画家父亲的家传和熏陶，刘志钧自小就喜爱艺术，对纯润的钧瓷更是颇有兴趣。大学期间他潜心研习工艺美术，毕业后，为了钧瓷传承，他毅然辞去了令人羡慕的大学教师的工作，一头扎进钧瓷艺术。目前，刘志钧的钧瓷事业取得了不俗的成绩，作为中国陶瓷设计艺术大师，他在陶瓷领域荣获多项大奖，进一步提升了禹州钧瓷的影响力。

刘志钧这一路走来并不容易。由于不是科班出身，刘志钧决心辞去工作投身于钧瓷事业时一度遭到家人的不信任和不理解。为了更专业地传承钧瓷，他遍访名师，刻苦学习，凭借着在艺术上的天赋和意志上的坚韧，终有所成。

当他以专业的眼光审视家乡禹州的钧瓷时，他发现此时的禹州钧瓷大多数较为粗糙、笨重，存在着工艺落后、审美过时等诸多问题。因此禹州钧瓷只能凭借过去悠久的文化情怀才获得一席之地。为了将禹州钧瓷推向全世界，刘志钧转变思路，化繁为简，化多为精，决心依靠一种代表性的器物来重塑禹州陶瓷品牌。

于是，他把目光锁定到了茶盏，他要做全球知名的禹州茶盏。为此他力求完美，时时刻刻，甚至吃饭、睡觉、走路都在想着如何将茶盏做得轻薄、美观，造型设计如何符合人体工程学，其大小要符合人手拿盏的弧度，盏沿要给唇带来最好的舒适度，等等，一系列的细节问题。他日日夜夜泡在工作室里，一遍又一遍尝试，一次又一次试验。

功夫不负有心人。完美的"志钧盏"终于成形，沉寂多年的禹州钧瓷品牌在他手上再一次走向全球，他也凭借这小而精的茶盏成为中原陶瓷文化产业十大影响力人物。

五、我在洛阳修文物

作为中国石刻艺术高峰的龙门石窟，始凿于北魏，延续至唐代，历时400余年。今存石窟1352个，龛785个，造像9.7万余尊，题记3680种，千百年来历经无数战火的洗礼，如今仍然保存完好。这一切都离不开历代修复巧匠的努力。

2021年12月6日，龙门石窟奉先寺再次拉开大规模保护的序幕，卢舍那大佛的"一颦一笑"牵动着全国人的心。刘建设作为此次修复队伍中的一员，感到既骄傲又紧张，骄傲的是作为洛阳市伊滨区诸葛镇刘井村人，他为保护家乡的文物贡献着自己的力量；紧张的是唯恐自己无法胜任，或者哪点做不好，影响了大局。

事实上，刘建设1971年就跟着父亲参与了龙门石窟奉先寺实施加固工程。那时的刘建设才17岁，他还清楚地记得和工匠们在加固古阳洞石窟时，由于洞里空间高、窟内又深又窄，他们每天登上脚手架后除了吃饭和休息，一待就是一天。只有这样，才可以不碰文物，不碰洞里面所有的山体，同时确保脚手架的稳定性，保证不遮挡研究人员。由于长时间接触刺鼻气味和腐蚀树枝、糠醛等，刘建设工作一天下来总是带着伤痕，但是他却毫不在意。他总是把石窟的安全放在第一位，把石窟的完好保存看得比生命都重要。因为他知道，龙门石窟是优秀的中国传统文化，是洛阳历史发展的见证，也是洛阳发展旅游业的机遇。越早修复龙门石窟，才能越早打出这张家乡名片，洛阳才会有更好的发展。当年在刘建设以及其他人的努力下，龙门石窟解决了本体稳定性、危岩体、渗漏水及石窟岩体雕刻风化等诸多问题。此后由于精湛的技术和丰富的石窟寺维修经验，他还参与了四川乐山大佛、辽宁万佛堂石窟、云南石钟山石窟等的修复工作。

50年过去了，刘建设已过了花甲之年，满头青丝早已花白，他却依旧不舍和龙门的"情缘"，屡屡主动请命参与建设。他说，自己一生就干了这一件事，只要能干得动，就会一直坚守在龙门石窟，为家乡的文物修复贡献自己的力量。

六、慷慨的"老鳖一"

河南省新蔡县有一个响当当的"老鳖一"古法醋业，它是县里的支柱企业，也是百姓信赖的企业。"老鳖一"是河南方言，意思是小气、抠门、不大方，但是"老鳖一"醋业的老板郑杰却是一个慷慨的"醋王"。

在接手家中祖传的古法制醋工艺之前，郑杰是一名村医。因家境贫寒，郑杰小时候经常受到村民们的帮助。因此在做村医的时候，郑杰就经常力所能及地回报乡亲。后来郑杰响应号召，应征入伍。在部队里，他凭借坚韧朴实的干劲儿和踏实肯干的态度，表现优异，还光荣地加入了中国共产党。退伍时，因为心系家乡，他毅然放弃了留在珠海的机会，回到了家乡新蔡县。

回乡之后，父亲决定将祖传古法酿醋工艺传给他。为了尽早掌握酿醋工艺，发展家乡醋业，郑杰开始了勤学苦练、废寝忘食的生活。每天天不亮，他就起床准备好酿醋的材料和工具，等着向父亲学习。劳累一天，晚上他还坚持翻阅酿醋工艺的相关书籍，从中获取更多的知识。父亲常说他是家族中唯一的"文化人"，振兴家族醋业的重担就全靠他了。就这样，寒来暑往，数载之后，郑杰终于酿造出了让父亲满意的醋。但他并不满足，又开始在父亲的指导下每天细品不同批次的不同风味的醋，力求找到最好的那一批。大量地品醋，郑杰开始出现胃酸等不良反应，但他默默地咬牙坚持。经过不懈的努力，郑杰终于调配出被大众认可的醋。

后来，郑杰从父辈那里接过酿醋小作坊，凭借着他的头脑使小作坊逐渐发展壮大成了富甲一方的民营企业。条件好了之后，郑杰没有忘记还处在贫困之中的乡亲们。他不仅常常向困境中的乡亲们捐钱捐物，在村里建学校，还先后与当地80户贫困户签订了帮扶协议，吸收43名贫困人员到他的厂里务工，把公司的醋渣全部免费供应给贫困户发展牛羊养殖业，带领乡亲们一起致富。

七、打造"家乡味道"的面点大师

中国面点文化造型精致、技艺巧妙、种类繁多、内涵丰富，在饮食文化中占据着重要地位，其中山东的"胶东花饽饽"颇负盛名。胶东花饽饽以面粉为原料，通过简单的工具，不仅可以捏塑成千姿百态的人物形象，还可以做成活灵活现的各种动物、鲜艳美丽的花草树木。作为山东省省级非物质文化遗产，胶东花饽饽的传承离不开一个个心系家乡、热爱家乡的能工巧匠。当地著名面点大师姜燕燕就是其中的优秀代表。

18岁那年，怀揣着对面点的热爱，姜燕燕成了一名中式面点学徒，开始了与面点朝夕相伴的日子。姜燕燕课上仔细听着师父讲的制作要领、制作手法，努力记住面点制作的一个个诀窍，细心钻研学习技艺。课下给自己加码，主动留下来加班，扎进空荡荡的后厨，仔细回忆白天学到的技法，拿出原材料按照记忆重新复盘制作。

姜燕燕知道自己不是最有天赋的那一个，所以她要比别人付出更多的努力。一次，姜燕燕看到了精美的胶东花饽饽，便产生了浓厚的兴趣。由于西式甜点的盛行，胶东花饽饽的市场并不景气，许多年轻人甚至都没听说过。姜燕燕十分担忧这种技能会失传，为了让它重回大众视野，她决定学习胶东花饽饽的制作。刚开始总是不尽人意，她不气馁，也不抱怨，连续几周站在操作台前，回忆操作步骤，寻找解决方法。面粉的用量、调色的配比等凡是可能出现问题的细节，她都不放过。经过不断尝试，她采用鸡蛋和牛奶和面，使面点的口感更香甜更有层次。她用纯天然的南瓜汁、胡萝卜汁、红菜汁等代替色素。经过改良的胶东花饽饽不仅外观活灵活现，味道也让大众称道。在她的努力下，精美的胶东花饽饽回到了大众视野，摆到了宴席上。

在打造家乡味道的路上，姜燕燕毫无保留地把自己的经验和技术传授给徒弟和同事，累计带徒 102 人。她还通过大师进校园的现场演示、师生互动等形式，让学生观摩琳琅满目的面点品种，感悟博大精深的文化内涵。她还免费开展中式面点推广课，让更多人认识传统、弘扬传统，增进爱祖国、爱家乡的情感。

20 多年来，姜燕燕始终保持传承经典、弘扬传统、不忘家乡的赤诚之心，用自己的匠心全力打造家乡味道，为家乡发展添砖加瓦。

八、七丹药业董事长杨朝文

中医是我国传统文化的瑰宝，是千百年来民族智慧的结晶。古老的中医发展到今天，许多中草药以先进、科学的姿态走进我们的生活。三七就是其中之一。

三七作为被大家熟知的中草药，是中华中医瑰宝里的"金不换"。给金子都不换，足以说明它的珍贵。据记载，三七早在两亿五千年前就曾在我国的西南边陲——云南省文山市附近被发现，后来就作为中草药走进人类的生活。

然而，由于传统种植简单粗放，缺乏科学规范的精深加工，文山的三七绝大部分都只成为外地药厂的原料。再加上近些年西医的发展和不法分子对中医的诋毁，文山的三七产业不仅在科技创新方面发展得比较缓慢，甚至原本的原料出售也遇到了瓶颈，这让土生土长的文山人杨朝文看在眼里急在心上。

杨朝文是文山的孩子，从小因为调皮没少受伤，每次带着伤口回家，奶奶总是采一些三七，将三七捣烂后给他敷上，伤口很快就会结痂、愈合。这些细节温暖着杨朝文的生活。他也因此对三七有着特殊的情感。2008 年，已经在文山州电力公司工作了几十年且事业正处于巅峰时期的杨朝文辞职了，他决定转型为"老中医"，发展文山的三七产业。于是他成立了云南七丹药业，杨朝文说："公司之所以取名为七丹药业公司，有两层含义，一是'七'来自三七，以文山特产三七为主要生产原料；二是'丹'，意为仙丹，取之于中药材的精华，全力打好本土品牌，做大做强三七产业。"这是杨朝文的梦想，也是他冲锋的宣言。

云南七丹药业成立十多年以来，一直专注于三七药材的规范化种植，产品研发、生产、加工。为确保三七产品的品质过硬，杨朝文建立了规范的基地，种植优质的原料，致力于产品的创新与研发，他先后建成了中药饮片、中药材提取及牙膏生产线。经过多年的摸索，七丹产业取得了卓越的成绩。"七丹牌"三七多次荣获"云南省十大名药材第一名"的称号。

在杨朝文的心中，自己不是一个商人，更像是一位悬壶济世的"老中医"，用自己的能力造福家乡百姓。

九、乡村工匠卢岳鹏

"2017爱故乡十大年度人物"中有一位特殊的乡村工匠，多年来他积极投身古村镇保护事业，为重振乡村文化奔走呼号。他在2014年创建了乡土营造社，发起纪录片《乡土工匠》的拍摄，致力于建立乡土工匠的文化符号。他就是卢岳鹏，一个自誉为"东海愚民"的乡土工匠。

卢岳鹏出生于东海之滨——台州古城。青灰色的砖瓦，斑驳的土墙，都在诉说着这个城市的历史。生长在古韵浓厚、文化丰富的家乡，卢岳鹏从小就认识到，中华文化源于乡土文化，乡村没有了文化，生命也会枯萎。因此，数十年来，他奔波于各个古城和古村镇间，在中国东南西北各地发起或参与古村落保护活动和振兴乡村项目，带动当地乡土工匠加入古城、古镇和古村的修复工作，挖掘整理传统工艺技法，继承和活化乡村文化。他多次自费发起乡土营建与保护计划，积极参与和指导乡土建筑修复项目，矢志为乡村文化发展与乡村振兴做贡献。他还联合清华大学、中国人民大学乡建中心、浙江省工匠协会以及北京爱故乡文化发展中心，发起并成立乡土工匠工作坊，筹建乡村工匠培训学校。

对乡土文化的痴迷，使他只要看到一些古村落在保护修复过程中方法不当，就会上前指导。有人不理解，有人苛责，有人排斥，但更多的人是理解与支持，因此他的朋友圈也慢慢扩大了。时间一长，大家遇到一些改造问题、保护问题都会远程向他咨询，他也很乐意自费跑去做个"土参谋"。

随着国家对美丽乡村建设和古村落保护与发展的重视，卢岳鹏牵头于2014年开始筹建"乡土营造社"，在全国各地设立分社，培训和培养传统技能人才，为更多的乡村工匠做指导性培训，让传统技艺得到传承和发扬，让乡村建设得更像乡村，留住"乡愁"，保住我们中华文化的根。

在卢岳鹏事迹的影响下，多家机构联合"乡土营造社"共同发起了以"情归故里，共建家乡"为主题的倡议，倡导大家从当下做起，建设和保护家乡，让家乡真正成为有情怀、有味道、有故事的精神牵挂。

十、一刀一锤间的匠心

福建省莆田市有一种精妙的工艺品令人惊叹，那就是莆田木雕。莆田木雕是福建省传统民间雕刻艺术之一，兴于唐宋，盛于明清，素以"精微透雕"著称，风格独特，自成流派，在历史上享有盛誉。新的市场经济下对于利润的刻意追求，使得以品质为胜的莆田木雕受到极大冲击，这种冲击让许多真正的民间艺人深为忧虑。一些艺人不为浮嚣所动，潜心于传统工艺的研发传承，为民族艺术的复兴殚精竭虑。郑春辉就是其中之一。

1968年，郑春辉出生在莆田一个山清水秀的小山村。他从小就喜爱绘画，14岁那年，有长辈见他整天涂涂画画，就让他给村里的寺院画壁画。郑春辉初生牛犊不怕虎，把任务接了下来，并交了份让乡亲们满意的答卷。这一画就让他的人生轨迹发生了改变，他也因此正式走上了艺术的道路。

之后，为了进一步提升自己的能力，郑春辉来到黄石镇惠上村拜师学艺，正式开启了木雕生涯。在跟着师父磨炼技艺的过程中，郑春辉发现昔日风光无限的莆田木雕正在走下坡路，再继续下去这项传统的技艺很可能就会失传，这让他十分担心。于是他放下手边的工作，请教师父，查阅资料，到各处观察木雕形态，专注于莆田木雕的传承。他发现木制工艺品不单是一种观赏摆设，也应该能够以木载道、富有哲理。顺着这个思路，他想要打破人们对传统工艺的认知。他在木雕创作中尝试采用中国山水画的构图，并融入中国古典诗词等文化元素，他日复一日废寝忘食地练习，终于打磨出具有技法之美、山水田园之美和文学诗歌之美的精微透雕作品。

木屑飞溅，木香扑鼻。随着一件件作品相继获奖，郑春辉的名字开始为更多人所知。他耗时4年多创作的大型木雕作品《清明上河图》，于2013年成功申报吉尼斯世界纪录，被国内外多家主流媒体争相报道。近年来，他相继收获福建省劳动模范、2019年"八闽工匠年度人物"、"大国工匠2019年度人物"等荣誉。他以技艺惊艳世界，却始终"以创作为乐，虽然辛苦却很幸福"。为了更好地发展家乡，郑春辉创办了莆田市木雕艺术馆，把工艺美术升级成文旅项目，既促进了工艺美术产业的发展，又为莆田文旅发展闯出了新路。

第三章　工匠精神的内在意蕴：科学态度

工匠因技术而成就。技术和科学密不可分，习惯上被人统称为科学技术。技术离不开科学，科学的每次进步都给技术提供了无限的创造空间。

工匠精神中所体现的科学态度就是工匠们依照科学精神，对技术永无止境地探索、实践的心理追求。它包含了对技术和产品的兴趣与好奇，对精心雕琢、追求完美的积极探索与实证，对利弊的权衡，对结果的验证与重新思考，以及对生命和环境的尊重与敬意。

科学态度可以使工匠们在单调而重复的工作中保持好奇、探究的心态，对工作产生兴趣而非疲态，提出问题而非漠视，进行探究而非麻木。它使得工匠在劳动中时刻保持兴趣与激情，思考与探索改变的可能，给工匠的发展提供了方向。尊重实证使得工匠们面对问题时积极主动地开阔思路，通过不停地学习、反复地试验，去解决现实的冲突和矛盾。批判性地思考使得工匠们能够全面审视自己的劳动，并实事求是地进行评价。灵活性的要求可以使工匠避免条条框框的限制，从而更积极主动地不断追求卓越，并在追求卓越的过程中不断超越自己，实现创新。而对生命和环境的敬意，则是对科学的基本道德要求。

经验中常常存在着科学的因子。经验主义是传统工匠的老脾气，技术熟练的老工匠，往往离不开常年的经验积累。要从经验主义的思维定式转变到科学的创新创造，新时代的工匠需要大力弘扬科学精神和工匠精神，将"科魂"和"匠心"有机融合，以求真务实的态度，一丝不苟、认真严谨的作风，执着专注、坚忍不拔的毅力，守正创新的勇气，反复检验的实证精神，打造更多的享誉世界的中国品牌。

第一节　求真务实

科学来不得一丝的虚假。求真务实是科态度的核心，是工匠所必需的工作态度。"真"是规律，是真理；"实"是实践，是真实，是事实。求真务实作为工匠精神的内涵，是指工匠在现实的生产过程中，要以学习规律、尊重规律、探求规律、把握规律、运用规律的态度和精神，进行学习、研究、分析、提高，并从事生产和创造。一般来讲，求真是把握规律的过程，务实是运用规律和探求规律的过程。

工匠们的劳动既要做事，也要求学。两者都需要脚踏实地，从生产实际出发，以追求真理、把握规律的执着，埋头苦干，精雕细琢，不断创新突破。

工匠们的劳动多是具体的，是平凡的，是单调的，能从具体、平凡、单调的小事中，找到和把握规律，是成就自己，实现人生价值的重要一步。在大国制造、高质量制造、企业品牌创造的过程中，树立求真务实的态度，体会"真学真干"的要义。发扬敢于求真、勤于务实的作风，对于培植工匠精神，促进个人和企业的健康发展有着重要作用。

一、小电工成就大事业

沈志杰是中国巨石股份有限公司的"老人"，说他老不是年龄大，而是工龄长。沈志杰 19 岁来到巨石公司，一干就是 20 多年。多年来，他为企业的安全生产保驾护航，从一个小电工成长为公辅保障中心副主任，从平凡的工人成长为"新时代浙江工匠"。沈志杰用实干、创新诠释了劳动者服务企业的"主人翁"角色。

"对于企业来说，生产是主，后勤保障为辅。为了更好生产，我们必须确保供水、供电、供气稳定，绝不允许长时间断电。"这就是初当电工时沈志杰对职责的理解。他踏实肯干，无论下班后还是节假日，无论刮风下雨还是半夜三更，只要是接到工厂停电的消息，沈志杰就会立即到场查找原因，解决问题，从不会因为事小而不为。

沈志杰手里总是拿着一张图纸，这张图纸就是他的"真经"。配电房总路图在外人看起来就像一座迷宫，沈志杰却清晰地记着每一条线路，各个部件的连通，各个环节的运转，哪里出问题，哪里有问题，在他的脑海里都门儿清，这就是他的求真。作为元老级别的工人，他在公司里很受尊重，于是有人劝他，有些事情没有必要亲力亲为，不用那么认真。但是他依然坚持自己的原则，凡事力求认真，没有调研的绝不上报，各个地方他都了如指掌，各项工作他都事必躬亲，这就是他的务实。

有一段时间，分厂几条生产线经常跳闸，沈志杰和同事守在现场仔细查找，一点点排除引起故障的原因，在确定故障是开关上的欠压线圈所致后，接着就是确定拆除方案。传统拆除需要大面积停电，而大面积停电会严重影响生产。为保证正常生产，就需要在不关闭开关的情况下进行拆除。为此，他查阅资料，学习理论，选取选料，设计工具，经过多次试验，终于做成了专用工具，在正常通电的情况下成功拆除了线圈。

对待工作，沈志杰总是脚踏实地，求真务实。电容器频繁发生故障时，他就一步步、一环环地检查电网。为延长电容器寿命，节约用电，他主持公司 0.4 千瓦供配电系统谐波治理项目，自行设计并制作的"变频调速半自动绕线倒线机"和"全自动焊丝折弯机"获得了国家专利，该专利一年就为企业节约成本约 200 万元。

二、"新酱人"的"宅和潮"

赤水河畔，群山万壑，这里就是国酒——茅台酒的发源地贵州省茅台镇。镇上酒厂林立，其中的酱九坊酒庄更是扬名海内外，它以天人共酿的文化视角，将种植、酿造、旅游有机融合，在生态之美、自然之美、风土之美中酿酒。可以说从这里走出了许多酿酒的匠人，他们用求真务实的态度，承绪匠情，传承匠心。酱九坊酒庄庄主罗吉洪就是其中的一员。

罗吉洪是土生土长的贵州人，从小就跟着父辈们调酒做酒。18 岁便应聘到茅台酒厂，成为制酒车间的一名普通工人。他为人谦虚，性格内敛，做事脚踏实地，很快就得到了前辈的好评，大家都愿意指导他、帮助他。这样罗吉洪在很短时间内就掌握了酿造技艺的精髓。后来，他又迷上了勾调和品评。虚心向专家请教后，回去进行实践操作，反复的试验和调配让他忘记了时间，"宅"在家里几天都不出门是常态。有时半夜醒来还要闻闻晚上勾调好的酒体，连出差也不忘带上勾调好的小样，可以说他一天不勾调品评，浑身就不舒坦。

在茅台酒厂，他的足迹遍布制酒车间、酒库车间、勾调中心，从酿造到储存，从品评到勾兑，酿酒的工艺流程他烂熟于心，他逐渐从一个"酒二代"成为一名技多艺多的新匠人。2012年，罗吉洪回到了家族酒厂。他想做一个"开拓者"，将家族酒厂办成"精品酱酒酒庄"，打造全新的酱酒酒庄——酱九坊。于是罗吉洪开始在酱酒的品质、品味上下功夫，跟随政府、酒业协会到茅台镇其他酒厂交流学习，不断充实自己。为了吸引更多的年轻消费者，他将"威士忌"元素引入酱酒酿造和存储中，使酒喝起来不但有酱酒的口感，还有威士忌特有的烤饼干味。2020年，新冠肺炎疫情使制酒业受到了较大的影响，但罗吉洪依然不改初心，脚踏实地地摸索酱香的年轻化和新表达，靠着高品质和稀缺性支撑，用云酿酒、沉浸式体验营销等新潮玩法，让酒坊免受疫情的影响，也让酿酒这一古老、传统的行业焕发出新的活力。可以说，探索"守艺传承"的新思维、新审美是罗吉洪不懈的追求。

罗吉洪的"宅"和"潮"中始终贯穿着一颗将技术和品质做到极致的匠心。他说："一瓶茅台酒，从投产到出厂经过30道工序、165个工艺环节。我干过其中26道工序、134个工艺环节。"也正是这种求真务实的态度和精神，让"酱九坊"的酒幽雅细腻、回味悠长，赢得美誉。

三、"工人院士"李万君

中国高铁技术飞速发展，并已具备世界影响力。中国高铁的安全、可靠、性能稳定、速度快，这背后离不开科研人员的辛苦付出，更离不开工匠的认真务实。被誉为"工人院士"的焊工李万君就是这万千技术工人中的一员。

李万君1987年初入职场，厚重的焊接服，封闭的焊帽，还有经常被汗水模糊的焊镜是他的标配。由于工作辛苦，劳动环境单一，不久后和他一同进工厂的 28 名工友便只剩下 3 人。李万君却丝毫不在意，仍然手持焊枪在烟熏火燎的环境中一点一点地苦练本领。夏季焊枪温度高达 2300 摄氏度，他在火星四溅、烟雾弥漫的车间里，一丝不苟地完成着每一步程序。别人每月焊接 100 个水箱，他却完成 120 个，而且做工细致。

有一年工厂水管冻裂了，水哗哗地流，生产没法正常进行。带压焊接，一焊就噗噗冒气，大家一瞬间都没了主意。李万君没有和大家一样叹气、放弃，而是趴到地上，仔细观察，认真地查找每一处，最后眼睛死死盯在裂口处。突然，他想到了一个办法，就是在这里焊上一个带螺纹的管座，让气体从中排出，难题迎刃而解。逐渐地，李万君成为工厂的技术能手，厂里的关键活儿、尖端活儿都找他，他从不掉以轻心，凡事认真严谨。

凭着这种认真和勤奋，工作 10 年后，李万君参加长春市焊工技能大赛，斩获三个第一。能者多劳，高超的技能为他带来了列车转向架焊接这一光荣而艰巨的任务。光荣是因为高铁事关国策，艰巨是因为转向架焊接是世界级难题。李万君一如既往地认真刻苦，在平凡中非凡，在尽头处超越，用鬼斧神工的技术填补了国内几十种高速车、铁路客车、城铁车转向架焊接工艺的空白，创造了非凡的业绩。2010 年，李万君荣获中国北车长客股份公司"特等劳模"称号；2011 年，电焊工李万君又登上了"中华技能大奖"的领奖台。

四、怀揣梦想，精磨人生

在一汽集团解放汽车有限公司卡车厂冲压车间，有一位"模具专家"，名字叫冯斌。他作为一名技校毕业生，凭着踏实的工作态度和认真严谨的工作作风，完成了从"小冯"到"冯师傅"，从技校毕业生到模具专家的转变，在平凡的岗位上实现了自己的人生价值。

冯斌从小就有"汽车梦"，上技校时毫不犹豫地选择了汽车专业，毕业后，如愿进入一汽模具钳工班，成为一名技术工人，拜师于一汽高级专家、"全国五一劳动奖章"获得者方向远。在师父的指导下，七年时间里，冯斌完成了机械制造、模具技术、计算机辅助控制等专业的学习并取得本科学历,成为厂里的技术骨干。

2003 年,一汽公司建设第一条自动化生产线,但缺少现成的机器结构和自动化机器人编程技术专业人员。冯斌带领项目组开始自学,查资料、学编程、做实验,凭着这种认真、务实的精神,他们用半年时间完成了全自动化生产线的调试,在一年的时间内完成了 4 个系列、6 种车型的模具调试任务和自动化装置。

在一汽的解放卡车生产中,现代自动化冲压生产中产生的飞屑一直是影响生产线正常运行的瓶颈,既影响产品质量也影响数量。面对这个国内外企业都难以攻克的瓶颈问题,冯斌带领团队勇于创新,经过无数次试验改进,一次次技术攻关,总结出了"刃口精密研磨法",大大降低了返修率,节约了返修费,降低了停工时间,为企业增加了效益。

冯斌热爱自己的岗位,虽然双手布满硬茧,但技术的精尖、丰富的经验,使他一搭手就能摸出模具的损伤有多大,称得上名副其实的"模具大师"。

五、做实事的航天惯导专家谢天怀

谢天怀说:"航天领域的匠心精神是中国传统文化的重要组成部分,也是创新精神的重要体现,重在踏实、务实。"这是他的工作作风,也是他在科研工作中尽心竭力的真实写照。

谢天怀的学习之路充满着求真务实的信念。他高中毕业后执教三年,幸运地赶上恢复高考,顺利进入南京航空航天大学自控系陀螺仪表和惯性导航专业学习。大学毕业后又考入北京航天控制仪器研究所攻读惯性仪表硕士研究生,师从美国留学回国的陆元九老师。陆元九老师向来以一丝不苟著称。受陆元九老师的影响,谢天怀做事认真,对数据敏感。博士毕业后谢天怀不是直接进入总体室或研究室,而是选择了车间。一干就是一年多,他用所学的知识,不断将生产中出现的问题归零。细心、认真、严谨的工作态度使他很快就在单位崭露头角,先后担任捷联总体组的组长、航天时代仪器公司的总工程师。时至今日,新进入航天时代仪器公司的高校毕业生一定要到车间去锻炼、熟悉情况,这是谢天怀留下的不成文的规定，也是航天时代仪器公司务实严谨作风的体现。

谢天怀作为总工程师，负责着很多不同型号的航天仪器，也有着很多名头。但他从不宣传自己，不慕虚荣，依然埋头在各类仪器的研制中。航天工程不同于其他领域，仪器需要不断试用，在试用的过程中发现问题，解决问题。这就需要有人不断去钻研，认真细致地钻研，不能有丝毫的遗漏，不能错过一个零部件。谢天怀就是这样一个人。许多人评价他的工作方式是"一竿子插到底"，异常严格。无论是哪种问题，他都以求真务实的态度，认真细致地把各种疑难杂症尽量归零。

"脚踏实地，把事情做好。"这是谢天怀经常说的一句话。

六、从"小白"到"达人"

何飞鹏，台湾资深杂志出版人。他的名气来自入职后短短三个月内，从一个什么都不懂的新记者，变成一个对所有财经政策、商场动态、产业知识都了如指掌的"老记者"。

何飞鹏初入职时，担任新创刊的《工商时报》的记者，公共行政专业毕业的他面对商业、经济内容，没有任何经验。可他看到其他记者采访时，听受访者三言两语，就能领悟其中要点，而且发稿快、质量高，总能抢到头条。何飞鹏却因为知识缺乏，对商业经济了解不多，经常是耗时很久却无从下手，更别谈前沿和热点了。为此何飞鹏痛苦不堪，苦恼极了。于是，不服输的何飞鹏想到了一个极笨的办法，逐字逐句地读《经济日报》，包括广告在内无一遗漏。刚开始，他对报纸上大量的人名、企业名、产业名，特别是大批的数字、专业术语、专用名词等看不懂记不住，他一遍不行就来两遍、三遍，再不行就先背下来，再查资料，直到将专业术语、专用名词搞懂弄会。

这个笨办法效果很好，一个月后，何飞鹏大致弄清楚了当时主要的商界名人、知名公司，掌握了他们的产业、经营理念、经济状况、行业排名等，也能抓住当时正在发生的焦点事件、热点问题。三个月后，他追赶上了有十年工作经验的老记者，了解的经济知识和社会动态与《经济日报》的记者不分上下，完全胜任了记者一职。

从职场"小白"到专业"达人"，何飞鹏的成长之路注解了勤奋、务实、专注的工匠精神。

七、"西瓜女王"吴明珠

炎炎夏日，吃上一口清凉甘甜的西瓜，会悄悄溢出幸福。但是大家知道吗？西瓜以前瓜瓤没有这么红，口感也没有这么甜，我们现在能享受到如此美味的西瓜，离不开一个人的辛苦付出，那就是"西瓜女王"——吴明珠院士。

1930 年，吴明珠出生于湖北武汉的富裕家庭，作为家里的"掌上明珠"，她大学毕业后本可以过着娇小姐的安逸生活，却毅然放弃了北京的优越工作，扎根于新疆吐鲁番沙地，把所有的青春和热血奉献给了甜瓜、西瓜育种事业。几十年间，她培育了 30 多个优质瓜种，这些瓜种的种植面积一度占新疆商品瓜区总面积的 80%。

卓越成就的背后是求真务实的工作态度和辛苦无私的付出。新疆吐鲁番虽是瓜果之乡，但那里风沙大，气候干旱，水资源缺乏。23 岁的吴明珠自小生活在湿润的南方，初到吐鲁番，干燥炎热的环境让她很难适应。但她并不在意，很快便投入工作。

甜西瓜的育种工作十分复杂烦琐，需要认真严谨的工作态度，一步都不能出差错，否则就要再等一年重新做试验。为解决吐鲁番冬季寒冷、无法育种的问题，吴明珠带领团队远赴海南，进行试验。种子育出后，吴明珠把当地的瓜农组织起来，准备推广，却遭到了瓜农们的质疑。吴明珠知道后，并没有生气，她调整策略，决定开展一次"种瓜"比赛，用事实验证新种子的优势。吴明珠让当地有名的种瓜把式摩沙大爹种自己的西瓜，而她则开了三亩荒地种植新种子。收获的季节到了。瓜地被围观的群众踩出一条小径，吴明珠的瓜又大又甜，这让大家对这个南方来的女"瓜农"刮目相看。新品种子就这样推广开来，让许多瓜农收获满满，日子也渐渐富裕起来。

多年后，当地的人们在吃西瓜时，仍会津津乐道地谈论着吴明珠，谈论着她给百姓做的贡献，谈论着她培育新品种时的敬业，也谈论着她认真研究、认真讲解、认真比赛的美好场景。她不畏艰苦的意志、求真务实的作风一直在当地被传为美谈。

八、随时待命的"耄耋工匠"

80岁该是一种什么样的状态？含饴弄孙，闲适畅快，还是病痛缠身，有心无力？河南省舞阳市的耄耋老人张之光用实际行动告诉了我们一个不一样的答案：84岁高龄依然深耕在化工一线，以求真务实的态度，践行着大国工匠精神。

张之光从学校毕业后，一直从事医药化工工作，获得了大大小小许多荣誉。已退休的他，本应在家享受天伦之乐，却经常被单位邀请回去，解决疑难问题。

漯河豫博生物化工有限公司的促凝血药氨甲苯酸生产车间建成了，公司负责人孙军站信心满满，准备大干一番。可是由于缺乏经验，氨甲苯酸中的氯化浓度过低，导致每生产一吨氨甲苯酸，企业就要亏损数万元。孙军站非常着急，到处寻求方案。当他得知张之光经验丰富，做事细致，应该可以解决这个问题时，眼前一亮。可是他又想到张工已经84岁高龄，且不说能不能请得动，身体能不能承受还是两说，他心中没有底。当他在忐忑中来到张之光家里说明来意后，张之光没有丝毫犹豫直奔车间。张之光是个认真又守时的高工，一点点地检查原材料、比例分配，哪怕前一晚熬夜再晚，第二天早上都会准时8点到达实验室。在实验室，张之光一钻研就是一整天。终于在试验中将氯化浓度提高到了82%，这一数据令所有人都兴奋了。张之光却不动声色，耐着性子，又将试验还原了一遍，氯化浓度仅有69%。张之光根据经验，重新调整。终于，经过两个多月33次试验的连续奋战，张之光成功使氨甲苯酸的氯化工艺收得率从原来的不足40%提高到80%，每吨产品的生产成本直接减少近10万元。这个生产车间终于得到了挽救。

作为一个84岁高龄的耄耋老人，张之光没有在家"安享晚年"，依然用认真严谨的工作作风为工厂解决难题，随时待命，无愧"耄耋工匠"的美名！

九、脚踏实地的国医大师

中医以其简便的特点、宽泛的保健用途、简便独特的治疗方法深受国人的喜欢。中医和中药常常不能分家，医术高超的医生对症下药时必须懂得中草药的药理。96 岁高龄的国医大师金世元一直脚踏实地当好药师，致力于发扬光大中医炮制技术。

金世元 14 岁当学徒工，干最脏最累的活儿，他从不抱怨，师父不教，他就偷偷学艺，自己领悟。两年的学徒生活，他不仅掌握了制药的基本流程，还对药物的性能产生了浓厚的兴趣。有一次，他制作参茸药丸，听说人参和鹿茸都是大补药材，他就顺手拿起大约有两粒药丸剂量的人参和鹿茸，放到了嘴里。没多久，他感觉头昏脑涨，本以为可以强身健体的补药却因为用量太大给他带来极大的不适，这次经历让他明白，使用中药材不仅要明白性能，还得对人、对症、适量用药。

中药的药性常因产地和采摘时间不同而有差异。为了采药，金世元经常到名山大川，不是为了看风景，而是为了寻找名贵中药材。为了找到自己想要的药材，他常常不辞辛劳、跋山涉水，深入深山老林，攀缘悬崖峭壁。为了熟悉珍贵药材，他渴望到著名大药堂的贵细料库看看。由于细料库是药堂的经济命脉所在，绝对不允许外人进入，他就找领导、求朋友，想尽办法到了大药堂的细料库，他用眼看、用手摸、用鼻闻，亲身体验，加深了对药物的认识和记忆。

金世元大半生都在和药材打交道，被中药界尊称为"国药泰斗""当代李时珍""中药活字典"。他一生淡泊名利、求真务实、严谨治学、济世救人，不仅是好药师，还是好老师。在他看来，中药不仅能治病，制药的过程同时也可以教人、育人。30 多年来，他先后培养了 1200 余名中药学专业人才，为中药事业培养了众多专业骨干。

十、要当"好手艺"的工人

神龙汽车公司武汉工厂的员工杨祉刚常挂在嘴边的一句话是："当工人就要踏实干好工作，练好手艺才是硬功夫。"他是这样说的，也是这样做的。十几年来，他凭着踏实勤奋，练就了一身好手艺，实现了从普通操作工到初级技术焊工、中级技术设备操作员和高级技术钣金返修工的完美蜕变，荣获"中国汽车行业大国工匠"称号。

刚进厂时，杨祉刚被分到流水线上从事汽车焊接工作。没有经验的他有些不适应，工作不出活儿，心里着急。于是他就请教师父，向其他焊工取经，利用休息时间到现场实践操练，晚上也不忘空手比画操作要领。功夫不负有心人，不到一周时间，他就能轻松自如地操作焊钳了。

一天，杨祉刚得知焊装分厂MAG焊非常缺人，因为MAG焊作业时产生的高温会让气体与钢板产生化学反应，产生刺鼻的烟尘、飞溅和弧光，弄不好还会对人体造成灼伤，大多人都不愿意去。杨祉刚主动请缨，在继续干好现岗位悬点焊的同时，业余学习MAG焊。就这样，大家上班他也上班，大家下班他开始练习MAG焊接技术。杨祉刚是一个认真、踏实的人，上岗后他不满足于只是"会"，还要"精"。他把工作中遇到的问题一一整理，并把能够较好、较快解决问题的方法记录下来，就这样日积月累，随着经验越来越丰富，杨祉刚技术也越来越精湛。2007年和2008年，在公司举行的MAG焊比武大赛中，他连续两年夺得冠军。

对于杨祉刚来说，挑战永无止境。2009年，他放下已熟练的悬点焊和MAG焊，再次转岗，成为一名钣金返修工。这次的活儿是个"细发活儿"，要求具备"会摸""会看""会修"的素质。面对挑战，他凭着认真严谨的态度和饱满的热情投入工作中，潜心钻研。他自己研制钣金返修工具，一步一步解决困扰现场的重点难点问题，使效率提升了20%，返修合格率达到100%。有一次，涂装分厂反馈汽车行李箱有凹坑缺陷。杨祉刚到焊装分厂一路追查，最后发现折边机的胎膜上有划痕，用手一摸，造成缺陷的是一个细微的毛刺。解决完问题，杨祉刚意识到不能仅此而已，他在班组会上呼吁："我们制造的是汽车，质量就是生命安全。大家要吸取教训，把好关，绝不让质量缺陷问题在自己手中流过，要对汽车质量负责，对客户负责。"

杨祉刚用自己的行动践行了"干一行，爱一行；干一行，就要干好一行"的工作理念。

第二节　认真严谨

科学来不得半点马虎。认真严谨是科学态度的精髓，是指态度严肃、谨慎，做事认真、细致，一丝不苟。认真严谨的工作态度，是工匠精神的基本内涵，是工作执着专注，对产品精雕细琢、精益求精的前提与基础。

所有享誉世界的产品都有着认真严谨的美誉。瑞士的手表、德国的机械制造、日本的汽车，他们之所以能以品质畅销全球，是因为背后站着一大批态度认真、作风严谨、兢兢业业、一丝不苟的工匠。

认真严谨是工匠的工作态度，也是工匠精神对工作过程的要求。要想做出出类拔萃、巧夺天工的产品，必须有臻于至善、超越古今的认真；要想有冰心一片、物我两忘的境界，必须有认真时的专注和严谨时的忘我。认真严谨是马马虎虎、随心所欲、为所欲为、率性而行的克星。认真严谨是企业品质的精神标尺。只有认真严谨地对待自己的工作，才能干一行，钻一行，精一行；才会兢兢业业，一丝不苟；才能及时发现问题，想方设法解决问题；才能精雕细琢，在不断追求完美中实现创新创造。在中国制造实现高质量发展的今天，亟须成千上万个秉持认真严谨工作态度的大国工匠为中国制造强筋健骨，为中国品牌立根固本，为中国力量凝神铸魂。

一、重现旷世兵马俑

秦始皇陵兵马俑是令人惊叹的世界奇迹。实际上，我们今天看到的兵马俑方阵，并不是它刚出土的样子。两千多年的岁月尘封，早已把它们压成了碎片，加之刚暴露时的氧化作用，和原始状态差别很大。要复原历史的鸿篇巨制，不但需要相关科技人员，更需要新时代的大国工匠，马宇就是最早接触这项工作的文物工作者中的一员。

马宇的父亲是雕刻师，他从小受父亲的影响和兵马俑结缘。转眼27年过去了，酷爱中国传统文化的马宇是这样看待兵马俑的：通过对兵马俑的修复，能让大秦帝国坦露出更多秘密，这也是文物修复师们给予文物第二次生命的过程，因此艰难而神圣。的确如此，每一件不同的器物，运用的修复方法也完全不同。有时候为了一块陶片，修复师们都要反复预演数十次甚至上百次，才能使陶片回归到最准确的位置。整个修复工作，要经历提取、清理、回贴、加固、拼对、补全和封护等多个步骤，每个步骤都要认真严谨，容不得丝毫马虎和疏漏。

2011年6月，经国家文物局批准，秦始皇帝陵博物院对百戏俑坑进行正式发掘。在1号俑的拼接过程中，马宇和他的团队惊喜地发现有件俑居然是坐姿俑，该俑完全符合人体结构学，并呈现出了沉稳娴熟的工艺水平。但美中不足的是，1号俑的裙摆和肚脐眼儿下部有1厘米多的开裂，经过多次拼接，碎片之间距离依然太大，并且百戏俑形态各异，也没有统一的尺寸参照。马宇知道，这是个细致活儿，容不得半点马虎。他和团队反复试验和拼接，经过一年多的时间，终于找准了裂缝的位置和大小，一个完整的坐姿俑马上就要被修复了。细心的马宇却发现：从力学的角度来看，支点掌握不好，胶老化以后，兵马俑很容易倒塌。为此，马宇又专程请教了力学专家，找到了坐姿俑的关键支点，用铁支架支撑住陶俑臀部相接的地方，再用石膏进行加固，保证了坐姿俑的坚固完整。这件事之后，他为每一件百戏俑都制作了支架。有的支点在腋下，有的支点则卡在裙摆和膝盖处，马宇为残缺程度迥然不同的百戏俑都找到了最妥帖、稳固的支撑位置，还原了它们的原始形态。

从业二三十年，马宇兢兢业业，认认真真和团队成员一起修复了包括秦始皇陵的第一件戟、第一件石铠甲在内的200余件文物。他怀着对文物、对历史的敬畏，用认真严谨的态度，把千万碎片拼接修复，让文物拥有第二次生命，让历史的真相浮出水面，也让这些文化瑰宝以完整的形态展现在世人面前。

二、用点线绘就"测量人生"

白芝勇，中铁一局五公司高级测量师，也是全国劳模。在过去的20多年间，他心怀精诚，兢兢业业，投身于高铁、桥梁、公路和隧道的精密测量，他的身影遍布我国的大江南北，他和团队参与的高铁工程测量多达3000余公里，占我国高铁运营里程的近十分之一。

1999 年，白芝勇从兰州技校毕业，来到中铁一局五公司高速公路建设工地。从此，他便与测量结下了不解之缘。精密测量是对工作认真程度要求极高的一项工作，它是施工者的"千里眼"，是工程建设的"方向盘"，一点差错，全盘皆输。

刚工作的时候，白芝勇深感自己专业知识匮乏，实践操作准确度欠缺，于是便抓住一切空闲时间学习理论，提升技能，下班后他把水准仪抱到办公室，进行反复操作、认真练习，一直到准确无误为止。

2012 年，白芝勇和他的团队接到测量南京市纬三路过江隧道的任务。这条隧道长 3.6 公里，且地质复杂、水压较大，再加上需要 U 形下穿，施工难度非常大。当时，隧道出口处的接收钢环和外体已建好，测量必须保证长达 80 米的盾构机能顺利钻出接收钢环这个"火圈"，且误差不能超过5 厘米！受温度、湿度、周边震动等因素影响，很多基准点常有变化。白芝勇感到压力很大，因为哪怕 1 毫米的误差都事关项目安全运行。这项工作绝对是个挑战！

如何让盾构机准确运行呢？白芝勇不断演算、测量，虚拟操作。终于，他借助 GPS 定位，采用了"洞内交叉导线网法"，使得盾构机前行中的每一个控制点都得到反复运算和印证，这在国内是第一次。尽管这样，白芝勇还是不放心，他苦思冥想，又加了一把"保险锁"，利用陀螺定位仪确定的方位和地磁保持一致的特性，有效降低了叠加误差发生的可能性。2015 年 7 月，盾构机以误差仅仅 12 毫米的高精度，顺利完成了过江隧道贯通。

在精密测量这条路上，白芝勇一直以认真严谨的精神上下求索，在毫厘之间施展极致匠心，用点与线书写自己的"测量人生"。因为认真严谨，专业本领过硬，白芝勇获得了"全国青年岗位能手""最美青工"等荣誉。

三、指尖上的舞蹈

"绣罗衣裳照暮春，蹙金孔雀银麒麟。"这是唐朝诗人杜甫在《丽人行》中描述古人服饰秀丽华美的诗句。如此美好，让现代的我们也不禁对古代华服充满向往。然而，这些在深墓中沉睡几千年的华服，一出土便失去了原本璀璨的模样。为了复原这些衣服，让我们能够一睹历史的华服真容，考古学家古丝绸修复专家王亚蓉硬是学会了让绞罗在指尖上跳舞。

王亚蓉 75 岁，已是古稀之年，心脏里有 6 个支架。尽管这样，只要她一看到古董，就会眼神冒光，手头稳准，尖锐的小镊子能够钳住文物上一颗颗细如针尖的沙粒。她的羊毫笔如轻风一般拂过泥坨的表面，一点点地扫落粘脱泥土，目标物却不会受到一点擦伤，这份功夫全在力度的拿捏，必须全神贯注。

1987 年，王亚蓉在陕西法门寺地宫里第一次看到了唐代的四经绞罗，这让她感到惊艳，并充满了好奇。唐代的四经绞罗属于花罗类别中的极品，和长沙马王堆汉墓的素纱单衣一样，是汉唐盛世中国制造的旗帜性品牌。然而让她难过的是，这项技术几乎失传了。如此美丽又有着丰富文化内涵的服饰却无法展现在世人面前，想到此，王亚蓉的拗劲出来了，无论多难，一定要重现中国古代丝绸的旷世经典！于是，她以法门寺的唐代古物作范本，认真观摩，深入研究，每一个步骤都反复地试练，寻差距，找问题。终于，四经绞罗的经纬编织手法在她的指尖上呈现。2013 年，王亚蓉找到了在苏州的老织工李德喜夫妇，三位年龄加起来超过两个世纪的老人，以岁月的积淀诠释着认真严谨的真实内涵。经过一年多的反复尝试和探索，第一块唐风四经绞罗复织出来了！这是复原中国古代纺织技艺的重大突破，也让中华丝绸的瑰丽重现人间。

丝绸是中国物质文化的经典，丝绸制作典型地体现着中国传统的工匠精神。这些传世杰作，是无数匠人智慧的结晶，更是他们认真严谨下的汗水凝聚。从东周墓中的朱染双色织锦、马王堆汉墓中的素纱单衣，到唐代法门寺地宫里的四经绞罗，乃至宋锦明缎，中国丝绸文化瑰丽绚烂，千丝万缕，绵绵密密，成于工匠之手，传承工匠精神。

四、"一个螺丝都不放过"

管延安是中交一航局第二工程有限公司总技师、全国劳模。从刚入职时只做简单机械维护开始，到如今成为名副其实的大国工匠，他以认真严苟的态度，用执着专注的干劲、闯劲、钻劲践行着新时代的劳模精神、工匠精神。

1995 年，管延安开始接触钳工行业。细心的他总是不放过任何一个细节。工作中，他仔细琢磨，认真研究，渐渐地就练就了一身过硬的本领。2013 年，管延安被调往珠海牛头岛，带领钳工团队参与建设港珠澳大桥岛隧工程。钳工团队的任务，是负责安装沉管的阀门螺丝。如果在陆地作业，只要拧紧螺丝就够了，而长达 5.6 公里的外海沉管隧道，要在最深 40 米的海底实现厘米级精确对接，确保隧道不渗水不漏水，沉管接缝处的间隙必须小于 1 毫米。对于管延安来说，难度系数真的很高，他感觉到了前所未有的压力。

然而，管延安并没有气馁，他认真钻研，仔细分析最新数据，反复进行模拟实践。一次次拆卸和练习，他寻找着心和手的绝佳感受，数以万次的重复磨炼，他凭感觉实现了左右手拧螺丝误差不超过 1 毫米。通过敲击螺丝，从金属碰撞的声音，他练就了"听感"特长，以判断装配是否合乎标准。中国"深海钳工"第一人的名号，从此落在管延安的头上。

管延安较真、执着，在每一件设备、每一颗螺丝安装后，他都要反复检查，哪怕是下"笨功夫"，也要确保质量过关。"一个螺丝都不放过"是管延安坚持的信念。松螺丝、打开设备、检修、拧螺丝，看似平常，更是对细心、耐心和恒心的考验。他把每一次当成第一次，在追求卓越质量的过程中，践行着为国筑桥的使命和担当，锻造了"中国品质"，打造了"中国品牌"。

五、用錾子打造的国礼

2014 年，北京 APEC（亚太经济合作组织）会议期间，各国领导人都收到一份来自中国的国礼——这份取名为"和美"的国礼其实是一条白丝巾。它色泽晶莹，搭配在精致的金色果盘里，让人看了赏心悦目，各国领导人看到后都情不自禁地想要拿起来，让人吃惊的是它特别丝滑，没有人能抓起来。原来这块丝巾所使用的正是我国有着 3000 年历史的古老的錾刻技艺。

2014 年 9 月，孟剑锋接到任务，承担 APEC 国礼"和美纯银錾刻丝巾果盘"的设计制作，有着 27 年工作经验的他一时也没有了方向。原来传统的錾刻作品大都制作在铜器上，很少有在金银器上的錾刻，而"和美"国礼的制作要求却是超级精美的银器錾刻。更为繁难的是，作品所需要的纹理要呈现出纺织物自然柔美的垂落状态，并要在宽度只有 0.1 毫米的褶皱中錾刻上花纹，以此来表现丝织品随光线移动而产生的明暗变化，再现真切的丝光感。一贯自信的孟剑锋真的被难住了，他昼思夜想，查阅资料。为了做出仿竹编果盘的粗糙感和丝巾的柔美光感，孟剑锋在尖部直径只有 1 毫米的錾子上开凿、磨平，再开凿、再磨平，制作了近 30 把錾子，每一把小錾子都有 20 多道细纹，每道细纹约有 0.07 毫米，相当于头发丝粗细。终于，孟剑锋造出了制作丝巾图案最难的那把錾子。

开好錾子只是完成了制作第一步。接下来，面临的是要在这厚度只有 0.6 毫米的银片上錾出细密的经纬线，交错成为细致的纺织纹理，在光的折射下形成图案。为制作出如此细微又极具生命力的作品，孟剑锋采用了纯手工方式编织，高温加热使银丝软化，并在温度降低、银丝变硬前迅速将直径约 3 毫米的银丝编织成中国结。手一次次被烫伤，他咬牙坚持，奋战了 3 个月，终于呈现出了令各国领导人叹为观止的"和美纯银錾刻丝巾果盘"。

錾刻工艺蕴含着中国传统文化的精髓，讲究的是眼到、心到、手到，时间、火候全凭匠人的经验和细心。孟剑锋就是以这样一种认真、踏实、严谨的工匠精神，向世界展示了精美绝伦的中国工艺。

六、古法重续传奇

毛胜利是安徽泾县中国宣纸股份有限公司的一名晒纸工。30 多年来，他始终坚守在宣纸生产第一线，在普通的岗位上追求职业技能的完美和极致，成为宣纸晒纸工的突出代表，是行业内公认的晒纸"头把刷"。

2015 年，中国宣纸股份有限公司应海内外知名书画家的要求和建议，把宣纸制造规格调整为"三丈三"巨宣，也就是制造出宽 3.6 米、长 11 米的宣纸。毛胜利勇挑重担，成为"三丈三"晒纸攻关的"头把刷"和

"突击手"。技术人员从捞出来的宣纸中挤出水分，经过一天的烘干后，"三丈三"的命运就到了晒纸工匠的手里。毛胜利小心翼翼地牵起"三丈三"第一张纸的一角，随后8名工匠一起动手，"三丈三"像一块巨大的白绸展开来，然后用白粗布浸透米汤涂抹到焙面上，以便让纸张贴得平整严实。接下来，毛胜利站上3米高的平台，把一张30多平方米的又薄又软的湿纸一刷一刷地定在加热的焙面上。为了整张纸端端正正地定位，每一刷的走向，都必须严格控制。再看毛胜利，他奋臂挥舞毛刷，手法干脆利落，稳准快实，连贯流畅，每一张纸晒起来都是22刷，而且纸面非常平整。

为了这一刷，毛胜利秉持认真严谨的精神，已经把这把刷子练到了出神入化的境地。湿润柔软的大纸，焙面上平平整整，没有一个气泡，不留一个褶皱，更没有一点撕裂。"三丈三"生产任务顺利完成，该宣纸也获得了"世界最大手工宣纸"吉尼斯世界纪录认证。

七、吊装千吨，不差毫厘

奔腾的金沙江水涌聚坝前，白鹤滩水电站矗立于两山之间。梅琳作为白鹤滩水电站的女工匠之一，担负着重大而艰巨的吊装任务。

白鹤滩水电站是目前世界上在建规模最大、技术难度最高的水电工程。梅琳要完成的是电站13号百万千瓦机组转子吊装任务。发电机转子在落入机坑时，与定子之间的周间隙只有42毫米，吊装过程中，二者不能有丝毫的触碰。而重达2300吨、直径16米的13号机组转子，已超过单个桥机的承重上限，需要两个桥机并机操作。梅琳操作桥机吊起千吨转子，平移219米后，开始垂直入坑安装。入机坑后的微调最考验操作技术，转子销钉和定子销孔的间隙只有1.5毫米，操作上每次"点动"必须控制在1毫米左右。而操作杆控制桥机有一定延时，这个时候就需要仔细听桥机抱闸打开的声音，听到这个声音，手把操作杆归零，才能保证"点动"精准。这是梅琳摸索出的一套"手感、声感"操作法。

一个多小时后，经过入坑后的5次微调校准，13号机组转子终于吊装到位。梅琳凭借丰富的工作经验，毫不含糊，又稳、又准、又快地完成了吊装任务，没有丝毫刮擦，庞然大物般的桥机在她的驾驭下显得格外温顺听话。出于安全设计，梅琳的右手一直紧握桥机操作杆，保持挡位不松开。事实上，在吊装的数十分钟内，一旦稍有失误，不仅前期凝结了数百名工人耗时数月的艰辛将付之东流，地面上许多同事的安全也无法保障。吊装结束后，她的右手都麻了，手心全是汗。

绝活不是凭空得，功夫还得练出来。今天的成绩来自梅琳的勤学苦练，来自梅琳的认真钻研，也来自梅琳对自己的严苛要求。"千吨移转，廿米悬台看世界；毫厘不误，两方斗室证初心。"

梅琳以"稳、准、快"的操作技能，顺利完成了白鹤滩水电站的吊装任务，以认真严谨、精益求精的工匠精神，实现了水电桥机操作工的最高梦想。

八、复活两千年前的华夏正音

编钟是盛行于春秋战国时期的大型宫廷乐器。1978 年，沉睡于地下两千多年的曾侯乙编钟出土，这套巨型礼乐重器代表了当时人类精神文明和物质文明的水平。为了重现这古老的中华雅乐，20 世纪 80 年代，国家决定仿制曾侯乙编钟，让沉寂千年的编钟在当代舞台上复活。

刘佑年是武汉工控艺术制造有限公司的编钟调音师，为了让两千多年前的青铜编钟重新焕发生机，他首先要做的就是把曾侯乙编钟的古代音律变成当代人可以配器演奏的现代音律。没有前人的经验可循，一切都要从零开始。研究所花费了将近 10 年才研制出可供当代人演奏欣赏的编钟乐器，没想到第一次交付专业的民乐团使用时就遭受了严重挫折。三分之一的钟都被专业音乐人士宣判了死刑，这让已经研究了近 10 年的刘佑年深受打击。

刘佑年并没有气馁，经过专业音乐人士的点拨，他才明白：一个简单的乐音中包含了许多细腻丰富的音元素。可是如何才能让厚重的编钟实现完美的乐音呢？刘佑年回忆起自己年轻时第一次听到曾侯乙编钟时那种震撼的感觉。于是，他和同事们再一次申请重新考察研究曾侯乙编钟，寻找灵感。

编钟调音是通过打磨编钟内壁的形状、薄厚来实现的，是一个不可逆的过程，一旦出差错，磨过了，一口钟就废掉了。尤其是最后的打磨，没有什么现代科学仪器帮得上忙，既要保证音准又要不失编钟特有的清越悠扬的音色。为了这毫厘的精准和细微分寸的拿捏，那个酷热的夏天，刘佑年严格要求自己，天天吃住在车间，如同苦修禅功一样，一口钟一口钟地做试验，汗水和铜粉混合在一起，导致皮肤严重过敏长出红斑。经历了几千次调音校准，他们铸造的编钟终于可以发出媲美曾侯乙编钟那样悠扬动人的乐音了。

从那之后，高品质的编钟乐器就成为我们国家的国礼，到访欧洲、日本等地。"兴于诗，立于礼，成于乐。"当人们通过乐舞理解曾侯乙编钟所蕴含的丰富的礼乐思想和古人的精神追求时，就是刘佑年最享受的时刻。

九、起重工的空中拼图

用"如切如磋，如琢如磨"来形容周永和的技艺一点也不过分，他被称为"天眼"的"空中拼图"匠人，可见其技能的精湛，其工作态度的认真与严谨。

1993 年，在东京国际无线电科学联盟大会上，包括中国在内的十个国家的天文学家提出，要尽快建造新一代超大射电望远镜，力求尽可能多地获取宇宙射电信号。

2011 年 3 月，中国超大射电望远镜建设项目在贵州省喀斯特天坑里正式动工，简称 FAST。作为起重工的周永和和他的队友负责反射面单元吊装工程。他们遇到了一个世界级难题：要把 40 多万块小面板拼装成 4450 块形状各异、尺寸不等的三角形大面板，迅速、准确安装到直径为 500 米的一个巨型索状碗里。

周永和马上投入工作，在研究具体操作要求时，他发现这需要在 100 米的高空拼出一个巨大的立体锅，下落安装和吻合误差不能超过 2 毫米，反射面板是铝合金材质，极易变形，安装过程中不能发生任何碰撞，否则就会前功尽弃。找到了问题，周永和开始认真研究安装图，和队友们一起查阅资料，模拟操作，白天做试验，晚上修改技术参数，经过 3 个月的反复实践，最终摸索出了国内首创的大跨径、大坡度软吊装方法。他亲自指挥每块面板的安装，力求不出一丝偏差。反射面板安装完毕，球面中心位置的吊装又成了新的难题。周永和顶着巨大压力，在施工现场一圈又一圈地走着，在现场看实物，从中去寻找突破点。最后，经过多次试验，团队决定在 500 米的球面上牵引一条全跨径钢缆，利用钢缆的自然下垂，让反射面板顺势而下，达到指定位置。

2016 年 7 月，位于贵州省的世界最上大单口径 FAST 完成了最后一块反射镜的安装，历时 11 个月的主体工程正式完工，这是世界射电科技领域的巅峰之作。一群脚踏实地的大国工匠们，秉持着认真严谨的精神，匠心铸魂，为中国天文事业做出了卓越贡献。

十、英雄钢笔背后的英雄

对于那些有匠心的大国工匠来说，哪怕一支很便宜的钢笔，他们也会注重细节，丝毫不马虎。因为他们知道，每一个细节都是中国制造，每一个按钮都是一种力量。就像刘根敏做的钢笔，不但书写横平竖直的汉字，更书写了中国人的风骨。

1987 年，刘根敏从英雄金笔厂技校毕业进厂工作。第一次与儿时梦寐以求的英雄牌金笔亲密接触，他非常激动，也很珍惜。分配到笔尖车间后，他每天做着重复且简单的劳动，却乐在其中。一有时间，刘根敏就虚心向厂里的老师傅学习，认真的态度和刻苦的精神让他的技术得以大幅度地提升，很快他就独当一面，被任命为笔尖班组长。

1997 年，香港回归，上海英雄金笔厂接到了制作两国领导人签字笔和纪念香港回归限量版 18K 纪念金笔的任务。经过再三考虑，厂里把这项重要的任务交给了刘根敏。这是荣誉，也是考验。接到任务的刘敏根既感到自豪，也感到了前所未有的压力。因为金笔尖的加工材质不同于一般的钢笔，不但质量要求高，而且误差控制也非常严格。尤其是制作香港回归 18K 金笔尖时，笔的轮廓是圆形的，商标打在金片上多少都会有偏差，这样一来笔尖和腰身的连接处就很难达到完美连接。一系列的问题，让刘根敏绞尽脑汁，他刻苦钻研，反复试验，不断改进工艺。多次试验，多次遇挫。因为热爱，刘根敏越挫越勇，他不放过一丝细节，眼睛盯紧哪怕十分微小的误差，终于根据金笔尖的造型及特性，他设计出了多功能模板，使商标打在金片上几乎零误差。同时他还专门为香港回归设计了一款既能体现上海制造又能突出香港回归的图案，让许多参与此次活动的国内外友人都赞不绝口。

刘根敏坚持认真把好"笔尖"每一道关。30多年来，他兢兢业业，一丝不苟，从一名普通操作工成长为技术骨干，凭着一手绝活打造了一套套蜚声业界的金笔，成为民族品牌英雄钢笔背后的英雄。他用认真严谨、耐心和细心，于笔尖上淬炼匠心，书写大国工匠的魅力。

第三节　守正创新

守正创新，从字面来看，包括了守正与创新。"正"即正道，指的是事物的本质和规律。守正，就是坚守正道，按规律办事。创新即改变旧的，创造新的。守正创新即按照一定的目的，在把握事物规律的前提下，改变现存事物，创造新事物。

守正创新体现着科学的实证精神。实证精神的本质就是基于事实的反复证明。守正是要守住已经经过实践检验的规律、技艺、方法，创新并非无本之木、无源之水，它发源于守正的清泉，萌生于守正的细壤，创新来自传承，守正方可创新。

历史上的许多工匠，他们独特的技艺和鲜明的风格恰恰是来自坚实的传统基础，他们在学习中继承，在继承中创新。齐白石的画别具一格，然无一不起自学习与继承。就画而论，他受陈师曾影响，吸取吴昌硕之长，推崇徐渭、石涛之风，正是在荟萃大家、博采众长的基础上，最终形成了属于他自己的绘画风格。

新时代的工匠也是如此，恪守正道能够创新，方显工匠之魂。工匠精神中对品质的无止境追求，需要工匠们在劳动实践中不断积累实践经验与技能，不断认识客观规律，不断完善、提高、改进自己的技艺与产品，并通过试验或实践，用事实和数据进行反复检验。守正创新，有利于产品的升级、工艺的换代，可以为中国制造的"品质革命"提供源源不断的动力。

一、刀尖上的舞者

工匠之路是一条创新之路，更是一条传承之路，一代匠人承袭古法技艺，一颗匠心铸就中国品质！

每天早晨8时，马荣都会准时来到位于北京西南四环外的工作室，换上工作服，拿起雕刻刀，开始一天的训练。这样的训练，在她三四十年的雕刻生涯中从未中断。马荣早期学习的是油画创作，她的作品曾一度成为法国收藏家追逐的目标。因为热爱，马荣转行到凹版雕刻。

马荣接到任务，要雕刻新版人民币百元钞主景。对于传统手工凹版雕刻，马荣的技术已经炉火纯青，即便是细如发丝的线条也清晰可辨，而且百分之百精准传神。但与传承百年的手工凹版雕刻不同，这次雕刻是首次采用数字化的雕刻制版。数字化雕版是在屏幕上的一块虚拟钢板上操作，这种感觉与手工雕刻的硬碰硬有着天壤之别。作为首次应用，马荣没有太多的经验可循，其中最难的就是在塑造形象上必须保持手工雕刻的水准。

马荣和团队都面临着巨大的压力：不能在时代的发展面前逃避，更不能让人民币雕刻水平的国际声誉受损。于是他们决定在以往手工工艺的基础上守正创新，重新学习计算机凹版雕刻。

学习手工凹版雕刻，马荣用了10年。坚实的功底和娴熟的技艺使马荣和同事们仅仅用了不到两年时间，就让一幅幅媲美传统雕刻的数字化作品在雕刻室的机房里诞生了。当掌握了计算机制版的规律后，马荣将传统手工设计融入进来，深厚的功力开始显现。她早期养成的细致入微的观察习惯，一枝一叶、一花一木，在点线的积累排列中幻化成独特的"点线艺术"，一切都是那么自然。她将绘画、制作的功力充分发挥，将事物的精髓和传神之处融入屏幕之中。传统与创新、手工与计算机，马荣找到了从未有过的自由和创作空间，她革新思路，改变方法，让她的雕刻生涯进行了一次革命性的解放和激发。2015年11月，中国第一张全数字化雕刻技术的百元人民币钞票从凹版印钞机中诞生，并投入使用。

货币是国家的名片。它是一个国家科学技术与艺术文化融汇的结晶。一代代中国制钞工匠在勤学苦练中成长技艺，他们以永不懈怠的跨越精神超越自己，创新事业，以新意永续的技术创新推动着锐意进取的中国创造。

二、打破 UPS（不间断电源）国外垄断

李民英是广东志成冠军集团有限公司的总工程师。工作 30 多年来，他与研发团队几十年如一日，坚守匠心，打下一场又一场硬仗。

1987 年，李民英从陕西工学院电子专业毕业。那时，国内的电子技术水平比较落后，作为给计算机及网络系统、电力电子设备提供不间断供电的电源储能装置，中国只能生产 30 千瓦以下的中小容量 UPS，30 千瓦以上的大容量 UPS 被国外制造商垄断。要突破和改变这一现状，就必须攻克大功率 UPS 的技术难题。李民英苦思冥想，反复研究，翻阅和查找各种资料，并不断实践。在这一过程中，李民英"玩命"似的工作。从核心器件的安全使用和转型升级，到系统参数的设定、弄线路板、设定功率、调试，每一项他都亲力亲为。经过一年多的努力，历经上千次试验，他终于成功研发出容量 10~80 千瓦的三相输入三相输出大容量 UPS，打破了国外垄断，降低了行业生产成本。这一项研究的相关专利也在 2008 年获得中国专利金奖。

取得成果的李民英并未就此止步，他在该技术的基础上不断进行创新和延伸，实现了 UPS 单机容量超过 300 千瓦，并在国内首创五台大容量 UPS 并机技术，可以为用电设备提供更大容量、更高可靠度的供电。这项成果提升了国产 UPS 的竞争力，使产品的民用价格下降了六成，进一步打破了国外垄断。

在李民英和研发团队的带领下，志成冠军集团的不间断电源产品成功地应用于西昌卫星发射基地、北京地铁工程、国家体育馆以及上海世博会等重大项目。

李民英长期专注于一个行业、一门技术，并在工作中敢于打破常规，不断进行技术创新，他用敬业的态度和创新的精神践行着工匠精神。

三、航母上的"士兵发明家"

航母甲板被称为"世界上最危险的机场",每一个操作细节,每一个设备工具都可能影响到飞机的起降安全。就是在这里,翟国成以严谨细心的态度和守正创新的精神,发明了一种叫作"翟国成扳手"的工具,成为首个获得国家专利的航母舰员。

在一次飞行甲板作业中,一名舰员在使用航空供给盖扳手时,扳手突然滑脱,手背瞬间被飞行甲板坚硬的涂层擦伤。看见战友滴血的伤口,一旁的翟国成心疼不已。他拾起"肇事"扳手,仔细观察,脑海中冒出一连串疑问:为什么扳手会滑脱?是不是设计上有缺陷?能不能有更合理的改进呢?

这件看似寻常的小事,却给翟国成带来了发明创造的灵感。凭着工作中积累的经验,在对供给盖结构原理反复思考后,他终于找到问题所在:老式的扳手,套头和把手在一个平面上,用力时把手会产生一个向下的力,极易造成套头滑脱。他想:换成一款立式扳手可不可以?

说干就干,翟国成开始了立式扳手的设计。然而,理想很丰满,现实很骨感。他遇到的第一个难关就是工程制图,画了近百张都不满意。他想起了学过机械制造的士官文浩,于是便缠着这位"师父"问个不停,还研究起 CAD 制图,创造性地对扳手进行了曲面设计。

两天以后,一张新式扳手制作图纸诞生了。在领导的支持下,翟国成和战友们加班加点,反复试验论证,不断改进版本。在航母后续试验试飞任务中,"翟国成扳手"得到广泛应用,不仅再无人员受伤,还大大提高了工作效率。

尝到了发明创造的甜头,翟国成一发而不可收。随后几年,他和攻关小组又取得了车辆应急启动装置、自锁式接地线装置等 10 余项研究成果。

在翟国成创新精神的引领下,辽宁舰涌现出多名"装备革新之星",为航母建设提出的装备改进建议多达数百条。翟国成说:"是航母给了我平台,让我去创新。装备改进一点,航母的战斗力就提高一点。"

四、为国铸"箭"

新中国的航天事业从无到有，从有到精，如今已迈入航天强国，这背后是无数个航天人默默努力和无私奉献的结果。徐立平就是他们中的一员。

出身航天家庭的徐立平毕业后选择了火药整形这个航天技术里最危险的工作，而且一干就是三四十年。他用谨小慎微的工作态度和守正创新的精神，练就了一身高超的技艺，为中国的航天事业发展做出了自己的贡献。

徐立平从事的是危险系数最高的固体燃料发动机药面整形工作。固体火箭发动机是航天火箭的心脏，发动机固体燃料的尺寸和精度直接决定着火箭的飞行轨迹。每一枚发动机推进剂的燃烧表面，都必须按要求进行精密修整，以达到设计的飞行精度。其精度允许的最大误差值是 0.5 毫米。火药雕刻师雕刻时，每一刀都必须无比小心，不能产生一丝的静电和火花。否则，就会剧燃甚至爆炸。

就是这 0.5 毫米的误差，给徐立平留下了无限的创造空间。徐立平心里暗暗想：虽然最大允许误差是 0.5 毫米，但我们要以更高的精度要求自己。为了这个目标，徐立平每天盯着固体发动机不停推敲。虑定而后动，徐立平决定从刻刀入手，对现有刻刀进行改进，发明一种更安全、效率更高的刻刀。

为此，他对着木匠的刀具苦思冥想发呆，拿着水果削皮机出神。经过一遍遍尝试、一遍遍改进，他和工友们研制出了一套半自动固体燃料发动机整形专用刀，被命名为"立平刀"。为了能够更高效安全地完成工作，徐立平又经过多年反复试验，针对不同型号的发动机以及不同种类的火药，专门研发了相对应的刻刀工具，其中有数种申请了国家专利。

"刀刀保精度，丝丝系安全，抬望航天梦，俯刻匠人心。"徐立平是一位普通的劳动者，也是中国航天事业的一颗螺丝钉。而他靠着自己的执着专注、勇于创新的精神，一步一步，从工人化身为工匠，一刀一刀，刻画出了属于中国火箭的夺目焰火。

五、用听诊器给汽车看病

听诊器是医生给人看病听诊时所用，怎么能用到汽车上呢？付宏年，安徽省合肥汽车客运有限公司安捷客运分公司的一名汽修工人。二三十年的汽修生涯中，付宏年凭着对工作的热爱，凭着一股钻劲、韧劲，将医用圆形听诊头改成尖状杆控头，来判断发动机内部的问题，开创了不用拆卸，用听就能修理好汽车的便利方法，成为使用医用听诊器给汽车看病的第一人。

以前，车间的老师傅修理汽车时，为了听清发动机内部的异响，都是选一把长柄的起子依靠在发动机外壁，用耳朵紧贴起子末端辨听故障。但起子两端均为圆形的面，贴近发动机那端的面较大，噪声杂，而贴近耳朵的这一端，需要用手堵耳朵，堵不紧时就很容易受外界噪声干扰，容易"误诊"。

为了解决这个问题，付宏年苦思冥想，对听诊器进行了仔细的改造，他将两个耳孔大小的听筒死死地塞进耳朵，外界杂音进不来；把圆形听诊头改成尖状杆控头，发动机内部的声音可以传导得更加清晰。

在夹杂着嗡嗡轰鸣声的酷热车间里，付宏年俯身、侧耳，任由尾气拂面、汗浸衣背，他则耐心地戴上听诊器，一手将两个橡胶听筒紧紧塞进耳朵，一手将改装后的听诊头在发动机外壁的不同位置上反复挪移。自从推行了"听诊法"，修理厂不仅降低了不必要的损失，并且还提高了工作效率。"听诊法"在修理厂推行，减少了大拆大卸，使得听滑动轴承和齿轮异响的正确率达到90%。

类似的小创新，付宏年还有一箩筐。比如驾驶员开车时只顾朝前看，往往不能第一时间注意仪表盘上亮起的报警灯，为此，他在车辆内加装一只声响报警器，当机油压力过低时，双重警报便能及时提醒驾驶员。声响报警器的成本只要20元，却可以减少成千上万元的损失。

小问题成就大工匠。创新的背后是热爱和辛劳，是对工艺娴熟和产品完美的追求。付宏年勤勤恳恳，兢兢业业，用"年轻人不能太有功利心，追求太多反而得不偿失"的精神勉励着身边的每一人。

六、土工匠叫板洋专家

赵峰，鲁班后人，鲁南机床有限公司的员工。他大胆地采用新的思维方法，向世界先进技术发起挑战。他提出的数控机床"模糊逻辑"维修法，冲破外国技术垄断，让"中国制造"在国际舞台上扬眉吐气，被大家亲切地称为"叫板洋专家的土工匠"。

怀揣着让中国机床在国际上叫响的梦想，赵峰养成了细心的习惯。每一道工序、每一个零件、每一个细节他都要精益求精、精雕细刻。同时，他时刻关注日新月异的国际先进技术。一次，鲁南机床有限公司从国外引进了两台卧式加工中心，调试中数控系统出现故障，前来安装的外国专家束手无策，这时赵峰自告奋勇，凭着敢拼、敢想、敢干的精神，用平时积累的知识和维修经验，分类筛选、分块查询，最终排除了设备故障。

守正创新就是不仅能修修补补，还要有所发明创造。这是赵峰对自己的要求。前些年，鲁南机床有限公司从德国进口了一台价值 400 万元的龙门导轨磨床，外国人张口就要 100 万元安装费。赵峰一拍胸脯说："我来试试。"他运用自创的"模糊逻辑"维修法，使设备安装一次性试车成功。他还通过对德国导轨磨床的可编程控制器的改造，形成了一整套成熟先进的导轨磨电气控制系统，彻底解决了该机床"水土不服"的毛病，也为国产机床生产提供了可靠的技术方案。"模糊逻辑"维修法先后解决了几十项进口设备的维修难题，该技术作为重大创新项目获得了"全国职工优秀技术创新成果奖"。

赵峰牵头的技术革新达 50 多项，为企业创造、节约资金 6000 余万元。他刻苦钻研，勇于创新，成功开发了微细电火花喷孔机床等系列产品，填补了国内空白，打破了国外技术垄断。目前该机床已批量配置用户，为公司创造了丰厚的效益，同时也为国家创造了核心技术。

七、文思豆腐第一人

文思豆腐，刀工精细，软嫩清醇，看汤清似水，味鲜醇厚绵长，入口即化，是淮扬菜系的一款传统名菜，已有 300 多年历史。但随着社会发展，日益富足的生活让人们对食物色、香、味的要求更为严苛，淮扬菜大师傅程发银与时俱进，精研文思豆腐，成为淮扬菜系的"当家花旦"。

程发银 1975 年从江苏省商业学校烹饪专业毕业后，就一直从事厨师工作。他苦练技艺，大胆创新，在第四次全国烹饪大赛上，凭借一款文思豆腐羹征服天下，夺得特等奖。

程发银率先将扬州老豆腐改成内酯豆腐，再将一块豆腐分三层，每层 1 厘米高，先将豆腐表面的老皮削去，再一刀刀地竖着切，将豆腐切得薄如纸张。切豆腐之时，不仅要心细如发，更要气定神闲。然后，把豆腐片顺势用刀斜着一抹，让其呈阶梯状，再切成细丝。一块细软的豆腐，成为几千根细如牛毛的豆腐丝，这样的工艺通常要用大片刀横切至少 88 刀，竖切 188 刀，如果不是多年苦工，绝对达不到这样的水平。程发银独创的这种豆腐刀法，已经成为行业标准，它使得文思豆腐下得厨房，上得厅堂。

切完之后，程发银用厨刀兜底一铲一托，贴着水面往盆里轻轻一拨，端着盆边微微一晃，奇迹发生了——原来的一块豆腐，瞬间化成了几千根豆腐丝，细如发丝。一眼看去如羹中之银鱼，若隐若现。豆腐已是饮食之中至柔至软之物，又用鬼斧神工切割成如丝之境地，整个过程不仅仅是手、眼、刀的配合，更是进入了心手合一的境界。

淮扬菜讲究色、香、味、形俱全，文思豆腐羹的最终呈现也很重要。程发银在汤中加入香菇丝和笋丝，勾一层玻璃芡，手勺轻轻旋转，把豆腐丝分离开来，慢慢荡漾开去，宛如中国水墨画的意境。最终的成品，只见上千条如发丝细的豆腐丝游走在高汤之中，轻盈、洁白，几种食材的颜色相得益彰。吃起来，既爽滑柔润，又清鲜利口，让人拍手叫好。

没有程发银的不断创新，就没有令人拍手叫绝的文思豆腐。创新是淮扬菜的灵魂，也是弘扬中华美食文化的不竭动力。

八、给油井"问诊把脉"

与高原、荒山、大漠相伴 20 多年，杨义兴凭着对修井工作的热爱和一手"望闻问切"的绝活，带领团队先后参加 11 个油田的开发建设，被称为大山深处的油井"神医"。

1996 年，杨义兴被分配到长庆油田第十采油厂。20 多年来，杨义兴一直坚守修井一线。他说："我是一个修井工，职责就是用心把我遇到的每一口故障井修好，让这口井能够多出油、多产油。"

怀平 6 井是中国石油历史上第一口水平井，也是杨义兴和他的团队碰到的最难开采的一口井。因为它的水平段处于地下约 2000 米深，长度 900 多米。2011 年，这口井就钻探完毕。由于当时水平井刚投入开发，井身结构复杂，摩阻、旋转扭矩较大，施工单位将 300 米长的射孔枪、射孔弹碎片，以及配套钻具炮弹支架等器械掉落在该井水平段位置，多个单位打捞半年之久均以失败告终。许多专家调研后判定，这口井只能做报废处理。投资 3100 多万元的油井一天也没生产，一滴油也没有见到就被判了"死缓"。

杨义兴和他的团队临危受命。接到任务，他们进行了反复的调研和试验。站在平地上，把地下 2000 多米的碎片状落物沿着先水平后垂直的方向打捞出来，国内无先例，也没有配套工具。杨义兴和同事在现场吃住两个月，天天泡在泥水里，守在井架旁，随时分析问题、制订方案。为了找出"病因"，他常常跪在油泥里"问诊把脉"，经过多次试验，他发明出底部带"弹性抓手"的管状打捞工具，又利用液体可夹带小件落物回流的原理，将井底落物一件件打捞出来。

功夫不负有心人。2011 年 11 月 15 日凌晨 2 点，杨义兴负责的中国首例水平石油井怀平 6 井打捞成功。该井的打捞方法被广泛推广，填补了长庆油田乃至全国水平井复杂大修打捞作业的空白。

这样大大小小的"手术"在杨义兴的职业生涯中数不胜数，他刻苦钻研，日积月累，摸索出了一套自己的绝活。他发明了"望闻问切"的油井故障判断法，通过科学判断，大修打捞一次合格率达到 100%。

杨义兴说："我创新的灵感来源于现场实践的最后一公里。"杨义兴的"战场"始终在一线，一路走来，他用坚毅和执着传承工匠精神，在平凡的岗位上做出了不平凡的成绩。

九、为国铸重器

高端装备已上升为大国之间博弈的利器。2009 年 7 月 13 日，伴随着一声号令，3.6 万吨黑色金属垂直挤压机稳稳地动了起来，随后挤压机顶端冒出一截火红的钢管……这一刻意义非凡，它标志着我国重型挤压、材料成型技术从此打破了国外的长期垄断，预示着我国高端材料成型技术迎来了发展的春天。这离不开"中国垂直挤压机之父"——雷丙旺，是他带领团队勇于创新，突破难题，研制出世界上最大的垂直挤压机，彻底扭转了我国大口径厚壁无缝钢管受制于人的不利局面。

20 世纪 90 年代，大型无缝钢管挤压技术一直被国外公司垄断，我国相关行业所使用的产品几乎全部依赖进口，而这些产品价格又极其昂贵。"操千曲而后晓声，观千剑而后识器。"面对巨大的市场需求和外国同行的技术封锁，雷丙旺扛下重任——自主研制 3.6 万吨黑色金属垂直挤压机这一大国重器。

2006 年，雷丙旺带领团队正式开启了艰苦卓绝的探索之旅。当时只有一些国外大型挤压机产品的图册、苏联的理论资料，国内相关理论资料只有一本《异型钢管生产》。一摞纸、一支笔、几本专业书，在这样有限的条件下，雷丙旺及其团队展开了专业知识的积累，书越翻越旧，知识越积累越深厚。为了验证书本上学到的挤压工艺，他费尽周折找到《异型钢管生产》一书的作者之一方源栋教授，并找到了当时全国最早可以挤压小型异型钢管的上海异型钢管厂，通过反复的模拟优化和缩比试验验证，成功完成了挤压工艺设计开发，为设备研制奠定了工艺基础。

雷丙旺的工作状态几近"痴狂"：手机 24 小时不关机，随时接听电话汇报；连续 3 年没休过一天假，经常是一坐一上午，走在路上嘴里还不停地念叨着……

面对前所未有的科研攻关难度，雷丙旺深知单靠自己团队，力量过于弱小，只有集中产、学、研各方优势力量才能实现关键突破。于是他先后联合清华大学、太重集团等 20 余家国家重点院校与企业组成产、学、研联盟，通过群策群力，一路过关斩将，仅用 3 年时间，就完成了国外研发同类设备 7 年的工作量。他们突破了压机设计、主油缸制造、超重机架整体安装、设备安装调试等技术关键，创造了多项世界第一。

雷丙旺说："真正的核心技术是花钱买不来的，只有自主创新，才能避免受制于人！"大国重器，展现的是中国的科技事业昂首于世界之林，更是大国工匠的魂魄精髓。

十、地铁医生辛磊

辛磊是广州地铁基地维修中心电子维修部维修专家。入职十几年，他在带教师父的指导下快速成长，不仅排除各种故障，还在为列车"治病"的过程中打破技术壁垒，摸索出更便捷、更节省的维修方法，为企业节约成本超 3000 万元。

辛磊的父亲是物理老师，经常自己动手维修家里的电器。耳濡目染下，辛磊从小就对电子维修感兴趣。2010 年，辛磊进入城市轨道交通车辆专业学习，之后，他正式加入广州地铁，从事车辆电子板卡维修。这份工作单调而枯燥，需要长时间伏在工作台前测试并修复每一个受损的电子元件，撰写一页页复杂的维修报告，但辛磊却乐在其中。

地铁部件在维修后，需要安装到列车上进行测试。但列车资源紧张，装车试验风险也大；测试结束后，还要重新恢复设备；如果遇到故障，还要反复拆装，效率非常低下。能否开发一个测试装置替代模块装车呢？这样不仅能省去很多麻烦，还可以充分测试，提高维修效率和质量，在一次维修过程中，辛磊突然萌生了这个想法。想到就做。做中才发现，需要解决的技术难题太多了：控制系统与相模块之间的控制、反馈机制，响应时间的精确测量等等。

试验、失败、调整、再试验、再研究……功夫不负有心人，经过 6 个月的努力，辛磊和团队终于成功自主开发设计出 VVVF 相模块测试装置，可以实现自动对 VVVF 相模块的门控板功能、模块内部温度传感状态等全功能测试，这个离线自动测试装置大幅提升了维修效率。

VVVF 相模块测试装置获得广州市青工五小优秀项目，辛磊获评广州市青年岗位能手。2018 年，该测试装置获得了国家发明专利授权。该装置的成功开发，不仅解决了生产难题，也让辛磊更加深刻地理解了创新的意义，对维修工作更加充满干劲。

第四节　实证精神

实证精神指在工作中，通过对工作过程、劳动对象的观察、研究，归纳、推理，得出普遍、准确、确定、有用的规律，进而用于指导工作实践的思维习惯。实证精神强调，知识和技能必须建立在对实践和现实的观察和试验之上，通过试验研究和数据的手段反映研究结果，并且这一结果在相同的条件下具有可证性。实证研究指通过对研究对象的大量观察、试验和调查，获取客观材料，从个别到一般，归纳出事物的本质属性和发展规律。实证精神是科学精神的支柱之一。

实践是检验真理的唯一标准，实证是实践的手段之一。马克思曾说，实证精神是科学的起点。科学在结局和起源上都是实证的。基于事实是科学方法的特征。实证本性或者实证的方法、思维方式等，构成科学的实证精神，使科学有别于其他知识体系或观念形态。

人类在改造自然的伟大斗争中，不断认识自然的客观规律，通过在劳动实践中不断积累实践经验与技能，并在实践中检验真理，从而推动历史进步，创造更为巨大的社会财富。世上任何事物都要讲求实证，工匠做工需心性执着，瞄准既定目标，统摄严格详细的技术资料，从细处见大。工匠精神要求一丝不苟、精益求精，用事实和数据说话，这也是科学的实证精神的要求。

一、用"工匠精神"擦亮乳业"中国制造"品牌

乳业是健康中国、强壮民族的重要产业，乳业食品研发是关系民生的大计。但在地域辽阔的中国，由于饮食多样性和区域差异性，想要完成对母婴营养的研究调查，对于蒙牛乳业研发高级经理史玉东而言，是个不小的难题。

从事研发工作需要很强的专业技能，采样、分离、纯化、保存等步骤

一样都不能少，甚至一份看似简单的数据结论，都需要他通宵达旦地待在实验室，与实验数据"做斗争"，进行反复操作和分析。每一份科学数据的背后都凝聚着他"工匠精神"的基因。

2009年，史玉东所在的部门首次与丹麦乳品机构展开合作，针对母婴营养进行研究调查，通过采样分析建立数据库，测定中国婴幼儿不同成长阶段的营养需求，为婴儿膳食喂养寻找科学支持。母乳采样分析、营养物质检测、功能配料研究等，该项目单是试验阶段就经历了两年多时间。在此期间，史玉东与其团队奔走各地，入户调查、跟踪采样，不厌其烦地向哺乳期妇女解释母乳研究的意义。吃闭门羹是家常便饭，母乳样本提供者中途退出也时有发生。但是为了得到真实的数据，他和团队并没有放弃，通过大量的试验数据采集与分析，史玉东带领团队为母乳营养研究和婴幼儿配方产品的开发提供了全面、准确、科学的数据支持，原始样本多达200多个。

在这十几年时间里，史玉东从基础研究到膜分离技术研究，从母乳分析到技术引进，从项目管理到营养健康研究，每一阶段的积累与学习，都是史玉东不断进取的工匠精神的彰显。

专注极致、注重实证，是史玉东自己的要求。如何让中国乳制品实现更精湛的研发、更精益的品质，擦亮乳业"中国制造"品牌，是他和团队要不断攻克的难题。

二、数据尖兵

王强是西双版纳出入境边防检查站首个获得CDA数据分析师证书的民警，是全站的学习榜样。从"半路出家"到"行业能手"，王强用实际行动践行着工匠精神，在平凡的岗位上书写了自己的警营传奇。

为培育"大数据"战斗力，西双版纳出入境边防站成立数据研判小组，王强被选派兼任数据研判小组工作。他刻苦钻研，利用工作之余自学编程，开发了针对解决不同类别问题的创新小程序，并提出一系列高效处理和分析数据的工作思路和方法，从数据引擎中挖掘实战潜力。

"工欲善其事，必先利其器。"最初，该站的数据研判工作处于萌芽阶段，工作思路不够清晰，未能掌握科学高效的数据分析工具。王强暗自思索：要打破这一现状，应立刻着手开发新工具。通过一年半的自学和实践，他利用 Python（计算机编程语言）开发出能够高效自动化进行数据全方位获取、数据清洗、数据分析、数据可视化并形成分析报告的数据分析工具。他还在工作中发现，报送口岸流量数据需要分类逐项筛选，往往要统计大半天，耗时费力。于是他苦思冥想，查阅资料，研发出只需 30 秒就能完成统计并形成报告的程序，极大地提高了工作效率，节省了警力资源。

针对口岸日趋严峻的新冠肺炎疫情防控任务，王强意识到要充分发挥大数据在精准支撑疫情监测防控方面的巨大作用，力求建成集紧密防范、精准管控、精准打击为一体的数据模型，而强大的数据模型需要扎实的统计学理论和数据库知识作为支撑，这些都是他以前从未接触过的知识。为了啃下这块"硬骨头"，王强不放过任何一个问题，他购买了 6 本教材反复研读、多次实践论证，把不懂的问题逐渐吃透。经过一年多的努力，他利用前期积累的技术能力，经过反复试验，终于开发出自动化数据采集程序和简单的数据模型，为新冠肺炎疫情防控科学决策、精准施策提供了强大的数据支撑。

作为一名信息化时代的"数据尖兵"，王强用数据说话，发扬实证精神，因数据研判成果显著，多次获得"优秀基层干部""年度文明使者"等荣誉称号。

三、新药研发掌舵人

向永曜是宜昌人福药业有限责任公司创新制剂分析主管，参加工作 20 多年来，他一直奋战在药物分析岗位第一线，从一名研发新人逐步成长为公司的中流砥柱，他的成长离不开他的专注、精益求精和用数据说话的实证精神。

大学毕业后，向永曜成为宜昌人福药业原料车间的一名操作工，负责按照处方进行配料和发酵工作。2003 年，他从车间进入产品开发中心从事分析工作。药物分析要对合成及制剂进行质量判断，对工艺不断进行改进。一名优秀的分析人员对于合成和制剂的工艺开发起着至关重要的作用，其分析结果将正确指导工艺开发，推进产品的高质量发展。

无论是做检验还是搞研发，向永曜身上都有一种锲而不舍、专心致志的状态。三类新药盐酸纳布啡的研发是向永曜进入产品开发中心后接手的第一个项目，从 2003 年项目开始到 2014 年产品取得生产批件、上市销售，其间经历了无数次挫折和失败。当时各国药典中均未收载其质量标准，需要新建标准。

面对这一难题，向永曜和团队忍受着枯燥、寂寞、日复一日的重复试验，反复收集数据，终于找到了比较合适的方法，通过分析指导合成，对各种杂质进行去除，样品含量从最初的 95% 左右提高到 99% 以上，远高于国际标准的 98% 以上。并且，他和团队研发的新药镇痛效果更强、起效更快、副作用更小，可以有效减轻患者的痛苦。

目前，向永曜担任创新制剂分析主管，他主导鼻喷剂、缓释微球制剂、脂质体制剂等 14 个创新剂型产品的分析方法开发和质量标准建立，为武汉创新试验室的建设和运行做出了重要贡献。20 多年来，无论是最初作为一名普通的操作工，还是后来从事药物分析，向永曜始终保持一种追求实证、锲而不舍、精益求精、专心致志的状态，是当之无愧的"荆楚工匠"。

四、红土地的绿色守护者

在江西省进贤县张公镇 320 国道旁，有一座不起眼的小楼，这是我国唯一从事红壤研究的专业机构——江西省红壤研究所。总农艺师黄欠如就扎根在这里。30 多年来，他走遍了江西的红土地，经过反复试验，成功引入百喜草、香根草等草种，改善了红壤环境，有效控制了坡耕地水土流失等问题。

1987 年，大学毕业的黄欠如来到江西省红壤研究所工作。他发现作为我国粮食主产区之一的江西省，红壤竟占到土地资源的 70% 左右。红壤呈酸性、肥力低、易水土流失和板结，不利于农作物生长。黄欠如认为，土壤也是孕育生命的重要载体。于是他下定决心，瞄准红壤水土流失防治，研究推广水土保持的新方法。

如何科学改善、合理利用红壤资源成了黄欠如苦思冥想的问题。为了得到第一手研究资料，黄欠如带领团队，长期到江西上高、南康、崇仁等地进行环境评估，监测水土保持情况，收集数据。不管刮风下雨，不管环境多么恶劣，他经常一待就是一个月，一遇下雨天，黄欠如就要去观察土壤水分含量、水中含土量。通过长期调查研究，黄欠如和团队获得了大量数据，他们根据不同耕地的情况，决定引进种植不同的草种，既能减缓水流速度，又能起到绿化作用，还能增加经济效益。

农作物对肥料的反应、土壤中养分的平衡变化等一系列问题，需要进行长期、系统的跟踪定位研究以及数据支撑。红壤所的这项试验已经研究30多年，不管遇到再大的困难都没有中断过。科技、实践和理论数值，给科研人员提供了研究基础和研究思路，土壤环境的改善让从地里刨"金"的农民升起了新的希望。

黄欠如和团队建起小型试验田，经过反复试验，为科学治理红壤提供了坚实的数据支撑，将一位科研工作者的匠心精神发扬到了极致。

五、智慧经侦"拓荒牛"

作为广州公安智慧经侦的"拓荒牛"，陈华应从业十几年来，见证了经侦部门的信息化建设从无到有，自主研发了一系列工具软件，侦破了一批重特大案件，体现了用事实和数据说话、敢为人先的工匠精神。

随着信息技术的迅速发展，电子数据渗透到社会的各个领域。计算机专业出身的陈华应毕业后，满怀一腔热血投身于广州警队，立志将计算机技术应用于公安侦破工作中。在陈华应参与侦办的一宗特大跨境售假案件中，狡猾的犯罪嫌疑人设置了重重阻碍，案件的侦办一时陷入困局。大家知道，无论任何案件，都要用事实说话，用证据说话，本着这一原则，初生牛犊不怕虎的陈华应，果断利用自己所学的技术破解数据、攻克难题，开创了电子取证新方法，为案件侦办提供了明确的证据。

"卡在手，钱没了"的伪卡盗刷类型银行卡犯罪案件曾一度猖獗。如何破解这种盗刷器，保障人民群众的财产安全，一度成为全国公安侦办此类案件的难题。面对这种情况，陈华应主动利用下班时间，多次向相关领域的专家请教，但大家都表示并没有先例可循。陈华应没有气馁，钻研文献，自己尝试破解与测试。功夫不负有心人，经过半年多超过一万多次的反复实证试验，他终于获得大量数据，在全国范围内首创了"克隆卡犯罪破拆器"，使其成为伪卡盗刷案克星。此后，该类犯罪发生率呈断崖式下降。

热爱钻研，技术过硬，前路越艰难越是向前，陈华应是不折不扣的科技尖兵。他坚持实证，苦心钻研技术，用实际行动践行着新时代的工匠精神，成为"智慧新经侦"的建设者和先行者。

六、青稞之光

尼玛扎西是西藏农作物育种的首席科学家。他潜心研究如何提高青稞产量，田野里，他带领团队一次又一次打破高产纪录；实验室里，他带领团队破解青稞的"基因密码"，让曾经在农业领域落后的中国西藏进入国际视野。

1983年，17岁的尼玛扎西叩开了西北农学院的校门，成了班里年纪最小的大学生。专修农学，缘于尼玛扎西幼年时的心愿。因土地贫瘠，青稞产量低，总是填不饱肚子，家里人只能靠制作陶罐到邻近的琼结县换粮食。尼玛扎西说："我总盼望着青稞能长得好、产量高，既能产粮又能产饲草，好让父亲和哥哥不用再为口粮四处奔波。"

青稞作为西藏农牧民的主要粮食来源，一直以来产量都不高。"饿肚子的滋味不好受。"大学毕业后的尼玛扎西下决心要为乡亲们培育出优质高产的青稞新品种。他比谁都清楚，青稞育种是一项非常枯燥乏味的工作，需要耐得住寂寞，需要实践，需要调研，需要团队的实证精神。多年来，尼玛扎西与田野为伴，与青稞为友，荒野中到处都有他的脚印，都有他凝望着土地的深情。

主攻青稞茎秆弹性与抗倒伏品种选育的那几年，尼玛扎西和他的科研团队长年累月奋战在试验田里，对成千上万的育种资源和后代材料进行详细观察和鉴定，记录各品系在不同生育期的长势情况以及其他值得关注的要点。

2006 年，在日喀则市白朗县青稞试验田，尼玛扎西发现了理想中的青稞品系：籽粒、颜色、株高都非常好，他内心激动不已。尼玛扎西以这株青稞苗为基础，反复进行各种试验，最终培育出一个成熟的、具有突破性的青稞新品种"藏青 2000"。"藏青 2000"具有产量高、产草多、籽粒白等优点，2013 年通过自治区级品种审定，当年就推广种植逾 10 万亩，平均亩产增加 26 公斤。

随着国内外基因组学研究的突飞猛进，高原青稞选育工作也迎来新的机遇。尼玛扎西和国内科研单位合作，对青稞古老品种"拉萨钩芒"进行全基因组测序，首次绘制出覆盖精度很高的基因图谱。基因测序后，可更好地进行青稞功能基因挖掘利用，将给青稞品种带来突破性改变。

在尼玛扎西的心中，个人的荣誉、金钱、权力都比不上西藏人民的幸福，他秉持一颗匠心，尊重科研精神，不断选育出青稞优良品种，创造新的育种奇迹，造福西藏人民。

七、在基因组上"跳舞"

赵书红是华中农业大学动物遗传育种与繁殖教育部重点实验室主任，她从事科研工作几十载，用数据说话，对猪遗传育种研究保持精准"定位"是她的工作准则。

猪肉占到我国肉食消费的 65%，以数量遗传学为指导的常规选种与改良技术在猪长期改良中占据重要地位。目前，猪的基因组已被破译，但基因组作为一个整体如何工作？如何协调机体细胞的生化反应？现代生物技术如何对改良起到更大作用？赵书红一直在反复思考这些问题。

赵书红的工作就是在猪的遗传基因组上"跳舞"。一个优良猪品种，往往需要几代人几十年的工作才能育成，且选种费用高，准确性有限。若能利用新的分子改良技术与常规数量改良技术结合，或许能改变这一现状，将来甚至可能猪宝宝刚一出生，就能通过分子技术帮助人们决定哪一头猪值得留种，定位控制猪重要性状的遗传基因。

为了达到这一目标，赵书红和团队开始了漫漫探索之路。他们针对不同品种的猪，发掘影响产肉、繁殖、抗病等性状的基因。他们在实验室与猪场之间来回奔波，采集不同品种猪的组织或血液样本，同时记录它们的产肉性能等指标，进行基因组关联分析；在实验室里，赵书红和团队成员通过先进的分子和细胞生物学技术分析猪的基因变异和功能，应用最新的生物技术观察在小鼠或猪个体水平研究中的表现效应。一旦这些基因影响猪的产肉性能、抗病力等的作用得到验证，就可以在育种中将这些基因素材与传统育种方法相结合，作为育种公司判断个体优劣、筛选、保留优良种猪的依据，提高选择种猪的准确性，并可大大缩短选种所需时间。

功夫不负有心人。她和团队经过反复试验，已揭示部分基因对重要经济性状调控的分子机制，找到部分有育种价值的基因，利用大数据开发了精准育种的全新算法，通过与育种公司合作，正努力将研究成果逐步运用于全国生猪育种产业。

赵书红一直秉持用数据说话、用事实说话的实证理念，坚持科学精神，在猪基因组和育种方面做出了卓越贡献。

八、破解小麦品质的"生命密码"

千百年来，中国人总喜欢把自己的美好希望和祈盼通过聪慧的头脑和灵巧的双手运用面食给表达出来。逢年过节，各种花样的面点、饺子、月饼，日常生活中充饥饱腹的面条和馒头，都是面食的形象体现。但面食离不开我国最重要的农作物——小麦。何中虎，中国农业科学院作物科学研究所首席科学家，他破解了小麦品质的"生命密码"，为提高中国人的主食消费品质和营养水平做出了重要贡献。

1963年出生于陕西省一个农民家庭的何中虎，每天能吃上捞面和白面馍就是他和全家人的期盼。学习农业，研究种子品质在他幼小的心里就扎下了根。后来，他考取了北京农业大学作物遗传育种专业，经过9年刻苦学习，1989年获得博士学位，并被派往美国堪萨斯州立大学做访问学者。看着美国调研的关于小麦品质的一连串数据，他清楚地知道我们与美国的差距。回国后他将研究重点放在小麦品质改良上，下决心不但让国人"吃饱"，更要"吃好"。

"优质"具体体现为哪些性状呢？何中虎决定首选面条进行研究。颜色、口感、味道，小麦的什么性状决定着面条的品质？他和团队夜以继日展开工作，经过对成千上万样品的品尝、分析、检验，最终确定了蛋白质、淀粉和色泽3项指标。他还引入新兴的分子标记技术，在基因层面阐释了面条品质的遗传机理。从此，以面条为切入点的小麦品质评价体系逐渐构建起来。紧接着，他又一鼓作气确定了馒头、饺子等主要食品的品质选择指标，形成了表型分析与基因鉴定相结合，包括磨粉品质评价、加工品质间接评价，以及5种主要食品试验室评价与选择指标的中国小麦品种品质评价体系。

何中虎常年带领团队深入农村，了解小麦生产和食品加工业的需求，反复试验，收集大量数据，育成18个高产、优质、高效小麦新品种。他身体力行，把论文写在大地上，用细微观察、用试验成果、用一个个数据向人民交上满意的答卷。他秉持严谨、求实的工匠精神，通过大量试验破解了小麦品质的"生命密码"，为小麦研究做出了巨大贡献。

九、育稼于民，功越神农

种子是国家粮食安全的命脉，被誉为农业的"芯片"。因为种子生根发芽，枝繁叶茂，结出硕果，供人类食用，人类才得以繁衍后代，生生不息。

水稻是人类历史上重要的粮食作物之一，很早就被中国人种植、食用。但历经漫长岁月和反复的近亲繁殖，种子退化现象严重。选育新的优良杂交水稻品种，解决中国人吃饭的问题，成为最紧迫的课题。1964年，朱英国大学毕业，开始投身于水稻雄性不育与杂交水稻的研究。

水稻是喜温作物，育种只能在春天进行。且杂交品种的选育极为复杂，每一对品种都要从成千上万的品种中去挑选，需要不断试种、反复回交，寻找精准的科学数据。1972年，朱英国担任湖北省杂交水稻协作小组组长，为加快研究和培育进度，他带领大家告别亲人，带上种子材料，连同铺盖卷、蚊帐，挑着担子前往海南，开始"南（海南）征北（湖北）战"。

试验田的活儿脏、苦、累，日晒雨淋，还要做到绣花般的精细：要蹲在稻丛间，小心翼翼地把住穗头，剪影、去雄、套袋、授粉、封口、记录、建档……海南的太阳又大又毒，每次下田，朱英国都全身湿透，像从水里捞上来似的。

冬去春来，朱英国和同事们在海南岛开展了反复试验，用一个又一个的数据呈现事实，用一次又一次的育种和产量呈现进步。征程漫漫，功夫不负有心人，朱英国和科研人员用海南岛的"红芒"野生稻作母本，与几十个常规稻种杂交，历经反复试验、筛选，发现其与常规稻种"莲塘早"杂交多次的后代种质非常好，"红莲"第一代终于诞生。这项成果获得1978年全国科学大会奖。

冬"衔"稻种来，春"含"新种归，是"水稻候鸟"朱英国近半个世纪的真实写照。他不知疲倦地奔波在田间地头，为保障国家粮食安全呕心沥血。如今，这只"候鸟"静静地停下了脚步，永远告别了他所钟爱的杂交水稻，但他挚爱的杂交水稻事业正不断滋养着天下百姓。

十、电视产业的隐身英雄

地面数字电视广播传输系统，这个深奥名词所代表的技术存在于千家万户的电视机中。技术背后的人正是清华大学微波与数字通信国家重点试验室常务副主任杨知行。他常年坚持在推广我国数字电视标准的第一线，正是他主持研究的这套系统，让一半中国人和其他13个国家和地区的观众能看到清晰的地面数字电视。

长期以来，中国是世界电视产销第一大国。然而，在之前的黑白、彩色电视阶段，中国一直采用国外标准，没有自主核心技术知识产权，信号传输在高额专利费和反倾销双重挤压下处境艰难，自主制定标准的社会需求强烈。

1999年，杨知行接受了自主制定标准的任务。有需求，杨知行便有了紧迫感，也有了动力。他思索：当下适逢数字电视取代模拟电视的变革时代，如果能制定优于欧美方案的标准，就掌握了最前沿的技术，就能让我国企业拥有国际市场竞争力。于是，他废寝忘食，对每一帧传输信息进行数据论证和研究，并仔细比较欧美标准的优缺点。

如何进行改进呢？杨知行苦思冥想，最终他决定把同步信息放进保护间隔区，以提高传输效率，这就是 DTMB（地面数字多媒体广播）传输方案。同时，杨知行进行了大量的试验，反复论证，首次将 LDPC（低密度奇偶校验码）用于电视传输方案中，形成了一套新的纠错编码方案，带来了性能稳定的传输效果。2006 年，DTMB 成为强制性国家标准，经过检验，中国 DTMB 标准的信号接收灵敏度、移动接收性能、同等功率覆盖范围等方面都明显优于其他标准。

从 2007 年到 2009 年，在中关村科技园管委会的支持下，以清华大学为首，100 多家企业参与组建中关村数字电视产业联盟，开始了在中南美洲的 DTMB 标准推广。2011 年，DTMB 正式成为全球数字电视四大国际标准之一。

杨知行说："在全球推广我国数字电视标准是我的工作起点。""桃李不言，下自成蹊。"技术无声，数字自会说话。他的实证精神也在国际上得到了实证。

第五节　坚韧不拔

工匠精神具有明显的情志特征。它是一种"笨"精神、"慢"精神，它推崇慢工出细活儿，对急于求成的终南捷径不屑一顾，它是面对风雨时的岿然不动，是在风雨后始见彩虹的坚持、坚守。它是一种"轴"精神，它专注于一件事，追求极致；为了极致，好钻"牛角尖"，不愿变通；为了身后名，不贪眼前利。它是一种"苦"精神，它以苦行僧一样的意志和信念，把产品当修炼，把工作当修行，能耐寂寞之苦，不急不躁，久久为功，在追求卓越中以苦作乐。

苏轼说："古今之立大事者，不惟有超世之才，亦必有坚忍不拔之志。"坚忍不拔是工匠精神的核心要义之一，也是科学态度的重要特征。形容意志坚定，有韧性，不动摇，不改变。就人生而言，难免有许多曲曲折折，坎坎坷坷，起起落落，遇到困难和挫折，输不是结局，认输才是结局。最好的态度就是以坚定执着的态度，坚韧不拔、锲而不舍的意志，去面对困难，挑战自我，超越自我。

一切伟大的事业都是靠意志来实现的。滴水石穿不是因为力量，而是因其坚韧不拔，锲而不舍。意志坚强的人能把困难放在心上，像泥块一样揉捏。困难越大，问题越多，越需要积极、坚定，只要你退缩、消极，危害就来了。坚韧不拔是工匠面临困难时对工作的坚守，对品质的执着，对技术的不断改良，对思维的创新与突破；坚韧不拔是对工匠心理承受能力的要求，是屡败屡战，承受失败，承认失败，不断尝试、不断试验，面对失败不认输的劲头；也是不撞南墙不回头，撞了南墙绕着走，对于初心的执着与坚守。

成功的人懂得熬，失败的人懂得逃，卓越的人懂得迎风前行并思考！其实放弃和坚持就在一瞬间，扛住了，世界就是你的。

一、知难而进，迎难而上

脚下是 50 多米的高空，身边是上百万伏的高压线，电网系统特高压检修工王进，从事带电作业 20 多年，冒着生命危险，克服种种困难，实现了带电检修 300 余次"零失误"和世界首次 ±660 千伏直流输电线路带电作业，成功从中专学历的普通工人逆袭成为全国劳动模范和国家科技进步二等奖等荣誉的获得者。

2011 年 10 月的一天，工友在 ±660 千伏银东直流输电线路的巡检过程中，发现 2012 号塔导线线夹螺栓处开口销脱落，情况十分紧急。大家知道，这条线路每天输送将近 1 亿度的电量至山东，一旦停电，后果不堪设想。接到任务，王进和团队为了不影响民众正常生活，毅然选择带电作业。所谓带电作业，顾名思义就是在不断电的情况下检修高压线路，需要爬上 50 多米的高塔，站在细细的高压线上，两手紧抓高压线，小心翼翼地向前移动，稍不注意，电打到身上，可能不到一秒时间人就没了。因此，带电作业是一项特别危险且辛苦的工作。

当时，±660 千伏银东直流输电线路是世界上首条 ±660 千伏直流输电线路，电压负荷等级非常高，在具体操作中，由于不确定因素太多风险太大，所以必须尽最大可能压缩时间，才能保质保量地完成检修任务，而这一切，并没有先例可循。为了能够及早找出可行性方案，王进和团队一起决定采用理论加实践的方式不断地进行摸索。他们连续一个月吃住在训练场里，白天往返于50多米的高塔四五次，研究操作检修方案，往往为了高空中一个传递动作反复演练十几遍，晚上查阅相关资料，研究作业方案。王进一直清楚地记得高空带电作业时，手跟导线产生的电弧还有那电弧带来的巨大声响。当时天气炎热，王进出现了眩晕、四肢无力、身体痉挛等情况，隔着屏蔽服的身体不小心碰到了发热部分，瞬间整个人都弹了起来。因为高强度的训练，王进睡觉时常常肌肉酸痛甚至痉挛。但无论再艰难的工作，王进都硬挺了下来。他用行动诠释着坚持。

"知难而进，迎难而上。"工作20多年来，王进和团队开拓进取，不惧环境恶劣，带着一股韧劲，冒着生命危险，攻克一道又一道难关，全力保障着电网系统的安全稳定运行。

二、风雨磨炼，永不言弃

"千里之行，始于足下。"裴先峰凭着坚韧不拔的性格，刻苦好学的态度，一步一个脚印扎扎实实，经历10年风雨磨炼，用精湛的技艺摘取了世界技能大赛焊接项目银牌，实现了中国在世界技能大赛上奖牌零的突破，并被授予"全国五一劳动奖章"，成为全国最年轻的获得者。

裴先峰出生于河南省洛阳市南郊李楼乡下，父母都是农民，以种菜为生。读书时，他就对数学充满兴趣。初中毕业后，本想和老乡外出打工贴补家用，被母亲劝住，便选择到中国石油工程建设有限公司第一建设公司职工教育培训中心学习焊接技术。"即便我上技校，我也能学得很好！"带着父母的重托和对自己的期盼，16岁的裴先峰踏上了学习技术之路，从小的生活苦难使得裴先峰在学习的道路上肯吃苦，不服输，愈挫愈勇。

学习焊接是一条漫长且辛苦的道路。初入学校，裴先峰就知道，要想成就好手艺，就必须练就过硬的本领，就要勇于"自讨苦吃"。为了尽快掌握基本的焊接技术，裴先峰给自己布置了任务：别人不会的我要会，别人会的我要做到更好，每天要比别人多练百遍。每天除了理论课，裴先峰都泡在实训室里，穿着厚厚的防护服，一遍又一遍地重复着简单的动作，被铁锤砸肿了手，双手磨出了血泡，飞溅的火花点着了工作服，上百度、上千度的焊花溅在身上，被烧伤、烫伤，起一个个大水泡是常有的事，裴先峰一声不吭，闷头坚持。

进入职场后，裴先峰依旧过着两点一线的生活。白天琢磨焊接，累了一天，晚上回到宿舍里的他，开始整理学习笔记，躺在床上翻来覆去地想焊接方法。正是工作间隙的勤奋，让他攻克了一个又一个难题，成功完成了四合一炉子壁板的焊接。那时已经是冬天，鹅毛大雪，恐高的裴先峰背着焊接装备在炉子上爬上爬下，虽然寒风瑟瑟，但是却一身的汗。

正是对立足岗位、技能报国的坚持，裴先峰数年如一日，刻苦训练，他的焊接技术突飞猛进，不仅为国家争了光，为河南赢得了荣誉，也为广大青年技工提供了成才之路。

三、千锤百炼，铸瓷牡丹

"唯有牡丹真国色，花开时节动京城。"出生于"牡丹之乡"的李学武，这个陶瓷门外汉，历经艰辛，苦修 5 年，终于让洛阳牡丹与瓷制品有了一个完美的融合，填补了洛阳牡丹工艺品的空白。

2007 年，转业复员多年的李学武，先后做过搬运工、保安，也经营过特种行业，但李学武始终没有找到"工作即乐趣"的归属感。这天，他像往常一样穿梭在洛阳的大街小巷时，又一次伫立在了陶瓷前。只见眼前的陶瓷形态各异，样式逼真，但是却没有洛阳的市花——雍容华贵、端庄富丽、气质不凡、深受大众喜爱的牡丹。这一重要的发现让李学武激动不已："我要把洛阳的牡丹和中国的陶瓷结合在一起！"陶瓷的制作工艺烦琐无比，已然 36 岁的李学武毫无经验，选土、打土、混入其他材料、研究造型、晾干、修坯、烧制、上釉，不管哪一项李学武都倾尽了全力。为了能学习更好的技艺，从 2007 年到 2009 年，李学武辗转大江南北，到处拜师求艺，江西景德镇、湖南醴陵、福建德化三大瓷都和五大官窑、七大陶瓷产区都留下了他的足迹，遇见不会的或者新的东西，他又会出现在博物馆里，一个博物馆里查不到，就到下一个博物馆里继续查。每天李学武不是在学习就是在学习的路上，风餐露宿，居无定所，他说，"每天车开到想吐，累得饭都不想吃"，但是多年的军旅生活磨炼了他坚韧不拔的性格。既然选择做，就要不放弃，就要做到极致。李学武学会了传统烧制技术，又进行了数以千计的试验、改进，历经 3 年不间断的潜心研究，李学武终于在 2009 年年底，成功创造了洛阳牡丹瓷，色彩鲜明亮丽，最薄的花瓣不到0.1毫米。

如今，李学武牵头成立了洛阳牡丹瓷研究院，与各大高校合作，在材料、造型、工艺等方面进行深度研究，不断提升牡丹瓷的质量和品位。牡丹瓷产业基地成功入选国家文化产业示范基地，其文创产品相继走进国家博物馆、上海迪士尼乐园。

在洛阳牡丹瓷的研发过程中，李学武埋头苦干，以他超强的人生觉悟、艰苦卓绝的忍受力和坚韧不拔的毅力，走在了从无到有、从有到优的路上。

四、寒冬酷暑，守护锅炉

"三百六十行，行行出状元。"在四川白马循环流化床示范电站有限责任公司里，有这样一位女性，她用自己的心血和汗水守护着两台锅炉，用坚韧和坚守顶起了锅炉检修"半边天"，这个看似柔弱却坚韧不拔的"女汉子"就是龚莲辉，她用几十年工作在一线的坚守，讲述着她从不退缩、坚韧不拔的人生信念。

那一年，20 岁出头的龚莲辉怯生生地走进了锅炉现场，立马就被眼前的情形震撼住了：机器轰鸣，热浪扑面，一个个巨大无比的锅炉四周布满了各种长短的排管，足足有六七十米高。师父告诉她：锅炉是火电厂的三大主设备之一，锅炉的安全性能直接影响着发电机组的正常运行，要想保证锅炉的正常运行，就需要每天检查锅炉的运行情况和缺陷情况，及时制定解决方案和预防措施，否则一旦锅炉出现问题，那损失的可就是上百万！师父的话牢牢地印在了龚莲辉的心里，从那天起，龚莲辉就像守护孩子一样精心地守护着锅炉。

为了掌握设备磨损情况、运行规律，龚莲辉按照要求爬上 70 米的锅炉。要知道，70 米的高空行走都已经很困难，而在环境封闭的塔内行走更是不便。每年 3 月中旬到 10 月份，供热锅炉停炉后，龚莲辉和其他锅炉维修工人一道，不仅仅要进行外部检修，还要进行炉内检修。夏日的四川，骄阳似火。面对热浪滚滚的锅炉房，龚莲辉汗如雨下，戏称"洗桑拿"。盛夏时节，单锅炉内的温度就能达到五六十摄氏度，为了检修锅炉，龚莲辉要穿上厚厚的防护服，换上沉重的工作鞋，戴上安全帽、口罩，顺着铁梯爬上几十米的平台。各类管道外检后还要进行锅炉内检，检测锅炉的硬度、厚度，焊缝有没有裂纹。内检相当辛苦，一个封闭狭小，不透光不透风的空间，从不到 40 厘米的入口处钻进去，必须手脚并用，一点一点地往里挪，全身是灰，还和着汗水，爬一次身上就黏糊糊的了。里面的温度在 60 摄氏度左右，还没开始工作，浑身就已经湿透。十分钟就得赶紧出来透透气，鞋子里面都能倒出水来，如果遇到烧煤的炉子，龚莲辉浑身上下除了牙齿都是黑的。而且养护维修锅炉进度慢，一蹲就是一整天。不服输、不叫累的龚莲辉每天爬上爬下，手磨破了，偷偷贴个创可贴；胳膊被锅炉烫伤，随便涂点药；无论刮风下雨，严寒酷暑，从锅炉一个人孔门钻出来又钻进另一个人孔门。

无论是白天还是深夜，无论是寒冬还是酷暑，龚莲辉以她坚韧不拔的吃苦耐劳精神和一丝不苟的工作精神，30 年如一日地守护在白马循环流化床示范电站的锅炉旁。

五、底层崛起，饮料巨头

"我是一个普通人，从底层崛起的凡人。"宗庆后在自己的传记中这样写道。42 岁创业，这个穷人家出身的普通人，靠着借来的 14 万元和一辆三轮车，硬是把"娃哈哈"从校办企业打造成中国食品饮料巨头。

宗庆后成长于物资极度匮乏的年代。为了减轻家庭负担，初中毕业后的宗庆后，下过农场、卖过冰棍、修过大坝，干过很多工种，但收入都很微薄。42 岁那年，宗庆后做出了一个大胆的决定：创业。周围人纷纷劝他："俗话说三十而立，四十知天命，你都已经 42 了，还瞎折腾什么，别折腾到最后，什么也没有，还得赔进去些！"宗庆后不甘于现状，依然将借来的 14 万元钱投入连年亏损的杭州上城区校办企业经销部。创业初期，钱少事多起步难，简单粉刷的墙壁，几张破旧的办公桌椅，就成了一个临时的厂房。没有固定的销售物品，只能代销产品——汽水、棒冰及文具、纸张、笔记簿等，赚钱是他工作的动力。开源节流是他赚钱的方式，除了代销的工作，他还骑个三轮车，走街串巷地卖棒冰、送货，每天工作都在16个小时以上，饿了啃馒头，渴了喝自来水，外人的白眼、创业的不易没有将宗庆后打垮，而是让他越来越坚韧，越来越有面对困难和挑战困难的动力。

从最初的代销到创建"娃哈哈"品牌，宗庆后带领企业从小到大再到强，其间他一直在和困难死磕，却又坚定地奔跑在创业的路上：开发了娃哈哈儿童营养液，成功兼并杭州罐头食品厂，打破市场先货后款模式，不断地提高产品质量，坚信"中国制造"，服务我国的实体经济。2019年，他进一步拓展实体产业，开启"第三次创业"——创办线下茶饮店。面对工作中的磨难，宗庆后始终像发动机一样，保持着斗志与毅力：每天工作16个小时，每年200多天奔走在一线市场。

回首过往，一路走来，"娃哈哈"在发展过程中经历了数不清的坎坷，可以说，"娃哈哈"辉煌的背后隐藏着只有宗庆后才知道的辛酸苦楚，但正是有了宗庆后迎难而上、勇敢面对的精神，才有了"娃哈哈"这座食品饮料王国。

六、除了胜利，别无选择

她是浙江大学化学工程专业的优秀毕业生，也是清华大学化学工程系生物化工的免试硕士生，当大多数人以为她会就职于待遇优厚的企业时，她却携笔从戎，冒着生命危险，攀登在研制"非典""埃博拉""新冠"疫苗的山峰上，在一个接着一个的10年里，居之无倦、行之以忠。她就是致力于我国生物安全科研的研究者——陈薇。

2020年春节，新冠肺炎疫情突然袭来。陈薇正在和家人共度佳节时，接到了一项重要的任务，前往武汉开展科技攻关：研发新冠肺炎疫苗。陈薇已经记不清这是多少次临危受命，2003年的"非典"，2014年的"埃博拉"……时间就是生命，陈薇匆匆整理好行李箱，来不及和家人告别，便踏上了前往武汉的征程。陈薇知道，病毒很危险，疫苗研制是一段辛苦且危险的历程，要想控制病毒，就必须零距离接触它们。每天，50多岁的陈薇和团队成员穿着约5斤重的防护衣，戴着防护口罩、护目镜和医用隔离面罩，24小时"白加黑"地工作着，困了就趴桌上眯一会儿，累了就原地跺跺脚、捶捶腰。脸被磨破了甚至有淤青，头发也全都湿透了，甚至最里层的衣服被汗水黏在身上，陈薇戏称"洗个免费的桑拿"。防护服穿脱需要20分钟，为了节省时间，从穿上防护服的那一刻开始，陈薇就尽量不喝水、不进食、不上厕所，因此上火、嘴上长泡是常态。

研发疫苗刻不容缓，一次次的试验，一次次的失败，她顾不上气馁，因为还要下次试验；她从不搭理沮丧，因为成功也不值得喜悦；在她的工作中，只有一步步坚韧不拔的负重前行。陈薇每天通宵达旦，昼夜不眠，争分夺秒地和时间赛跑，哪怕精疲力尽，依旧试验再试验。终于，2020年2月26日，在陈薇54岁生日那天，第一批疫苗研制成功。熬白了头发的陈薇又一脸平静地撸起袖子以身试药，20天后，她的团队研制的新冠肺炎疫苗，成为国际上首个启动临床试验的疫苗。

与"毒"共舞的几十年里，陈薇不眠不休地探索，百折不挠地试验，作为"生物危害防控"领域的专家，她始终冲锋在前，于危难之际挺身而出，在各种未知病毒的挑战中坚定前行。"难，实在是太难了！"但是她说，"除了胜利，别无选择"！

七、万般苦难，皆是修行

童胜富是享有国务院政府特殊津贴的国家级根雕技能大师。自18岁学习根雕开始，这个普通农家出身的孩子从不叫苦叫累，不管遇到多大的困难，都坚持创作，为一根根枯树枝注入艺术生命的活力。

《百鸟朝凤》是童胜富的代表作，其设计新颖、制作精美，深受广大群众喜爱。这成功的背后，凝聚了童胜富无数的心血，也让我们看到了他坚韧不拔的个性。2000年6月，42岁的童胜富正在绞尽脑汁构思一件作品，正好看到电视上的一个动画情节：一只小鸟，为了拯救家园，历经千辛万苦，最后成长为备受瞩目的凤凰。"对，我可以做一幅《百鸟朝凤》，来表现中国人民的勤劳、勇敢和智慧。"有了创作灵感的童胜富，第二天就兴冲冲地来到工作室开始创作。但他很快就发现了一个难题，原来工作室的树根没有可以雕刻《百鸟朝凤》的素材，这让童胜富瞬间被泼了一盆冷水。童胜富知道，一个好的根雕作品不仅需要好的设计，更需要好的材料，但是这个好材料寻找起来很难。知难而退不是童胜富的性格，迎难而上才是他的品质。于是他开始潜入深山老林、河洼山沟，目光在枯干老根上逡巡，一次次太阳东升乘兴而出，一次次日落西山无功而返。那天，他远远看到一根树根，一米多高，特别符合《百鸟朝凤》的主题。童胜富像看到了久别重逢的孩子，兴冲冲地往前冲，不料脚下一滑，摔下山坡，所幸仅仅是擦破点皮。有了合适的树根，童胜富不眠不休，修剪掉多余的部分，一点一点地脱皮、造型、打磨、抛光、上色。最后，一件展翅欲飞的《百鸟朝凤》栩栩如生地呈现在大家面前。

根雕技艺是一个不断摸索的过程，需要耐心、时间，更重要的是吃苦，童胜富在根雕的创作过程中，百折不挠，把苦难当修行，把逆境当沉淀，创作了诸如《太平盛世，百鸟庆祥和》《全家福》《和平统一》等作品，成就了大师技艺。

八、独臂"键侠"，代码人生

每个人的一生都有各种各样的梦想，在追逐梦想的路上总会遇见艰难和困扰。3 岁时就因意外失去右臂的袁鑫，不颓废，不消极，靠着一只手和坚韧不拔的性格，用电脑实现了自己的梦想。

2014 年，袁鑫凭借着优异的成绩，如愿以偿考入了武汉科技大学，成为一名计算机科学与技术专业的学生。初入大学，袁鑫便承受着别人异样的眼光。别人都有两只手，而他只有一只手。文化程度不高的父母在教会他从小用一只手吃饭、穿衣、用左手写字的同时，也教会了他以乐观、坚韧的态度面对别人的冷嘲热讽。他所要做的只是在接下来的日子里，尝试着去适应大学生活，参加军训、社团活动，上课。

计算机科学与技术专业有理论课，还有实训课，需要在键盘上进行各种操作。掌握计算机操作对于连计算机都没有摸过的袁鑫来说简直就是难于登天，甚至对正常人来说最基本的打字，对他都是一个非常大的挑战和考验。打字讲究左右手配合，每个手指"包产到户"，落在键盘上，但是，袁鑫没有右手，也从没有摸过键盘，他只能用左手一个一个地敲，自然也没有什么指法可言。为了提高打字速度，袁鑫开始早起晚归，泡在图书馆的电脑前，饿了吃口随身带的馒头，渴了喝点图书馆里的白开水，眼睛累了揉一揉，一天打字下来，用他自己的话说，就是手指和胳膊都是软的，颈椎都是疼的。就这样，日复一日，整整练习了3个月。付出就有回报，袁鑫的打字速度也从最开始的打500字花20分钟，到打500字花15分钟，再到2分钟，速度已丝毫不输正常人。

一直以来，袁鑫努力奔跑在追逐梦想的路上。他每天早出晚归泡在教室、图书馆、实验室，靠着这股不服输的韧劲，用仅有的一只手在键盘上翩翩起舞，在代码的世界里书写着自己灿烂的人生。独臂的袁鑫以坚韧收获着成功，他在计算机科学与技术专业也越战越勇，攻读本硕博的时间里，他先后获得发明专利、实用专利30多项，实现了连正常人都难以企及的梦想。

九、意志冠军，逆袭夺金

"天将降大任于是人也，必先苦其心志，劳其筋骨，饿其体肤，空乏其身。"被称为"最苦冠军"的谌利军，从小家境贫寒，辛苦的训练成就了谌利军享用一生的坚韧不拔的个性。凭着一股拼劲和韧劲，谌利军获得了属于自己的精彩人生。

2021年7月25日晚，东京国际论坛大楼里，男子举重67公斤级A组比赛即将开始，谌利军作为2015年世锦赛冠军以及世界纪录保持者，感觉压力很大。他脑海中不自觉地闪现出5年前的里约奥运会，就在大家都认为谌利军一定稳拿冠军时，他却在62公斤决赛时因两腿抽筋遗憾离场。之后，为了能冲击奥运冠军，他加大了训练强度和训练时间，却不慎将肘部肌腱撕裂，还好手术及时，仅仅是在右臂留下了一道十多厘米长的伤疤。

转眼轮到谌利军上场，他憋足了劲儿，提铃、送高，一次次出色地完成抓举，但无奈落后第一名6公斤。就在谌利军思考如何扳回败局时，这时对手又完成了个人挺举的最好成绩，差距越来越大，对手遥遥领先谌利军11公斤，这让谌利军措手不及。如果说一下加重6公斤还好超越的话，那么11公斤就是奇迹，谌利军的压力越来越大。但是谌利军不想输，没有退路的他决定放手一搏，直接将试举重量提升12公斤。"什么，加重12公斤？这也太多了吧，如果试举不成功，原有的名次没了，谌利军也很容易受伤。"大家的心都跟着提了起来，目不转睛地注视着谌利军。只见他深呼一口气，双脚叉开，两手紧握杠铃，胳膊上青筋暴起，脸色通红，摇摇晃晃中，杠铃被举过了头顶。

此时，谌利军想到家徒四壁的贫寒，父亲生病缺药离世，叔叔身体残疾需要照顾，母亲一人卖苦力维持生计。10岁时，他在教练的指导下练习举重项目：半蹲、硬拉、高抓、高翻，一个动作往往要重复3万次以上才能基本定型。想着这些过往，泪水不禁夺眶而出。

靠着这份实力和不服输、不放弃的勇气，谌利军在落后对方11公斤的情况下扭转乾坤，为中国代表团摘得东京奥运会的第六金。这就是中国力量，在顺境当中我们能够力压对手，在逆境中我们也能够实现惊天逆转！"没有任何的挫折可以吓倒我。"谌利军说。

十、巾帼天工，百折不挠

有一位上海姑娘，初中毕业后进入铣工这个"男人的世界"。凭着坚韧不拔的毅力，她奋勇直前，攻坚克难，34岁便成为国家级首席技师。她，就是中国航天科技集团第八研究院的技师——苗俭。

2009年，作为上海市代表队的选手之一，苗俭参加了全国职工职业技能大赛。为了参加这次比赛，苗俭可是没少下功夫。距考试还有两三个月的时间，她拿到了一套考试习题，原本开心的表情开始紧张起来。因为之前她不论是学习还是操作，用的都是FANUC系统，而这次比赛要使用的却是自己不熟悉的系统，难度可想而知。不服输的她马上改变策略，参加为期两个月的高强度集训。在集训过程中，她白天参加软件培训、操作实训，晚上还要复习理论。高强度的投入让苗俭腰椎间盘突出的老毛病复发了，白天弯腰疼痛难忍，晚上又疼痛难眠。苗俭不想因为病情耽误培训，耽误比赛，她不停地暗示自己："坚持就是胜利！虽然辛苦，但是绝对不能放弃。"最终，在苗俭沉着稳重的操作下，她获得了个人第六名的优异成绩，其团队获得了第二名。

辛苦是铣工行业的常态，自从苗俭进入铣工学习的那一天开始，她便有了切身体会。夏天，天气再热机器也需要开，热得就跟洗桑拿一样。冬天，天气再冷，操控时也不能戴手套，手上冻得都是疮，好了一层又来一层。和一般女性的纤纤素手不同，苗俭的手不仅粗糙，还有些黑，手掌上还有厚厚的茧，更不用说每天还要忍受切削加工时扑面而来、飞溅而出的金属碎屑和满身油污。和身体上的苦比起来，更辛苦的是学习上的苦。中专毕业的她，不断给自己加压，利用每天晚上的时间学习，考取了大专。短短数年，她不仅在数控技术上大有进步，还以优异的成绩考取了同济大学的机械设计制造和自动化专业本科班。

苗俭在平凡的工作岗位上努力学习，不断开拓，攻坚克难，刻苦钻研，大家都说她是"工作上的能工巧匠"。

第四章　工匠精神的价值内核：职业道德

职业道德是从业人员在职业活动中应该遵守的基本行为准则，是一种具体化、职业化、类型化的社会道德。职业道德也是一种素养，是从业人员在道德思想与道德行为方面自我教育、自我完善所形成的良好道德品质。《新时代公民道德建设实施纲要》要求，推动践行以爱岗敬业、诚实守信、办事公道、热情服务、奉献社会为主要内容的职业道德。

职业道德具有长期积淀形成，社会普遍认可，通过观念、习惯、信念来表现，依靠文化、志趣、自律来实现，反映着企业的价值观等特征。职业道德的实现没有实质性的强制力和约束力，却承载着企业和行业的文化凝聚力。

工匠精神属于职业道德的范畴，又是劳动者职业道德培育的终极目标，是千百年来形成的工匠们所普遍具有的基本行为准则。它包含了爱岗敬业、诚实守信、自信自强、勤奋好学、协同攻坚、淡泊名利、执着专注、精益求精、一丝不苟、追求卓越等内涵，是对工匠职业道德、职业精神、职业素养、价值取向的一般概括。

职业道德对于工匠的形成发挥着潜移默化的作用，具有人格塑形的功能。职业道德的培育需要全方位、立体化养成。在弘扬工匠精神的同时立足职业道德、职业品质，不仅能够汇聚起向上的强大力量，促进中国经济的高质量发展，也会提升人民群众的道德品质，培育和践行社会主义核心价值观，促进整个社会精神文明的长足发展。

本章将从爱岗敬业、诚实守信、淡泊名利、协同攻坚、自信自强等五个维度来呈现"大国工匠"的职业道德。

第一节　爱岗敬业

爱岗敬业是职业道德的基础，也是工匠把工作当追求、把职业当事业的心理、感情基础。

爱岗就是热爱自己的岗位，安心、专心于自己的工作，稳定、持久地做好自己的本职工作。敬业就是对本职工作在社会经济活动中的地位、作用有深刻认识，对本职工作的社会意义和道德价值有正确认知，具有强烈的职业荣誉感、自豪感，在工作中具有饱满的热情、振奋的精神、积极的创造性，能以高度的事业心、责任感，严肃、认真地对待工作。

爱岗敬业是奉献精神的源泉。它看似平凡，却是一切成功的基石；看似简单，却是一切伟业的基础；看似崇高，却显示着最平实务本的人文情怀。

态度决定一切。对于工匠而言，因为爱，所以刻苦；因为爱，所以钻研；因为爱，所以专业；因为爱，一切艰难困苦都不是事儿。因为敬，所以苛求；因为敬，所以认真；因为敬，所以完美；因为敬，眼中只有事业，名利于我如浮云。

一、"开路先锋"巨晓林

中国中铁电气化局集团第一工程有限公司有一位特殊的工程师，他身高只有 1.62 米，却被工友们称为"小巨人"；只有高中学历，却先后荣获了北京市劳动模范、"全国五一劳动奖章"、改革先锋等众多荣誉称号。他就是从一名普通农民工成长为大国工匠的巨晓林。

巨晓林出生于陕西岐山的一个农民家庭，因怀有走出大山的渴望，从小就喜欢铁路，喜欢火车，也梦想着成为建设铁路的一员。他盼望有一天自己也能穿上蓝色制服，成为一名铁路人。高中毕业后，由于家庭困难，巨晓林辍学回家，那个铁路梦成了他埋藏在心中的秘密。

然而令他意外的是，这个梦想有一天竟然成真了。1987 年的春天，在老乡的引荐下，他前往中铁电气化局一公司三段铁路工地打工。他怀着激动的心情，背着重重的行囊，赶到了离家 15 公里的车站。在那里，他第一次坐上北去的列车，自此也和铁路电气化建设结下不解之缘。

来到项目部，巨晓林被分到了接触网站点。刚上班，巨晓林看着一张张犹如天书的施工图纸和一堆堆叫不上名称的接触网零部件，心里直犯怵，很担心自己不能干好这个工作。刚开始的几天，巨晓林甚至还打过退堂鼓。可是，对铁路事业的热爱让他留恋。他暗下决心，一定要不惜代价在最短的时间内掌握所需要的知识和技能，把自己热爱的工作干好！于是他愈加勤奋，抓住一切可以利用的时间去学习，白天跟着师父学，晚上撵着师父问，为了更好地学习技术，他还不惜花费工资买了《钣金工艺》《机械制图》《接触网》等 30 多本专业书，其中有一些还是大学课本。连项目部的领导都被他的刻苦打动了，特批巨晓林宿舍熄灯时间推迟 1 个小时。两年时间，巨晓林记下了约 30 万字的笔记，掌握了众多施工技术，他在单位干得越来越好了。

这些成绩并没有让巨晓林骄傲，他还是保持着勤劳刻苦、爱岗敬业的态度。后来，越来越多的农民工加入项目部，巨晓林看着他们初来的吃力，回忆起自己当初的不易。于是，他决定编写一部供工友们参考的工具书。经过三年多的艰苦努力，巨晓林终于完成《接触网施工经验和方法》的写作，并由中铁电气化局组编印成册，发到全局数千名接触网工手中。巨晓林在成为"开路先锋"的道路上一路狂奔，称得上是最厉害的接触网工！

二、神马集团的无影手

"张国华呀张国华，卷绕就是他的家，出现问题都怕他，事后人人都爱他。一生干了一件事，半辈人生图个啥。"在中国平煤神马集团帘子布发展有限公司有着这样一个广为流传的顺口溜，其中的主人公就是神马集团帘子布公司的一名原丝卷绕工——张国华。

1981 年，17 岁的张国华走进了当时的平顶山锦纶帘子布厂，成了中国尼龙 66 帘子布产业的第一代原丝卷绕工。卷绕岗位是尼龙 66 帘子布生产行业里最为关键的岗位，也是最苦、最累的岗位，业内把它称为"特岗"。

卷绕工要在湿度接近70%、噪声高达90分贝的环境中，每天8小时满负荷工作。一般人干10年左右就会申请离岗，张国华在这个岗位一干就是40多年。

帘子布厂刚开工时，全套生产线都是从日本引进的。张国华就用心地一边看师父操作，一边悄悄地把师父的操作方法和处理问题的结果一一记录下来，然后，再把自己的操作处理方法与之对比，认真总结，反复练习。在工作中他不断超越自己，凭着吃苦耐劳、坚忍不拔的毅力，40多年来，张国华练就了很多绝活儿。

他能"火眼金睛"查毛丝、"手到病除"排异常、"隔空诊断"除故障，还能"妙手无双"探毫厘。为保证质量，纺丝牵伸辊表面的摩擦面必须保持均匀，标准是摩擦表面小颗粒的间距必须保持在1.2微米至1.8微米之间。现有的仪器不能完全随时检测是否达标，但他凭借双手触摸就能精准判断摩擦面是否合格。拥有这些绝活儿并不是因为他"天生神力"，而是他日复一日、年复一年的工作磨炼而成。他一直都以在帘子布厂工作为荣，哪怕再苦再累，张国华也从不抱怨。在他心中，干好一项工作，练就一个技能，就是自己作为一名国家工人的使命，就是在为祖国建设出力。他将这种意识贯注于工作的全程。

曾经有一个月，张国华的废丝率控制在1.5%以下，这项世界纪录至今无人能破！张国华站在了国内外同行的最前列！

2006年，新建的涤纶丝厂开车，遇到了挂丝成功率低、卷绕废丝率居高不下的难题，就连设备生产厂家的德国专家也没有办法。这时，张国华被派到涤纶丝厂帮忙解决生产问题。经过几天的观察，他发现是卷绕机与感应器不协调造成的，于是大胆地对感应器进行调整。就这样一个小小的调整，很快便让全线生产恢复了，并且使废丝率大幅度降低，最好的时候一个班八个小时十个锭位没有断过一次丝。

三、钟表大师李家琦

在天津海鸥表业集团有限公司，有一个以个人名字命名的工作室，这个人就是制表大师李家琦。

说起李家琦与表的结缘，那还要从他高中时发生的一件事说起。有一次，李家琦不小心摔坏了母亲的手表，母亲很宝贝这块手表，看到被摔碎的表盘很是伤心。后来，母亲费尽周折，多处打听才找到好的修表师傅修好了手表。李家琦感到很内疚，觉得对不起母亲。他就想：要是我会修手表该多好啊！也正是从那时起，他与表结下了不解之缘。

1981年，正在复读备战高考的李家琦，听说海鸥手表厂正开办技工班招收学徒，他毫不犹豫，放弃了复读备考，报名参加了海鸥手表厂招工，想要圆自己儿时的梦。

进厂后，李家琦十分认真、刻苦。师父教导的每句话、每个动作，他都用心领悟，还常常在下班后一个人留下，复盘一天学到的知识。遇到不懂的、忘记的，就跑到师父家里请教，直到弄懂为止。因此，李家琦的成长非常迅速，厂里上上下下都很喜欢这个勤奋刻苦的小伙子。李家琦也逐渐成为厂里的骨干。

2001年，公司派青年职工参加数控理论培训，李家琦得知后马上报名。那时，他已经是公司里人人皆知的制表高手，但他丝毫没有所谓的面子顾虑，一心只有提高和进步。经过层层选拔，李家琦以优异的成绩被派往瑞士学习世界先进的数控机床及手表零件制造理论。在那里，李家琦真正见识到了顶级的镂空腕表，看着那精美的设计，他的内心久久不能平静，强烈渴望创造出中国人设计的镂空腕表。

结束瑞士的学习回到厂里后，领导专门找到李家琦，希望他能够牵头带领厂里精英力量，一起开发出一款"海鸥"牌镂空腕表。李家琦十分激动，立刻接下了这个任务，当天就抱着铺盖来到厂里。从此他的办公室几乎每天都是彻夜通明，白天也是房门紧闭，连在食堂都很少遇到他。功夫不负有心人，李家琦终于亲手打造出了国内手表行业中第一只真正意义上的镂空腕表。这款表从造型设计、编程、设备调试到机芯组装，全由他亲自完成。这款腕表一经问世，就以其通透的视觉效果、精细的手工打磨给佩戴者带来强烈的视觉冲击，深受市场青睐。

后来在此基础上，李家琦又设计制造了国内首款双陀飞轮雕花镂空腕表，还曾在中国上海世界博览会上展出。现在他已拥有国家授权专利108

项。他常常说："爱岗敬业是工匠精神的基础，是一种美德，是对事业、职业应有的态度，无论你从事哪种职业，都必须敬业，只有敬业，才能成就事业。"

专心致志地做好一件事，心无旁骛地朝着自己的人生理想顽强挺进，这就是中国钟表大师——李家琦。

四、大漠考古

历史文物是历史文化的遗存，是千年智慧的结晶，也是人类活动的见证，但是探源历史文物是一件非常辛苦的工作。千年的风沙中，幽深的古墓里，考古工作者忍着寂寞，耐着孤独，一点点寻找暗藏着的历史密码。蚊虫乱飞的高山密林，炎热荒芜的荒漠戈壁，波涛汹涌的大江大河，考古工作者探究历史真相的脚步遍布各处。

胡兴军，2021年度全国十大考古新发现——新疆尉犁克亚克库都克烽燧遗址发掘的负责人，就是这千万个吃苦难耐、兢兢业业的考古工作者中的一员。

42岁的胡兴军在新疆维吾尔自治区文物考古研究所工作已经有20多年了，在这20多年中，他有至少一半的时间都穿梭在荒漠黄沙中。戈壁滩对普通人来说是不敢踏入的"地狱"，对考古发掘者来说可是"风水宝地"。独特的自然环境和气候，使荒漠中埋藏的文物不易腐朽，大多数得以相对完整地保存。

一天，研究所发现了在克亚克库都克的烽燧遗址。听到这一消息，胡兴军十分兴奋，他自告奋勇带领队伍进行考查。就这样，胡兴军开始了驻扎沙漠的日子。沙漠又干又热，不仅要忍受不间断的狂风暴沙，还有可怕的蚊虫叮咬，用水饮水困难等。这些物质层面的缺乏还好一些，只是让人身体难受，与世隔绝的精神困境才是最可怕的。沙漠戈壁中没有通信信号是常态，每次进入沙漠，就是胡兴军与家人断绝联系的时候。家里发生任何事情都只能靠他和在乌鲁木齐工作的爱人定期通话来传达。每每说起，胡兴军都对家人充满了愧疚。

可即便这样，胡兴军和他的队员也没有放弃他们所热爱的考古事业。

每次在黄土风沙中有了新发现，胡兴军都像刚参加工作时那样兴奋和喜悦。靠双手一点点探究历史的真相，是他认为最有价值的事情。

"择一业，爱一生"是他常挂在嘴边的话，也是他的行动准则和内心信仰！

五、政法工匠张艺凡

所谓工匠，过去是特指有工艺专长的匠人。在新时代工匠精神的引领下，当代的工匠含义已经有了更多的内涵。凡是专注于某一领域，精益求精、一丝不苟地完成每一个环节的工作者，都可称其为工匠。

河南省郑州市管城回族区人民检察院就有一个人人称赞的政法工匠——张艺凡。张艺凡出生于 1986 年，从小立志惩奸除恶的她，大学毕业后怀着激情和梦想来到了管城回族区人民检察院，成了一名检察官。自工作以来，张艺凡办理的案件已经有 1000 余起，无一起错案冤案。

有一次，张艺凡承办了一起涉及 30 人的特大恶势力犯罪集团案件。这起涉恶案件是当年省院重点督办的案件，内容非常复杂，仅卷宗就有 41 册近 10000 页，卷外材料还有近 1000 页，且嫌疑人被分别关押在不同看守所，任务量非常大。面对摞成小山的卷宗材料和家中不满周岁的孩子整天要妈妈的哭喊声，多重叠加的压力让张艺凡常常在无人角落偷偷抹眼泪。

纵有疾风起，人生不言弃。

在最艰难的时刻，公诉人的情怀担当、爱岗敬业的信念支撑着她走好每一步。在两个多月的时间里，张艺凡对案件证据进行梳理、把握定性，最终形成审查报告 108 万字，制作阅卷笔记 200 余页，按时保质完成了审查起诉工作。为了充分发挥刑罚的教育矫治作用，张艺凡还带领办案组多次提审在押犯罪嫌疑人，与嫌疑人、辩护人、值班律师进行沟通，最终该案有 23 名嫌疑人自愿认罪认罚，在恶势力犯罪集团中，认罪认罚适用率达 77%。最终案件移送起诉的同时，张艺凡也获得全省、全市十佳公诉人的荣誉称号。

在张艺凡眼里，每一起案件都能正确起诉，是她对事业追求的写照。张艺凡凭借吃苦耐劳的工作态度和爱岗敬业的职业信仰，得到了大家的认可，先后获得全省、全市十佳公诉人，全市政法系统岗位标兵，全区三八红旗手等荣誉。

六、在平凡岗位上做最好的自己

魏红权是中国兵器工业集团武重集团的一名普通钳工，从小家境贫困，经历了生活艰辛的他对美好生活充满着期盼，也让他养成了做事认真刻苦的习惯。

1985年，魏红权从武重技校毕业后，被分配到了武重集团从事钳工工作。第一次进入车间，看着精密的车床，听着师父的教导，魏红权知道了钳工工作的重要性，暗下决心：要认真完成每一个步骤。抱着充足的干劲，他很快就进入了角色，跟着师父学挫、刮、锯、斩等基本功。他每天最早到，最晚走，样样按照师父教的操作方法苦练基本功。下了班他也不松懈，到书店购买相关书籍进行自学。很快，他就掌握了各项基本技能，成为最早出师的那一批。

魏红权不怕吃苦，凭着对工作的热爱，没有标尺，不用仪器，仅凭长期练就的"肌肉记忆"，就可以用双手感知零部件尺寸的细微变化。他手工研磨的精度，可以达到0.001毫米，甚至更高，相当于只有头发丝直径的七十分之一甚至百分之一。慢慢地，大家都说他拥有一双神奇的"超精密机械手"，称赞他为"中国第一研磨大师"。

魏红权的成长和能力也被集团领导人看在眼里，很多大型的项目都点名让他参与。有一次，魏红权被指派参加国家863计划项目，这个项目主要攻关大型舰船螺旋桨加工，其重大意义不言而喻。魏红权在项目赶工期间，不仅自己格外小心，也时刻盯着队友们的进度和研磨质量。其间，他饿了就随便对付一下，困了就短暂打个盹儿，几乎日日夜夜都待在车间里。项目完成后，他们获得了国家科学技术进步二等奖。

魏红权的付出与成就让他获得了很多，如全国最美职工、中华技能大奖、全国技术能手等荣誉。但是他从来没有因此骄傲自满，停下进步的步伐。在他心中，他永远都只是一个平凡的钳工，他追求的只是在平凡岗位上做最好的自己！

七、"探伤女神"关改玉

毛泽东曾说："妇女能顶半边天。"现代社会中，越来越多的女性在各个领域中绽放光彩。中铁十七局的探伤工关改玉就是其中最美的一个。

2009 年，21 岁的关改玉大学毕业面临就业，找什么工作成了家里最重要的话题。父母和亲戚给的建议，是当教师、文员、公务员等，这些职业相对舒适稳定。但关改玉从小就跟着当铁道兵的父亲到单位玩耍，对铁道、列车有着强烈的向往。于是她不顾家人的反对选择到中铁十七局上班。

可到了单位后，却被分配到办公室搞文秘，关改玉闷闷不乐，总感觉少了些什么。她想起小时候看过的有关铁道兵奋战在铁路工地的电影，几百人在一线工地上施工，喊着震耳欲聋的口号，场面想想都让人振奋。关改玉觉得，自己还很年轻，应该到一线去，那里更适合自己。

关改玉得知公司急需探伤工，就是给钢轨做"B 超"。平时，探伤工都会背着十多公斤重的精密仪器，对铁路钢轨焊接头进行质量检测，根据损伤情况及时采取措施。这个工作负重大，一般由男性来做。好强的关改玉觉得自己可以胜任，于是她立刻申请。考虑到她的身体瘦弱，公司和父母都不同意，可她并不气馁，不断向公司申请，不断与父母沟通，最后终于上岗了。刚开始她白天跟着师父出现场，晚上缠着师父学调试仪器。高温烈日、狂风暴雪都不能阻碍她。功夫不负有心人，关改玉终于可以独立承担探伤任务了。第一个项目就是海南东环铁路。当时海南正值夏季，温度高，空气湿度大，关改玉背着十多公斤重的探伤仪器，行走在被太阳晒得滚烫的路基上，眼睛被汗水蜇得火辣辣地疼。每次给钢轨探伤时，她不仅要先把脏脏的钢轨焊接处打磨干净，还要跪在道砟或枕木上 20 多分钟，等到确认数据无误后，这一处的探伤才算结束，然后再赶到下一个钢轨焊接处，其间还要时刻警惕野狗和毒蛇的出没。

环境真的很艰苦，但关改玉从来没有过放弃的念头。既然选择了自己热爱的事业，就要忍受孤寂和恐惧。关改玉凭着对这份事业的热爱，用心琢磨，边学边用，保障了列车运行的安全。

关改玉的汗水结出了硕果。她先后获得了"全国三八红旗手""五一巾帼标兵"等荣誉称号，成为完美诠释大国工匠精神、刻苦钻研钢轨探伤技术的"女神探"！

八、铁钩如手传匠心

提到煤矿生产，我们通常会想到幽深的隧道和满身灰尘的煤矿工人。这样的场景，似乎很难和秀美柔弱的女性联系起来。事实上，在煤矿生产中同样有能顶半天的女性身影，她们凭借敬业精神和对工作的热爱，发挥着重要作用。在晋煤集团，就有一位人称"铁钩女神"的煤矿工人，她的名字叫薛绞绞。

薛绞绞20岁出头，芳华般的年龄，但她却像个男人一样坐在桥式起重机上熟练地操作着各种器械。桥式起重机是晋煤集团金鼎公司最主要的起重设备，承担着铆焊车间90%以上的起重起吊任务。

薛绞绞从入职那天起，就喜欢上了这份工作。她的踏实、勤劳、敬业都被大家看在眼里。每次薛绞绞操作机器时，都要求自己做到"眼到、耳到、手到、心到"。她在工作中从没出过差错，并且善于思考的她还在工作中摸索出"一看、二审、三跟踪"的工作方法。"一看"就是交接班早去一会儿，看一看设备有无问题，查查有无机械故障，充分做好交接工作；"二审"就是工作时不只是"机械操作"，而是密切注视行车运行情况和安全状态，仔细聆听设备运转声音有无异样，根据信号下达动作指令，心中对整个操作过程始终有一个正确判断，随时发现问题、解决问题；"三跟踪"就是下班不下岗，把工作中发现的问题认真做好记录，仔细填写运行日志，及时反映、及早落实，最大限度地提高运行效率。

"干活儿得凭良心，单位的事要当作自己家里的事。"这是她常挂在嘴边的话，也是她对爱岗敬业的纯真理解。

九、独臂焊侠

内蒙古第一机械集团有一个远近闻名的电焊工，人称"独臂焊侠"。他是国家级技能大师、中华技能大奖获得者、"大国工匠年度人物"——

卢仁峰。

卢仁峰是内蒙古人，16岁那年，知青返乡的卢仁峰来到内蒙古第一机械集团，开始从事焊接工作。初到车间，他就给自己定了目标——学好、学精焊接技术。日积月累的刻苦训练，让他的焊接技术日臻成熟。一次，厂里的一条水管爆裂，要抢修又不能停水，这让大家束手无策。而卢仁峰只用了10多分钟就漂亮地焊接成功。从此，带水焊接成了卢仁峰的招牌绝活儿，也让他成了厂里有名的能人。

这时候，卢仁峰却遭遇了人生中最沉重的打击。一场突发灾难，让他几乎失去了左手。这样一来，他热爱的电焊事业很可能难以为继，家人朋友纷纷劝他改行。单位也决定安排他做库管员。但出人意料的是，卢仁峰并没有动摇，他深思熟虑后做出了一个大胆的决定——继续做焊工！

为了能单手完成工作，卢仁峰常常一连几个月吃住在车间。每天练习50根焊条焊接。有一天，卢仁峰又在下班后独自留在车间练习单手焊接技巧，焊接时焊头不受控制地突然偏移，飞出的火花全都溅到了他的脖子上，烫了好几个泡。这样惊险的经历在单手练习的过程中时常出现，但卢仁峰从没有过放弃的念头。哪怕困难重重，他也要坚持将自己热爱的事业进行到底。一次次不间断的练习，他用特制手套、牙咬焊帽等替代左手，渐渐找到了单手操作的方法。凭着这股倔劲，也凭着对这份工作的热爱，卢仁峰终于练就了一身单手电焊绝活儿。不仅如此，他还攻克了一个个焊接难题。

付出总会有回报，卢仁峰的手工电弧焊单面焊双面成型技术堪称一绝，压力容器焊接缺陷返修合格率达100%，赢得了"独手焊侠"的美誉。如今已经在焊接岗位上坚守了40多年的他，正以身说法，把自己对工作的热爱，把自己的焊接技术毫不保留地传授给徒弟。

十、大国劳模

一个有前途的民族不能没有先锋，一个有活力的国家不能没有劳模。

上海电气液压气动有限公司液压泵厂数控工段长李斌，正是用他的先锋作用和劳动信念为我们彰显了大国工匠的敬业精神。

1980 年，20 岁的李斌从技校毕业后，进入液压泵厂当学徒。3 年学徒期间，李斌跟着师父学会了"车、钳、磨、铣"全套操作技能。由于表现优秀，李斌先后两次被厂里派往德国海卓玛蒂克公司瑞士分公司工作。

第一次到国外时，李斌看到人家先进的技术水平感到很是震撼，但也激发了他学会新技能、报效祖国的斗志。他开启了疯狂的学习模式，白天在公司工作，晚上熬夜补德语。内向的他为了学习德语，经常厚着脸皮在大街上随机找陌生人聊天。有一次甚至被人当成了骗子，差点挨了一顿打，不过这些困难都不能阻挡李斌学习的热情。越是困难越向前，在他的努力下，他很快就从不认识德文单词到熟练掌握德语；从不懂数控到熟练操作数控机床，并逐步掌握了编程、调试、工装、维修四大技能。

几个月后的一天，有一个急件需要马上加工，可外方操作人员都去度假了，管理人员非常焦急。李斌就对他说："可以让我来试一试吗？"在外方管理人员审视的眼神下，李斌运用这几个月掌握的工艺、编程、刀具等技术，独立完成了性能优异的合格产品，外方管理人员禁不住竖起大拇指。就这样，李斌成了瑞士公司第一个中国编外调试员。

回国后，工作认真的李斌在此后三四十年里，始终坚持在一线工作。每天早晨穿着蓝色的、胸前印有"电气液压"字样的工作服，在自己熟悉的车间里兜几圈——问问生产情况，解答技术难题，这氛围令他舒坦。有时他身体不舒服，只要一踏进车间，一回到机床边，就如同服了一剂"特效药"，会立马集中心思、沉醉其中，什么疼痛都暂时不顾了。

李斌就是这样，平凡的岗位、日常的工作在他心里却是精彩的人生，他把公司当家爱惜，把工作当生命守护。

第二节　诚实守信

当前，国家正处在转变经济发展方式、实施创新驱动发展战略的关键时刻，高质量的经济发展，对行业规范和市场秩序都提出了新的要求，这种要求从职业道德讲，就是尊崇和恪守爱岗敬业、诚实守信、服务群众、奉献社会的道德准则。

诚实守信是社会主义核心价值观对个人为人处世的基本道德要求，更是职业生涯中不可或缺的道德准则。诚实，就是言行与内心的一致，是言行一致、表里如一，做老实人，说老实话，办老实事。诚实就是不弄虚作假，不欺上瞒下。守信是遵守诺言，讲信用，重信誉，忠实地履行自己承担的责任和义务。诚实与守信密不可分，诚中有信，信中见诚，诚实守信是个人安身立命的基础，也是工匠所应具备的基本道德素质。

诚实做事、诚信做人，既是现代企业生存立身与持续发展的基础，也是市场经济对企业的基本要求。诚实守信体现在工匠精神中，它是工匠对保证产品质量自觉，是面对问题与困难时实事求是的坚持，是追求完美过程中的客观辩证。

一、以良心开锁

一把小小的锁，锁住的是安心，锁住的是放心。一把钥匙开一把锁，当锁打不开时，安心就成了糟心、烦心。这个时候，一个有良心的开锁匠就成了救命稻草。在甘肃省张掖市，就有一位非常出名的开锁师，多年来他坚持以良心开锁，以诚实守信的工匠精神和高超的开锁技术，荣获了"金张掖能工巧匠"的荣誉称号。他就是余家祥。

余家祥是一个退伍军人。军队的经历锻造了他过硬的意志和人品。退伍后，余家祥自主创业，刻苦学习开锁技术，成了一名远近闻名的开锁师。作为一名职业开锁人，在20余年的职业生涯中，余家祥替无数人打开了"方便之门"，几乎没有收获一个差评。但凡接触过他的人，都对他充满了信任，亲切地称呼他为"良心锁匠"。

有一年高考前夕，余家祥凌晨3点接到一个电话。一名高三学生的父亲说，家中的防盗门打不开，家人被反锁在家中出不了门。但是第二天早晨六点半孩子就得去考试，耽误不得。余家祥听了，耐心地告诉这位父亲，第二天早晨六点他一定准时前去开门，不会耽误孩子考试。第二天早晨六点，他准时打开了该住户家的门。孩子的父亲十分感动，到处宣扬他的重信守诺。这使得余家祥被更多人知道。

还有一次，余家祥在半夜接到了客户从外地打来的电话。原来这家人到旅游地点才记起家中灶上还烧着水，再不去关火，后果不敢想象。余家祥得知这种情况后，立马惊醒过来，顾不上冬天的寒冷，及时赶到了客户家里。他迅速把锁打开，直奔厨房，端下已经烧黑的锅，避免了一场可能的火灾。做完这些，余家祥才感到大冬天身上竟然有了汗意，他给客户发了个短信，就离开了。

工作久了，他深深地感到，锁芯与人心相通，他开的是锁芯，做的是良心。有了他这颗真诚、善良的心，一个个危重病人从打不开的门中被解救，一次次火灾事故被消除在萌芽状态，一个个因忘带钥匙和门锁故障进不了家门的人回到温馨港湾。余家祥经常教导徒弟们开锁不以挣钱为主，作为一个合格的开锁师傅，必须拥有一颗真诚、善良的心，才能有好的收获。

二、以诚立身

诚信不但是个人道德的基石，也是企业运营中不能缺少的品质。历史经验证明，只有诚实守信的人才能做成大事，只有诚信经营的企业才能健康长远发展。

山东烟台有一家餐饮公司，叫"彭氏菜根香"。一提到它，人们就会想起其创始人彭熙君至真至诚、诚实守信的创业故事。

彭熙君，1973年出生于牟平的一个石匠家中，他爷爷是当地出色的石匠，打石头的技艺出神入化。打出来的石头总是宽窄一致，粗细一样，不断不折，精致笔直。从小他就被爷爷的这种工匠精神潜移默化熏陶着，他的人品也如石头一样实诚。

长大后，凭着兴趣和热爱，彭熙君从牟平技校烹饪专业毕业后成了一名厨师。经过多年的摸爬滚打，彭熙君以扎实的专业技能创立了"彭氏菜根香"。几年来，彭熙君始终秉承"做就做最好的食品，做就做最放心食品"的理念，赢得了大家的好评。

在大家眼里，彭熙君的成功靠的不仅是运气，更重要的是踏实和认真。公司里面的老员工都记得多年前彭熙君还在当大厨时的一件事。有一天，负责采购的人照常从供应商那里运回了各种新鲜食材。生意也照常进行着。中午，正在后厨忙碌的彭熙君听到前面传来了激烈的争吵声，赶忙出去查看。原来是一名顾客正在和服务员理论，说今天吃到的招牌菜不新鲜，不是原来的味道。服务员不相信，因为所有的食材都和以往一样。就这样，一言不合吵了起来。了解原因后，彭熙君一边安抚顾客的情绪，一边找来食材查看。初看没有异常，但在他的专业眼光下，发现那个食材确实和原来不太一样。虽然差别不大，但是味觉灵敏的人还是能发现不同。

找到问题后，彭熙君没有隐瞒，他大方地向顾客承认了不足和疏忽，给客人免了单。不仅如此，他还费力找到了那天点过这道菜的客人，说明了情况，全部免单。就这样，他的行为获得了客人的赞扬，他个人也赢得了良好口碑。

三、心中有诚，手中有秤

秤不仅是一种衡器，还包含着公平、诚信、正义。因此制秤之人必须有原则，只有这样的人才能打造出标准的、童叟无欺的良心秤。武汉新洲区就有这么一个只做良心秤的"制秤世家"传人江玉珍。她一生只靠制秤的手艺就扬名于世。

江玉珍出生于20世纪40年代，从12岁继承制秤手艺开始，几十年来，对待挑木材、刨光、制粗坯、打磨、包铜管、定刀口、定星位等10多道工序一丝不苟、环环严谨，之后还要反复校量，一天忙下来最多只能做两杆秤。在江玉珍看来，宁愿做少点，少赚点，也不能砸了祖传的招牌。做秤赚钱不易，更难的是守住心底那杆"良心秤"。一次有一个商贩慕名前来，找到江玉珍，阔气地甩出来一沓钱，让她按照自己的要求做几杆秤。当时江玉珍家里老人生病，孩子上学，都急需用钱。但江玉珍没有一丝犹豫，客气地将那个人请出家门，并果断地说："不管你开出多么丰厚的条件，我都不会接受。"看着远走的商贩，她自言自语道："哪怕只做一杆'黑心秤'，我一辈子都不会安心。就算穷得把米磨成糊糊吃，我也绝不做那种事。"

正是这样的坚守，江家才敢理直气壮地将自己家制造的秤命名为"正兴"，寓意"心正则兴"。也正因江家坚守诚信，才得到更多的商家、百姓信赖。江玉珍做了一辈子的秤，做秤手艺十分高超，却固守着清贫。因为她从来都是兢兢业业，恪守诚信和道德底线，从未做过一杆"黑心秤"。所以在当地，"江正兴"作为一个企业，生意越来越兴隆，逐渐成为商贩和居民心中的"大品牌"。

近些年，电子秤已经取代了杆秤，生意大不如前，但江家秤铺仍然每天开门营业。江玉珍说，虽然现在用秤的人少了，但过去的老顾客手上的秤有时可能用坏了，需要修理又找不到维修点，可以来我这里免费校对、修理。是啊！一杆秤售出去，代表着人与人的信任，代表着坦荡的良心，更代表着负责任的态度和商家的信誉。

四、诚信是金

精诚合作，在危机中孕育商机；信守承诺，在信任中谋求发展。福州万德电气有限公司总经理许振妃就是在这样的信条中带领公司走向更高的领域。

万德电气规模并不大，主要以出口高效电机为主，作为里面的高级管理干部，许振妃始终不忘自身的工匠身份，一直坚持"诚信包容"的价值理念。

初入公司，许振妃本来是一名嵌线工。那时候他整天都在不停做、不停试。因为勤奋努力，许振妃很快便从普通技术员晋升为管理人员。有一次，公司接到了来自意大利的订单，这让他们十分振奋。为了在超强台风来临前完成订单，他们加班加点赶制货物。订单在台风来临前终于完成，大家刚要松口气，许振妃在检测中，突然发现这批货物存在着一些小问题。虽对后期使用不会有严重影响，但的确没有达到承诺的交付标准。而这时，超强台风即将登陆，公司马上就要停工停产。这时候有员工提议，不如先这样交付，反正后期很可能不会出现问题。但是许振妃坚决不同意，毅然决定重新完成订单。

坚守承诺容易，但接下来的工作让人头疼。停产期间，许振妃悬着的心就没有放下过。台风来临，他每天都盯着天气。台风一过境，许振妃立刻组织全部员工复工，甚至不惜增加成本，只为保证按时交付货物。老天眷顾诚信者，在他的努力下，公司如期完成了任务，保证了客户订单的交付。来自意大利的客户也被万德电气信守承诺的精神感动，决定持续和万德电气合作，又接连签下了好几个大额的订单。

不只是对待客户坚持诚信为本，真诚经营，对待员工，许振妃也坚持以诚待人。他要求公司薪酬核算发放人员不管有什么困难都不能打破准时发放薪酬的铁律，一定要按时发工资，不能辜负员工们的付出和信任。

五、守信重诺的红旗渠"工二代"

李江福是林州市的一个农民，因全程参与修建红旗渠工程而在家乡一带小有名气，被父老乡亲亲切地称作老石匠、老瓦工。

李江福从小就对建筑有着强烈的兴趣，后来为了改善家庭条件，到外地建筑工地打工。他踏实肯干，又加上虚心向老师傅学习，进步飞快，没多长时间就当上了质检员。为了进一步提高专业水平，他还利用业余时间报考了西安科技学院建筑培训班，有理论有实践，他很快成为建筑工地上的技术骨干。

随着国家基本建设的全面开花，不满足于现状的李江福又开始了创业之路，成立了新城建设有限公司。公司初开，感受过挣钱不易的李江福就在大门口立了一根"诚信柱"，上面写着"我不少你一分钱，你要垒好每块砖"。这也是李福江与每个建筑工人放在心底的协议。

有一年年底，因个别业主严重拖欠工程款，致使项目部无法发放农民工工资，缺额高达100多万元。有人给李江福说，给大家解释一下，等节后款项回笼后再补发。但李江福却过不了自己心里这道坎。为了把工资的缺额补上，他把自家的房产廉价变卖，仅剩的一套现住房也被拿到银行做了抵押，硬是赶在春节前把工资足额发放到了工人手里。

对待工程质量，李江福也从不撒谎。2005年，在濮阳职业技术学院办公楼工程施工中，李江福在现场发现框架填充墙砌体的砂浆标号偏低，施工员却满不在乎："框架填充墙也不是什么承重构件，砂浆标号也没有太低，还是过得去的。"但李江福却不这样认为，小问题也是问题，只要是问题就不能容忍，在他的坚持下，已经砌好的5道墙全部拆除重做，工料损失 5 万多元。信守承诺的结果是，该工程荣获河南省工程质量最高奖——"中州杯"，李江福的工队也是该校数十项工程项目中唯一获此殊荣的施工单位。

六、说到做到的岱山电工

在浙江岱山，有这样一位渔业船舶电工，他技术出众、诚信为本、质量为标，深受渔民的信服与敬重，他就是赵仕波。

赵仕波出生于普通的渔民世家。在海边长大的他，从小就对渔船有着浓厚的兴趣，经常一个人在沙滩上观察海上大大小小的渔船，有时候一看就是一天。稍大后，以电为动力的新型渔船普及开来。赵仕波又对船舶电气和生产机具产生了浓厚兴趣，他把船上的零部件位置、柴油机的整体构造全部装入了脑中，并在闲暇时钻研渔业电工的知识。越研究越热爱，年幼的赵仕波立志成为一名优秀的电工。

之后的几十年里，赵仕波一直深扎于电工这一行业，积极为渔民们的渔船服务，成绩斐然。几十年里，赵仕波让渔民信服的不只是一手过硬的技术，还有他的诚与信。2012 年夏天的一个晚上，已经休息的赵仕波突然接到一位船长的来电，说船在东海海面发生故障急需维修。他当机立断让故障船停靠至最近的洋山港，自己则打算用最快的速度赶过去。当时正是大风天气，岱山到上海的船停航，这可急坏了赵仕波，因为船上不及岸上，多一刻的等待就意味着多一份的危险与损失。待第二天一有船开航，一宿没睡的他就带上设备匆匆赶往上海。赵仕波说，答应过别人的事就一定要完成，无论再苦再难都必须完成。

"人无信不立，业无信不兴。"这就是赵仕波一直坚守的人生信条。他是这么想的，也是这么做的，不论千难万险，他都用行动践行着自己的职业准则。

七、"极米锤"砸出好品质

随着科技的不断发展和进步，越来越多的科技智慧产品走进了千家万户。不论是电子密码锁的普及、可视门铃的兴起，还是智能家居系统的广泛应用，都是科技改变生活的最好证明。在这样的时代背景下，越来越多的人投入了智慧家居用品的研发和生产中，他们被誉为新时代的"科技工匠"。

极米科技创始人钟波就是其中一员。他勇于创新，敢于实践，凭借诚实守信的"工匠精神"入选 2019 年 5 月"中国好人榜"，成为成都市唯一的入选者。

钟波自小就有着很强的想象力，经常会幻想一些看似天马行空的科幻感十足的东西。工作期间，看到智能手机呈现的视频，他逐渐有了一些新的想法，想要做出一款不一样的电视机，希望能彻底改变传统电视的形态，提升用户体验。这一想法让原本已年薪百万的钟波坚定了创业的信念。

2012 年，"80 后"的钟波带领一群"80 后"组建了创业团队，团队取名"极米科技"，目标是进军家用智能投影领域。从 2012 年创立，到 2018 年以 57.5 万台的出货量位居中国投影机市场出货量第一，他们结束了我国投影行业被外资品牌垄断 15 年的局面。这背后既有钟波对产品的极致追求，更有他们对诚实守信的坚持。

公司成立后，钟波和他的团队经过数月的奋战，终于完成了新产品的研发。样机一拿出来，大家都非常激动，争先恐后开机测试。然而令他们没想到的是，这款投影仪里特制的内置哈曼卡顿音响引起了机身震动，导致了投影画面的抖动。事实上，音响上下震动只有 1 毫米，用户是看不出来的，但通过投影出来的画面可能会把抖动放大几十倍，在 3 米之外可能就是一两厘米的抖动，十分影响观感。

面对这样的结果，很多人都垂头丧气。眼看就要交付市场了，现在可怎么办？有人提议，如果降低音响配置，我们依然能够以"全球首款 3D 全高清 1080p 无屏电视"的强悍性能很快上市。但钟波听后，立刻反对。他认为这不是极米的选择："我们要做的是给用户最好的体验，绝不能以次充好！"于是，为给用户更好的体验，他毅然举起手中的铁斧，朝眼前的全新样机毫不犹豫地砸了下去。

从此以后，砸掉不合格的样品已经成为极米科技的惯例。公司成立至今，钟波用手中这把铁斧已经砸毁了近50台不满意的样机，这把铁斧被员工们满怀敬意地称为"极米锤"。也正是这把"极米锤"，砸出了用户的极致体验和颠覆式创新，砸出了极米科技的绝不以次充好的诚实守信！

八、骨瓷工匠

2001年，APEC会议在中国顺利召开，这是中华人民共和国成立以来中国承办的规模最大、层次最高的国际首脑会议。也正是在这次会议中，位于上海的玛戈隆特骨瓷有限公司脱颖而出，并很快在骨瓷领域占据了重要的一席之地。

瓷器是中国带给世界的财富和瑰宝，多姿多彩的中国瓷器历来被世界人民赞誉。而骨瓷却是原产于英国的一种高档瓷种，因其"薄如纸、透如镜、声如磬、白如玉"而闻名遐迩，并且卖价高昂。这让一直从事瓷器行业的赵春阳产生了极大的兴趣。作为瓷器故乡的中国人，赵春阳非常渴望制作出中国特色的骨瓷。

为此，赵春阳创立了自己的瓷器公司——玛戈隆特。公司成立之初，只有3名员工，账上只有6万元资金，但赵春阳依然认真经营自己的品牌。最开始，他的工作不是废寝忘食地翻阅各种制瓷典籍，就是马不停蹄地奔波在去其他瓷器企业学习的路上。这种情怀和学习态度，让赵春阳很快就带领团队烧制出了第一批具有中国传统文化元素的骨瓷。这批骨瓷一经推出，就受到了人们的喜爱，玛戈隆特也渐渐小有名气。

后来，恰逢上海举办APEC会议，主办方为更好地弘扬传统文化，特地召开了会议瓷器供应招标会。会议上，名不见经传的赵春阳凭借着中国味十足的"泰富铂金"设计拔得头筹。玛戈隆特将为APEC会议特供餐具，这是一个巨大的机会，但同时对这家小公司来说也是一个巨大的挑战。

招标会结束后，赵春阳由一开始的激动逐渐陷入紧张中。为了在短时间内完美地完成此次任务，赵春阳吃住都在公司里，亲自完成图纸设计，手把手带领工人完成烧制，打造出了一批精美绝伦的产品。就在大家都以为可以松一口气的时候，赵春阳突然发现这批即将交付的瓷器里都有一个小黑点。这个小黑点在产品的背面，不翻过来仔细看是完全注意不到的。有员工说，别人发现不了，可以如期交货。但是赵春阳想都没想就拒绝了，从创业之初，他就把诚信作为行商的准则和信仰，决不允许出现这种情况。于是赵春阳再次坚守公司，重新带人烧出了一批精美绝伦的产品。这批瓷器亮相后，其美丽的外表和细腻的触感，很快就获得了参会者"有品质、有设计、有创意"的赞誉。玛戈隆特也一炮而红。

之后，赵春阳更是抓住机会，先后在 2008 年成为北京奥运会奥组委官方下榻酒店专用瓷器生产商，在 2010 年成为上海世博会国宴指定瓷器和世博特许产品生产商。同时，玛戈隆特的"青花宴"印象世博花瓶被作为国礼赠送给来自 246 个国家和国际组织的政要和贵宾，获得了世博国礼金奖。这一切都是赵春阳的诚实守信、坚守匠人之心换来的。

九、常开科技

江苏省常熟市有一家远近闻名的开关制造公司，它因为过硬的品质和诚信的经营被人们亲切地称为"常开"。常开公司董事长王春华更是在 2019 年被中共江苏省委宣传部、江苏省文明办授予江苏"最美诚信之星"的荣誉称号。

诚实守信是常开公司一直坚守的理念，他们在各个环节都将这种理念贯彻到底。董事长王春华经常对员工们说："诚信是传统美德，不管你在哪里，在做什么，诚信始终是我们安身立命的道德标尺。我们一直说，要光大工匠精神，要让民族品牌与时代同频，我认为工匠精神的核心就是诚信！"因为这样的信念，常开发生过很多值得称赞的故事。

2007 年的一天，当时常开的市场开发部主任助理丁惠明代表公司到甘肃金昌去参加金川集团的项目投标。当时金川集团是我国最大的镍钴生产基地和第三大铜生产企业，他们公司投资的项目很多，对许多厂家来说是一座名副其实的"富矿"。当时这个标，很多竞争对手都势在必得。

这次招标的是一个技术改造项目，涉及低压配电设备，主要是 400 V 低压成套开关柜、690 V 低压成套开关柜以及控制箱等，金川要求投标企业出具3C证书。但事实上，690 V低压成套开关柜的3C证书，各家都没有。然而令人没想到的是，在当时的招标答疑会上，竟有一家企业在现场拿出了3C认证。丁惠明当时非常怀疑，就立刻跟王春华汇报了这个情况，询问解决办法。王春华听了，非常淡定，他对丁惠明说："人家是不是造假是他们的事情，我们坚决不能这样做。我们要把真实情况告诉客户，我们现在没有690 V的3C认证，但我们承诺，一定会在交货之前做好相关3C认证并提供给客户，请他们放心。"

最终，"常开"拿下了这个项目，那家有3C认证的企业也被查出确实是造假。后来，"常开"信守承诺，在交货之前完成了3C认证，并和金川达成了长期合作。

十、正己守道，无间冬夏

山东省枣庄市峄城区有一位"80后"道德模范，名字叫赵欢。30多岁的他早已成为人生赢家，不但创建了山东正夏自动化股份有限公司，而且还获得了20多项国家发明专利，更是凭着诚信为本、真诚待人的工匠精神被评为"峄城区道德模范"。

赵欢出生于峄城区的一个农村家庭，自小就喜欢和父亲一起修理家电和农具。上大学时报考了机械自动化专业，对专业的热爱让他在校期间成绩优异，毕业后，赵欢创立了山东正夏自动化股份有限公司，成为一名青年创业者。2013年，就在公司刚刚走上正轨的时候，有一份订单一下子把赵欢"打回原形"——赵欢应台儿庄一家淀粉公司的要求帮他们生产一款价格便宜的淀粉包装机，这个订单对初成立的正夏可谓雪中送炭，只要完成合同要求，公司就可以稳住脚跟，甚至有更好的发展。赵欢十分重视，他和厂里的工人一起加班加点，主导布局，参与研究，只为更快完成订单。但是由于缺乏经验，技术支撑过于理论化，生产出来的包装机被客户投诉，效果很不好。当时对方公司的客服已经付清了尾款，厂里有些员工就悄悄地劝赵欢：其他厂子遇到这种情况，通常只负责后期的维修就可以了，不用过分担心。但是赵欢左思右想，考虑再三，还是内心难安，于是他做了一个大胆的决定：全额退款！在当时，对于他们来说全额20万元可不是一笔小数目，一旦全额赔付，之前所有的努力都将化为泡影，一切只能从零开始。家人和朋友纷纷劝阻赵欢，想让他和客户再好好协商一下，哪怕只赔一半都行。可是赵欢心意已定，他说："如果不赔偿，公司刚积累的声誉将不复存在。我们不能为了一时的利益，丢掉诚信为本的信仰，丢掉良好的信誉！"

于是在诚信和金钱面前，赵欢毅然决然选择了立即赔付客户损失，并把"正己守道，无间冬夏"作为座右铭贴在公司厂房的墙面上。赵欢的这一举动也打动了很多人，越来越多的客户主动上门寻求合作。公司因诚实守信的良好声誉也愈发壮大。

第三节　淡泊名利

习近平在全国劳动模范和先进工作者表彰大会上的讲话中说："在长期实践中，我们培育形成了爱岗敬业、争创一流、艰苦奋斗、勇于创新、淡泊名利、甘于奉献的劳模精神……是鼓舞全党全国各族人民风雨无阻、勇敢前进的强大精神动力。"

诸葛亮在《诫子书》中说："非淡泊无以明志，非宁静无以致远。"这句话道出了人生的许多真谛。人生在世，最智慧的活法可能就是淡泊名利。淡泊名利始于热爱，形以专一，终于功成。工匠们不只是把专业作为安身的资本，更需要视之为立命的根基，面对自己热爱的工作，往往心无旁骛，不讲条件，不计报酬，耐得住寂寞，守得住清贫，经年累月一如既往，专注于自己的技艺与产品，最终成就精益求精的品质精神和追求卓越的创新精神，实现自己的人生价值。

十年磨一剑，苦寒不沾心。名和利在平凡的人生中，在一定条件下可以成为动力。但要在平凡中成就不平凡，在琐屑中成就功业，还真需要远离名利场，以单一的心思，纯净的心态，不求眼前利，方留身后名。大国工匠的成就之路，大抵如此。

一、"大漠英雄"邓稼先

邓稼先出生于战火纷飞的年代，年幼时，他和家人为躲避战乱只能四处搬迁，漂泊无依。读书求学期间，他深受爱国救亡运动的影响，曾秘密参加抗日聚会，在心中植下了深深的报国壮志。也因此他在美国获得物理学博士学位后，毅然决然放弃了优渥的生活，回到一穷二白的新中国。此后8年，他一直在中国科学院近代物理研究所进行中国原子核理论的研究。

1958年秋天，钱三强按照组织命令找到邓稼先，说"国家要放一个'大炮仗'"，邀请他参加这项必须严格保密的工作。听到这个消息，邓稼先热血沸腾，他盼望已久的报国时刻终于到了。不假思索，邓稼先就毫不犹豫地同意了。从此，邓稼先和众多参与者一起隐姓埋名来到了戈壁滩深处的核试验基地，连最亲密的家人都不知道他的行踪。

戈壁滩里，风沙肆虐，水源紧张，物资匮乏。邓稼先作为总负责人，一方面办起"原子理论扫盲班"，亲自讲课、辅导并组织翻译、学习外文资料；另一方面不停思考适合中国原子弹研制的主攻方向。凭借坚强的意志，邓稼先带领着一班青年人夜以继日地完成了一系列复杂计算，得出了突破性的结论。这也是中国原子弹研制重大应用价值的关键性理论成果。1964年，中国第一颗原子弹爆炸成功。邓稼先没有停下脚步，又和原班人马与从原子能所调入的于敏率领的研究队伍合作，开始了氢弹理论设计任务，仅用不到一年的时间就提交了被外国人称为"邓于方案"的突破氢弹原理的方案，使中国的氢弹研制工作迅速向前推进并取得爆炸理论的成功。

邓稼先在大漠深处长年风餐露宿，艰辛地度过了整整10年的单身汉生活。工作中，他总是不顾个人安危。从第一次核试验起，他就形成了亲临第一线的工作模式，直到1985年因癌症而被强行安排住院治疗。病榻上，他平静地说："我知道这一天会来的，但没想到它来得这样快。"弥留之际，他用一生的智慧和最后一丝力气，与于敏合著了一份关于中国核武器发展的建议书，表达了对祖国的一片赤诚。1986年6月24日，中央军委决定对隐姓埋名28年的邓稼先解密，《人民日报》和《解放军报》刊登了

《两弹元勋——邓稼先》的长篇报道。而这时，这位著名核物理学家、中国核武器研制工作的奠基者和开创者，已为我国国防科技事业耗尽了他毕生的心血。35 天后，62 岁的邓稼先于北京逝世，他临终留下的遗言是："不要让人家把我们落得太远。"

"君视名利如粪土，许身国威壮河山。"这是时任国防部部长张爱萍将军悼念邓稼先的诗句。作为"两弹一星"元勋，邓稼先将才智、精力、荣誉甚至生命，全部献给了中国的核事业，将对父母、妻子和儿女的爱化为对国家、民族的大爱。

二、淡泊名利的钱学森

钱学森先生作为两弹元勋，他的至高地位和显著价值不言而喻。国家授予钱学森"中国科学院资深院士""中国工程院资深院士"等荣誉。但事实上，钱学森本人却是一个极其低调内敛的人，他的心中最重要的是国家科技的建设和发展，所谓的荣誉和名利于他而言都是云烟。

20 世纪 90 年代曾发生过这么一件事：北京有家出版社打算出版一套《中国现代科学家传记》，这套书经国家新闻出版署批准出版，具有一定的权威和分量。如果能被收录到这套书当中，应是一种莫大的荣誉。在收录的众多科学家中，钱学森也榜上有名。当时，出版社知道钱学森做事一贯低调，不喜张扬，于是，他们派出一名工作人员联系了钱学森的前任秘书王寿云，想请他向钱学森转达出版社的意愿，希望钱学森能答应此事。当王寿云向钱学森报告此事时，刚说了没几句，钱学森就明白了对方的意思，于是，板着脸瞪了王寿云一眼，王寿云吓得话都没说完，就不敢再往下说了。

工作人员只好把钱学森不同意入书的意思上报给时任中国科学院院长的卢嘉锡。值得一提的是，卢嘉锡和钱学森当年在美国时就相识。两个人有共同的爱好，因此结下了深厚的友谊。得知钱学森不愿意被收录进《中国现代科学家传记》，卢嘉锡一时有点急火攻心，但他也了解钱学森的脾气，钱学森决定的事情一般很难改变。

不过，此书已进展到关键时刻，如果耽搁下去，再重新做起来会非常不便。走投无路之际，卢嘉锡只好专程登门拜访钱学森，对他说："钱老，我主编的《中国现代科学家传记》可不是非法出版物，而是经国家新闻出版署和中国科学院共同批准的，上您的条目，也是经审查批准的，您要是不同意上这本书，我这个主编可不好当了。"说话时，卢嘉锡一副委屈的样子。最后，拗不过卢嘉锡的软磨硬泡，钱学森勉强答应下来，不过他告诫卢嘉锡：这是第一次，也是最后一次。

事后，有人不解地问钱学森，上名人录是好事，你为何还不愿意？钱学森叹息一声回答道："现今名人录的名堂很多，良莠不齐，有的只要给钱就能上。我就想抵制这种不正之风，就算不要钱，我也不会上。"

三、"扫地僧"院士

2020 年的一天，一位普普通通的老人在高铁上工作的照片被一位网友上传到了微博。这张照片一经发出，获赞无数，很短的时间就"霸屏"网络。

照片里，高铁二等座上坐着一位毫不起眼的"邻家大爷"。朴素的穿着，一头银白色的头发格外亮眼。被抓拍的时候他正握着一支笔，心无旁骛地审阅着一份专业图纸。这张普普通通的照片为何能迅速得到网友的追捧呢？原来照片上的老人正是中国工程院首批院士、力推精密测绘仪器国产化的标杆级人物刘先林。照片上的状态是他的工作常态。因着一生坚守的艰苦朴素的人生态度和职业准则，他被誉为"扫地僧"院士。

刘先林院士出生于 1939 年，正值中国最艰难困苦的时期。因此，即便现在刘先林已经凭着自己的努力和刻苦成了测绘领域的名人，成了卓越的工程院院士，被誉为国之重器的"大国工匠"，他也从未忘记初心，始终保持着艰苦朴素、淡泊名利的作风和态度。他的这种态度体现在工作和生活的方方面面。最令人印象深刻的是刘院士的办公室。走进他的办公室，最引人注目的是一张旧书桌、一把硬木椅。这张久未更换的旧书桌，桌面上磨损出一道道清晰可见的划痕，甚至有一大片油漆已完全磨损，一览无遗地显露出原木的本色。和这张严重掉漆的旧书桌一起的，是那把朴实无华的硬木椅，这套桌椅已经使用了三四十年，从未更换。

10 年前，他所在的测绘局曾进行过办公用品更新。大家早都忍受不了那些破旧过时的旧桌椅了，每个人都兴高采烈地去领舒适大方的新桌椅。只有刘先林多次拒绝，坚持用旧桌椅。他的理由既幽默诙谐，也客观科学，他说："大班桌、高靠椅太舒服了，容易走神；只有用老书桌，坐硬椅子，才能出灵感。"

这套因历经数十年岁月磨砺而掉漆脱色却从未更换的陈旧桌椅，堪称自带高光的"最美"桌椅，它折射出刘先林院士淡泊名利、艰苦朴素的"扫地僧"本色，令人肃然起敬。

四、下岗的"劳模"

在江苏省苏州市吴江区盛泽镇有一座老旧小区，这座小区已经建成 40 多年了，小区红墙周围绿植环绕，处处彰显着时代气息。就在这座不起眼的老旧小区里，住着苏州市最著名的劳动模范之———钱福珠。

1955 年出生的钱福珠，17 岁就进入当时位于盛泽的新华丝织厂成为一名挡车工。挡车工是纺织行业中最辛苦的工种，一个工人要看 4 台机器，不停地换梭、装纤。织出来的纺织品上如果有疵点，挡车工要及时拆掉，再补上。机器前是没有凳子的，一天工作时间 8 个小时，连坐一分钟的时间也没有，工作强度可想而知。

就在这样的工作强度下，钱福珠凭借着精湛的技艺和任劳任怨的工作态度，获得了厂内外的广泛赞誉。1984 年，钱福珠被评为苏州市劳动模范。1985 年，钱福珠又被评为江苏省劳动模范；这一年，钱福珠还被中华全国总工会授予全国技术能手称号，获得了"全国五一劳动奖章"；同年10 月，钱福珠作为中国工会代表团成员访问朝鲜，被授予中朝友谊奖章。

尽管获得了这么多荣誉，但钱福珠一直没有脱离生产一线。曾经有一家民营企业看中了她的技术，给出重金，想聘请她去做指导。厂领导得知后，担心她被"挖"走，于是找到钱福珠，想要给她"升官"。可是这些都被钱福珠拒绝了，她既不想离开培养了自己的厂子，也不想"当官"，只想用自己的手艺为纺织事业做贡献。因此直到退休时还是一名"普通"的挡车工。2000 年，原新华丝织厂改制，企业使用的梭织机淘汰了很多，被无梭织机代替。钱福珠甚至成为下岗工人，她也没有因为自己获得过很多荣誉而向组织提要求，她想用自己的双手重新就业。后来她辗转过几家企业打工，并且她还多次拒绝组织上的照顾。直到现在还住在一开始居住的职工小区里，家里环境也十分朴素，面积63平方米的家里，小小的客厅就放了一张方桌、一台冰箱和一个橱柜，充满了局促感。尽管很多人不理解，但她活在她丰富的精神世界里。

五、献身路桥的周昌栋

在湖北宜昌有一座被誉为世界第六、全国第二的悬索桥，这座悬索桥的建成标志着我国大跨度悬索桥与世界水平的差距在减小。这座桥的主要策划者是我国桥梁专家周昌栋。他曾主持建设了我国第一座自主设计的宜昌长江公路大桥和世界上第二座钢板结合梁悬索特大桥，先后获得了"鲁班奖""中国土木工程詹天佑奖"等重要奖项。

1950年出生的周昌栋，自参加工作以来始终坚守在工作一线。他工作起来，经常加班加点，错过了子女成长，也没有很好地陪伴老人，与妻子相守的时间少之又少。每当想到这些，周昌栋就充满了愧疚，他常常想：等到自己退休了，一定要好好陪陪家人。

2008年，时任宜昌市交通局总工程师的周昌栋已58岁了，到了该退休的年龄。周昌栋找到人事处负责人询问相关退休事宜。他说："我这一辈子忙于修路建桥，最对不起的是我的父母、妻子和女儿，我想退休后，好好弥补一下我的愧疚，到女儿身边，享受天伦之乐。"然而，宜昌的路桥建设更需要周昌栋。退休前，宜昌市交通局、宜昌市公路局的领导多次给周昌栋做思想工作，希望他留在宜昌，继续主持研究技术难度较大的工程勘察设计、施工、科研等工作，指导培养青年工程技术人员攻读硕士和撰写毕业论文，为全市公路交通系统培育更多的年轻人才。

就在宜昌挽留周昌栋的同时，广州一家大型民营企业也找上门来。原来，这家公司承接了一个几十亿元的道路修筑工程项目，慕名找到周昌栋，聘请他担任项目总工程师。民营企业的老板真诚地说："您去当总工程师，我给您开100万元的年薪，按月发放；同时给您配置一套二室一厅的住房，方便你们夫妻生活。另外，配一辆小轿车和一个司机，工程结束后，轿车归您个人。"

面对宜昌的挽留和年薪百万薪酬的邀请，周昌栋谢绝了高薪聘请，选择退休后留下来为宜昌继续效力。

就这样已到暮年的周昌栋，放弃了朝思暮想的退休生活，放弃了外面企业的重金邀请，依旧像一个平凡工人一样奔波在国家桥梁建设前线。他不求高薪，不求权力，只为了建好路，修好桥，造福每一个百姓。

六、甘当人梯张树珉

说到雕刻雕塑，我们脑海中第一时间浮现的可能是断臂的维纳斯，可能是健硕的大卫，也可能是智慧的思考者，总而言之都是西方的审美印象。其实，雕刻在我国也有悠久的历史。早在秦汉时期，中国就已经出现了以写意为主流的雕刻艺术。然而自宋代开始中国雕刻艺术逐渐趋向世俗，装饰性、依附性越来越强，写意雕刻也因此出现了长时间的断层。

在陕西西安有一位雕刻大师，他对写意雕刻有着极大的兴趣，立志重构中国传统雕刻艺术。他深入中国传统雕刻文化中，乘汉唐风韵，接续历史断层，他将自然材料的枯、瘤、疤、节视为"墨"，以刀为"笔"，创作出了《路漫漫》《风沙归旅》等近千幅写意雕刻作品。这名雕刻大师就是张树珉。

张树珉出生于1962年，一出生就患上了小儿麻痹，导致下肢残疾。张树珉只念到初中就辍学了，辍学后，张树珉的妈妈每日都愁容满面，十分担忧他未来的生活。好在张树珉身虽残但志坚。他发觉了自己对雕刻艺术的热爱和天赋，便在父亲的帮助下开始练习木雕。每一种技法、每个刀法他都苦心摸索。每当刻完一个作品，他的手都会被刻刀划伤。经过日复一日的刻苦练习，他自学成才，屡次获奖。

成名后，他的作品受到大家的喜爱和追捧。也有很多爱好者找到他向他请教技术。张树珉从不藏私，无论是谁，只要请教，他都会放下手头的活儿认真耐心地讲解示范。他常说："自学不容易，我自己吃过苦头，大家只要想学，我就把会的都告诉你们。"渐渐地，张树珉便起了办学授艺的念头。

这时有一家民办艺术机构找到了他，想请他去授课，并开出了丰厚的条件。这对家庭普通、身体残疾的张树珉有很大的吸引力。但当他得知那里的机构收费标准非常高，上一节课都需要数千元，他犹豫了。他办学授艺主要是为了传承技艺，传授知识，是为了更好地宣传和发展中国传统写意雕刻。经过再三思索，他拒绝了那家艺术机构。张树珉的想法被相关部门知道了，在陕西省文联的支持下，他于1999年成立了"陕西中国写意雕刻院"并开始传授技艺，收费十分亲民。2010年，西安美术学院特教学院院长又找到他，张树珉同样很高兴地接受了特聘教授。在授课过程中，面对学生，他总是很有耐心，手把手教学，认真修改学生作品，赢得了师生的广泛喜爱。

后来为了更广泛地传授技艺，他还针对残疾人开办了两期中期培训班和7届写意木雕技艺专业课程班，教授学生210名，其中国外学生5名。

张树珉身残志坚，不慕名利，甘当人梯，以榜样的力量塑造着更多的工匠。

七、坚守三峡的"工地院士"

水利专家、中国工程院院士郑守仁，从事水利工程设计50余年，获奖无数。2017年7月，他荣获国际坝工界最高奖项——国际大坝委员会终身成就奖。然而在郑守仁看来，这么多的荣誉只是对自己的鼓励和肯定，是自己进步的鞭策。他一生最久远的坚守还是在三峡大坝的工地上。

1940年，郑守仁出生在安徽省颍上县淮河边的小镇润河集，"大雨大灾，小雨小灾，无雨旱灾"，他的童年经受了淮河水患之苦。后来，家乡解放，淮河沿岸在国家政策的指引下开始进行大规模的淮河治理工程。终于，淮河上第一座水利枢纽工程——润河集水利枢纽工程应运而生，水害终成水利。郑守仁目睹了治淮的工程建设，深刻感受了变水害为水利的为民造福伟业。于是他下定决心，长大后要献身祖国的水利事业。1963年，郑守仁从河川枢纽及水电站建筑专业毕业后，毅然决然到了长江委工作。他的脚步从陆水到乌江渡，从葛洲坝到隔河岩，直至三峡，从业50余年来，日复一日、年复一年坚守在一线，他的生命与水利、与大坝紧紧地连在了一起。即便获得了无数荣誉，即便成为院士，他的心志也不曾改变。

虽然身为院士和领导，但郑守仁并不追求奢华的生活。他不仅以"长江委一职工"的名字如数捐出奖金、稿费、讲课费等，而且在日常生活中，他也从来不搞特殊。他在三峡坝区的家是只有十几平方米的两个小房间。卧室里，摆下一张床后，空间就所剩无几，一张桌子、一个简易衣柜，就能把逼仄的余地占据。平日里他总是坚持和普通员工吃一样的食堂三餐。除了在办公室，他最常去的就是工地，即使是除夕夜也雷打不动。他很少为了私事耽误工作，因此女儿出嫁的日子，他都没能到现场去祝福；父母生病住院，他也没能守在榻前亲自照料。他患有肝病和高血压，但为了更方便工作，他拒绝住院治疗。

长期驻守工地，极为简陋的生活方式，超负荷的运转，让郑守仁积劳成疾。但他仍然闲不下来，不仅拒绝单位安排的特殊病房，而且依然心系工作，一有机会就往一线工地跑。有一次，郑守仁甚至在手术前从医院偷跑出来，来到了三峡大坝工地上。只因当时工程到了关键时刻，他放心不下。

名和利，郑守仁总是视为过眼云烟。对于荣誉，他总会说："这不是我个人的功劳，而是群体的功劳。"在郑守仁心中，经济上的需求、物质上的满足都是其次的，对工作的使命和责任才是他最为看重的。他的无私、坚韧和对事业的执着，让他成为闻名遐迩的"工地院士"！

八、"架桥铺路"的吴玉刚

中国古代有这样一句俗语："行善积德三件事，修桥、铺路、办学堂。"修桥铺路，建设交通，自古以来都是发展经济、惠及百姓的千秋功业。作为经济大省的广东，经济的腾飞与强大的交通网络密切相关。这里有千万个建桥人、修路人的呕心沥血。著名的广东省路桥工程师吴玉刚就是其中之一。

吴玉刚参加路桥工作已经近40年，其间他用扎实的知识、严谨的实践和无私的奉献，为南粤交通网络的发达繁密做出了重大贡献。他主持建设的高速公路及桥梁遍布广东省，南沙大桥、深中通道、广深高速、虎门大桥等一系列重要工程的规划与建成中都有他忙碌的身影。他也凭借这些成就获得了广东省五一劳动奖章、中国公路学会科学技术奖等众多荣誉。

荣誉来自社会的肯定，吴玉刚始终保持着淡泊名利、甘于奉献的匠人之心。"工程工匠"是吴玉刚对自己身份的认定。在吴玉刚心中，自己就是一名普通的修路人，就是一名平凡的工匠。他要做的就是沉下心来，一辈子做好修路这一件事。

作为总工程师的他苦干、实干，常常深耕路桥工作的一线，与工人同吃同住同奋斗，时间久了，他甚至能记住身边每一位工人的名字。2018年夏天，南沙大桥的建设工作进入关键期。因长期劳累，吴玉刚住进了医院。在病房中，他依然心系南沙大桥，放不下那些技术难题。他不顾家人反对，刚做完手术，就趴在病床上召集相关人员到医院"现场办公"。出院后更是坚持每周都要到现场督导，认真检查每一项施工环节。

组织担心他大病初愈，身体吃不消，又考虑到他兢兢业业扎根在基层一线几十年，准备给他调整工作并给予更好的待遇。得知消息的吴玉刚立刻找到组织，第一时间婉拒。他坚决表示，南沙大桥一日不建成，他就一日不离开。在他的坚持下，这座主缆装上了自主研发的"中国芯"的大桥顺利建成，这也意味着他带领的团队使中国桥梁进一步从"中国建造"走向了"中国智造"。2019年，因吴玉刚在桥梁建设上的特殊贡献，他被评为中国"2019—2020年度十大桥梁人物"。可是，这项让桥梁工作者引以为傲的荣誉，吴玉刚竟也多次推让。他谦虚地表示："个体的力量有限，团队的力量才是巨大的，工程项目都是所有人齐心协力的成果。"

"温润如玉，刚强坚韧。"这是对吴玉刚最贴切的解读。他专业成就硕果累累，却朴实无华、恪尽职守。他将个人与祖国牢牢相连，用智慧和汗水带领祖国路桥领域腾飞，他谦恭低调，坚持一生做好一件事，把淡泊名利的工匠精神融进生命的点点滴滴。

九、当工人就要当一个好工人

火花四射中，有一位70多岁的老人正在专心致志地焊接着缺口。他保持着弯腰的姿势已经整整一个小时，完成后，才终于直了直身体，轻轻捶打着腰部。这位老人就是湘潭钢铁厂的优秀焊工——艾爱国，也是"大国工匠"荣誉称号的获得者之一。

1969年，19岁的艾爱国扛着行李从湖南的罗霄山来到湘江边的湘潭钢铁厂，由知青变为焊工。从此他与焊接结下了不解之缘。作为钢铁厂的焊工，艾爱国自称"钢铁裁缝"。湘钢人都知道，艾爱国没有什么业余爱好。每天下班一回家，就一头钻进焊接理论书籍中，常常研读到深夜。正是几十年如一日的理论钻研与实践操作，使艾爱国练就了钢铁般的硬本领。

艾爱国在湘钢工作了一辈子，最高职务就是焊接班班长。其实早在20世纪80年代，领导就想从职务的角度提拔他，却被他婉言谢绝了："我只想做一个好工人，我还是安心在自己的岗位吧。"因此直到71岁，艾爱国仍然战斗在湘钢生产科研第一线，作息如时钟一般规律。早上7点30分骑着自行车上班，下午6点30分后下班。他一个人生活，早饭和中饭在厂里吃，晚饭就自己做清粥、煮面条。

艾爱国的淡泊名利不仅体现在对物质条件的不在意上，数十年里，他还坚持无偿培养下岗工人和农村青年，决不收一分钱。

回忆起自己年轻时生活的艰辛，艾爱国总想为现在的穷苦年轻人出一点力。农村孩子刘四青的父亲早逝，他15岁开始跟随艾爱国学习焊工，一学就是6年。艾爱国像父亲一样照顾他的生活，指导他学习，关心他成长。艾爱国连续多年坚持免费给个体户、民办企业的焊工培训上课，每次上课都是"满座"。艾爱国还开启"在线"模式，全时段免费为工人释难答疑，所有工人都有他的微信，有事找他，他总是有问必答。来做学徒的农村青年没有地方住，他就自己想办法腾出办公室让他们住下。每次徒弟们去家里，他都坚决要求徒弟们不要带任何礼物，自己却默默为他们准备一桌子的零食。

艾爱国在焊工岗位的50多年里，多次参与我国重大项目焊接技术攻关，攻克了数百个焊接难题。艾爱国称得上是我国焊接领域的"领军人"，但同时更是一个淡泊名利、甘于奉献、平凡而伟大的技术工人。

十、修飞机的大国工匠

2017 年，中国自主研制的 C919 大飞机顺利完成首次试飞任务。一架 C919 大飞机全身上下一共有 100 多万个零件，它们的背后是一个个兢兢业业的维修工人，中国商飞上海飞机制造有限公司数控机加车间钳工胡双钱就是其中之一。

胡双钱，1960 年出生，从小就对飞机有着浓厚的兴趣。20 岁时，如愿进入当时的上海飞机制造厂成为一名技术工人。当时中国在民用航空领域正在进行运-10 飞机的研制，胡双钱满腔热情地投入其中。然而不久，运-10 项目下马了，这对胡双钱和同事们来说是一记重击。很多人无法接受，纷纷跳槽到待遇优厚的民营企业。

不少私营企业也给胡双钱开出了极其优厚的条件，都被他断然谢绝了。在他心中，自己是国家培养的飞机维修工，就应该为国家维修飞机。

转机来了，在国家政策的扶持下，胡双钱先后参与了中美合作组装麦道飞机和波音、空客飞机零部件的转包生产。他在一项又一项工作中兢兢业业、从不懈怠，默默地时刻为心中的中国大飞机准备着、磨炼着。一晃 20 年，ARJ21 新支线飞机和大型客机研制项目终于启动，胡双钱几十年的积累派上了用场。他厚积薄发，顺利地完成了 ARJ21 新支线飞机首批交付飞机起落架钛合金特制件、C919 大飞机首架机壁板对接接头特制件等加工任务。工作中，胡双钱还发明了许多独特的工作方法，比如"反向验证法""对比复查法"等，让每一个零件都不会出任何差错。

三四十年里，胡双钱一共加工过几十万个飞机零件，从来没有出现过一个次品，不愧为"大国工匠"。他说过："零件制造是飞行安全最基本的保障，绝对不能出差错，99.99% 的合格率也不行，必须保证 100% 的合格率，安全问题无小事，不能有丝毫的疏忽懈怠！"

胡双钱名字里有个"钱"字，但他本人淡泊名利，对金钱全然不感兴趣，一间 30 平方米的老房子，他们一家人一住就是几十年。胡双钱一生只爱飞机，最大的心愿就是看着自己参与制造的大飞机翱翔蓝天。如今他愿望成真，此生再无憾！

第四节　协同攻坚

协同攻坚是工匠精神的时代特征。协同是指大家相互协作，目标一致；在牵头者的组织下，各司其职，各负其责，协同作战，合力攻坚。协同精神是跨界思维融合的团队创新精神。攻坚，是指在重大机遇、严峻挑战面前，攻克在技术改造、技艺创新上的难题。一般来讲，现代企业攻坚有质量提升攻坚、精益研发攻坚、精准管理攻坚和环境改善攻坚四大类。协同攻坚的团队精神是现代企业缔造高质量产品的关键与保障。

在传统工匠那里，即便是师徒之间，也存在着"法不轻传"的祖训，协同攻坚更无从谈起。现代机器大生产，使每个工匠只生产其中的一部分，一个产品需要多个工匠协作完成。这种背景下，遇到技术上的难题，一方面需要上下游的共同努力，另一方面专业分工的精细化也使得问题的解决需要多工种、多学科共同配合，这就使得攻坚时的协同精神成为新时代工匠的必需。

牵一发而动全身。协同攻坚需要具备牵头者的全局性知识储备和统筹谋划能力，需要跨界的思维整合能力；还需要参与者的团结协作、勇于拼搏、永不言弃的宝贵精神。对于工匠而言，跨界的思维融合与整合更难能可贵。

一、协同攻坚，加速生产

2020 年春节，突如其来的新冠肺炎疫情降临全球。一时间，医用防护物品的研制、生产面临着严重挑战。

广州邦宝益智玩具股份有限公司响应国家号召，生产防疫物资。陈进喜作为公司的总监和研发团队的负责人，临时受命，勇挑重担，从大年初四开始，当别人都在合家团圆的时候，陈进喜带着研发团队早出晚归，加班加点，夜以继日，和团队一起以公司为家，扎进了医用护目镜的研发之中。时不我待，他们克服各种困难，以最快的速度把护目镜研发出来。初十那天，模具师傅开始对模具进行加工调适，平时需要一个月才能生产出的模具，医用护目镜一周就生产出来并呈现在大家面前。经过严格测试销往市场，解决了医疗用品短缺的问题，同时也为公司赢得利益，创造了经济效益。

事实上，在大力推进模具技术创新发展方面，陈进喜和团队为提高公司模具科技含量，创造更高的附加值和经济效益，利用了先进的 RFID（射频识别技术）、传感技术、自动化技术、信息化技术等，对制造流程进行升级优化，研发形成了面向智能工厂环境的新一代智能物联车间技术体系和解决方案，并开展示范应用，实现了设计、制造信息的泛在感知与精益管控。陈进喜参与了公司塑料积木企业标准的制定，对塑料积木产品进行通用、统一的标准参数设定，让积木产品达到工业化、规模化、标准化的生产要求，使积木产品的生产和质量有了衡量的标准与依据，同时也为国内拼砌积木的行业标准制定做出了有益的探索与贡献。

纵观陈进喜的研发之路，他用敬业、专业的投入，带领团队在模具技术创新发展之路上攻克了一个又一个难关。正是有了陈进喜他们这种精神，邦宝益智玩具公司才能研发制造出多款防护用品及医疗器械，在新冠肺炎疫情这场没有硝烟的战争中成功转产防疫物资，使企业免受经济损失。

二、巾帼不让须眉

在湖北三六重工有限公司技术中心有一个身材娇小、眼神坚定、浑身充满着力量的女高级工程师，她叫范晓霞。范晓霞出生于湖北咸安一个工人家庭，由于从小目睹父母为完成生产任务加班加点辛苦地工作，于是她希望自己有一天能够发明出先进的机器，减轻父母的负担。大学毕业后，她进入湖北三六重工有限公司这个以男性工人为主体的重工业企业，当了一名技术工人，从此也开启了她无惧路遥、无畏险阻的工匠生涯。

初到工作岗位，范晓霞每天都在办公室加班设计、绘图。不久，单位收到了广州地铁集团的订单。此时范晓霞正在孕期，妊娠反应严重。但她觉得这样的机会来之不易，经常不顾身体的疲惫，协同销售人员和集团负责人进行沟通，修改设计，现场考察，往返于公司和广州之间。因为她的坚持和执着，公司的地铁电动葫芦得到了设计院和用户的一致认可，被国内很多地铁项目作为指定使用产品。这项新产品每年就为公司增加销售收入 2000 多万元，她也被大家公认为"拼命三郎"。

凭借精湛的技术和出色的工作业绩，范晓霞升任技术部副部长。她并没有因此而脱离生产，依然深入工人中去，和大家一起讨论生产中的工艺和技术问题。以前高速铁路的拱形桥梁检修车需要从国外进口，技术上还受制于人。范晓霞带领团队研发了国内最大 46 度爬坡桥梁检查车，该技术属于首创，取得了 6 项专利授权。她从事的行业主要是非标准定制，顾客的要求就是标准，每个产品都不重样，需要量身定制。也因此，她基本时刻都在研发，并且充满挑战。

从 2003 年 8 月进厂工作以来，范晓霞凭借着坚定的信念不畏困难、不惧挑战，不断开拓创新，逐步从一名技术人员成长为高级工程师。她所表现出的协作攻坚精神正是我们这个时代所需要的。

三、玩转洋设备的"土专家"

潍柴作为中国最重要的高速发动机制造基地，拥有世界一流的加工设备。王树军作为潍柴高精尖设备维修保养工，没有"两把刷子"是玩不转的，他大胆质疑，敢向洋权威说"不"，挑战不可能的事迹在业内人尽皆知，传为佳话，为中国人赢得了尊重。

王树军技校毕业后，就进潍柴当了工人。随师学艺期间，他勤学、爱思、肯干，明白了"干就要干好"的意义。工作期间，他发现工厂引进的先进设备，调试组装都是依靠外国工程师操作，而这些工程师又很傲慢。要想把主动权掌握在自己手中，唯有知其原理，对症下药。他暗下决心，一定要带领团队通过"拆设备""学原理""偷技术""创新路"，打破国外专家的垄断，为中国维保人员打开修理外国高精尖设备的口子。一次，调试海勒加工中心光栅尺，废品率高达 10%，调试的外国专家一筹莫展。王树军及其团队根据非对称铸造件内应力缓释原理，结合实际，大胆创新，在原设计基础上加装夹紧力自平衡机构，将废品率成功控制在 0.1% 之内，折服了外国专家。

随着高精尖设备使用年数的增加，海勒加工中心光栅尺故障频发。光栅尺是数控机床最精密的部件，相当于人的神经，一旦损坏只能更换。而采购设备既费钱又影响生产。"我怀疑这批设备有设计缺陷，导致了光栅尺的损坏。"王树军的大胆质疑惊呆众人。在众人的疑问中，他利用一周时间，对照设备构造找到了该批次设备的设计缺陷。继而通过拆解废弃光栅尺、3D 建模构建光栅尺气路空气动力模型、利用欧拉运动微分方程计算出 16 处气路支路负压动力值，搭建了全新气密气路，该方案成功取代原设计，攻克了海勒加工中心光栅尺气密保护设计缺陷难题。

王树军醉心于与设备打交道，凭借着精湛的技艺成为潍柴乃至国内发动机行业中设备检修技术的领军人。擅长自动化设备的定制化设计，擅长自主研发制造，精通各类数控加工中心和精密机床的维修，使他成为潍柴高精尖设备维修保养的探路人和工匠人才的一面旗帜，他也带领团队一起为潍柴的生产保驾护航。

四、下穿洛河隧道的地铁

洛阳，作为古都，是华夏文明的主要发源地。因其丰富的历史文化，地铁的规划迟迟没有落实。直到 2015 年经多方专家论证，才开始建设地铁 1 号线和 2 号线。

洛阳地铁 1 号线沿中州路呈东西走向，建设中只需要注意保护文物即可，并不会遇到下穿河流的技术攻关难题。而 2 号线则是连接了洛阳南北，必须途经洛河。建设团队集思广益，进行实地考察，找专家论证，做多种设计模拟，拿出多种方案，最好的办法是选择下穿河流走隧道。

洛河水量充沛，河床以下地层松散，地下以砂卵石为主，且个体强度高、直径大，最大的能有 50 多厘米，中间还夹杂着大量沙子。盾构机掘进时存在诸多不可控因素，工程难度极高，国内罕见，被专家称为"世界级施工难题"。但整个建设团队没有气馁，也没有抱怨，而是选择逆流而上。他们发扬自力更生、协作共进的团队精神，利用许多矿山盾构机来自洛阳设备厂的优势，完善方案，改进工具。在建设博物馆至九都西路站区间时，隧道全长 2 公里多，下穿洛河段长约 600 米，还遇到水压高、采石箱止排、出渣管道及刀具磨损严重、刀盘被卡等困难。为了克服这些困难，建设者对地质一遍遍勘测，通过增加土层控制压力，为土层注入改良剂等方法，最终确保了施工的安全并顺利完成。2021年1月11日，经过600多天的接连攻坚，随着"牡丹19号"盾构机从洛阳地铁2号线九都西路站破土而出，第一条隧道贯通，标志着洛阳攻克了世界级施工难题。

在洛阳地铁的修建过程中，洛阳人民发扬自力更生、协同攻坚的精神，克服了一个又一个困难，扫除了一个又一个障碍。洛阳地铁的顺利通车，洛阳的工匠群体功不可没。

五、"大坝医生"谭恺炎

湖北省宜昌市，因其丰富的水利资源，成为全国闻名的"水电之都"。这里有无数个水利工匠，他们怀揣着激情和热血，默默地为我国的水利水电事业贡献着自己的力量。谭恺炎就是其中的一员。

谭恺炎23岁大学毕业就来到葛洲坝工程局实验室工作。参加工作以来，谭恺炎矢志于水利水电技术的创新研发，带领团队坚持在一线从事水利设施试验检测，被人称为水利大坝安全的"守护神""大坝医生"。

2005年，南水北调工程开启，谭恺炎所在的集团公司承接了丹江口水库加高增强业务。这在当时是一个很难的任务，业内人士都知道丹江口水库的加高面临着新旧混凝土的结合问题，这是国际上都没有完全攻克的难题。集团找到了谭恺炎，希望他能主持相关技术研发。谭恺炎听完，没有丝毫犹豫，攻坚克难不仅是工作的需要，也是他的性格体现。出了办公室，谭恺炎立刻组织团队马不停蹄地赶到丹江口水库进行实地考察。面对传统的新旧混凝土结合问题，业内习惯从加强界面黏合剂化学反应作为研究方向，谭恺炎一开始也进入了这个"误区"，一直无法取得理想的效果。于是他带领团队驻扎当地近一年的时间，实地考察，实地研究，实地应用。终于在经过上万次试验后，他们发现，新旧混凝土结合并非黏合剂的强度问题，而是黏合剂化学反应的时间问题。找到了问题的根源，攻克了这一世界难题，该项目也如期完成。

随后，该项技术成果在三峡水利枢纽、南水北调中线水源工程丹江口大坝、荆江分洪南闸加固、英那河水库大坝加高、神农架玉泉河电站、肯尼亚松高罗电站等工程中得到应用，取得了良好的效果，为水利水电事业的发展贡献了巨大的力量。

谭恺炎带领大家攻坚克难，个人也因此获得了多项荣誉，成为水利施工行业技术创新的明星人物。

六、武汉地铁守护者胡建滨

地铁作为城市中最快速、便捷的交通方式，已经逐渐成为人们出行的首选。武汉市作为"九省通衢"之地，目前已经运营 11 条地铁线路，这些线路构建了庞大的地铁网络，极大地方便了人们的出行。但大家可能不知道，在多水跨江的武汉修建、守护地铁并非一件容易的事情，面临的困难和问题非常多。

现任武汉地铁运营有限公司工务中心主任技师胡建滨就是那些攻坚克难的工匠代表。胡建滨来武汉之前，曾在铁路系统工作。虽然都是轨道交通，但是铁路轨道和地铁轨道并不一样。前者是有砟轨道，后者是无砟轨道，而且两者作业环境也不同。初到武汉工作时，胡建滨就被这里复杂的地理条件惊到了。但他没有害怕和退缩，而是燃起了更大的斗志。

2016 年，武汉地铁 6 号线运营初期，发生了十分严重的正线折返道岔尖轨振动卡阻故障。道岔是列车变道、折返的主要设备，也是轨道线路检查维修的重点和难点。碰到道岔维修时，通常需要多专业、多部门协调配合。为提升生产效率，胡建滨提出，从两个专业中抽调技术骨干，组建成联调小组。同时他辩证推敲设计及厂制标准，在现场进行专项指标调整试验，终于将隐患故障全面解除，保证了线路的安全运行。

后来，他们又遇到了 1 号线减震效果太差，乘客体验不好的难题。由于 1 号线的运行地势，1 号线采用的是弹性短轨枕。道床—套靴—轨枕减震系统一直是 1 号线路维保工作的重点，虽经多次改进，但减震效果一直都不理想。胡建滨再次迎难而上，他带着团队发起了技术攻坚。在国内仅两次同类项成功实施的困难背景下，他通过搭建专业试验平台开展试验，邀请科研单位组织专题技术论证等方法，最终攻克了一系列技术壁垒。经过改造施工，极大地增强了减震效果，提高了轨道系统的稳定性。

胡建滨及其团队始终深耕轨道线路一线，为轨道线路维保、减振降噪及创新创效等开辟了新的思路。坐不住，等不起，闲不得，胡建滨就像一面高高飘扬在维保一线的旗帜，用高度的责任感、紧迫感和使命感，脚踏实地、攻坚克难，为武汉地铁网络的建设贡献了全部的力量，真实解决了很多难题，为轨道交通安全运营提供着不竭动力。

七、医学内镜工匠周平红

救死扶伤是医生的职责，减少病痛是医生的追求。不同于外科大手术，周平红教授的内窥镜下食管下层肌切开术，是利用特制的内窥镜，在毫米级的狭小夹层打开手术通道，精准手术，创口小，免去病人开胸破腹之痛。周平红医生是世界上公认的内镜行家，被业界称为该领域的发明家。

2006 年，内镜下微创切除手术在国内还是一片空白，周平红被派往日本学习内镜切除消化道早期癌症新技术。在大家的认知中，像周平红这种研究型专家只需动脑做研究，不需要亲自操刀。但内镜手术完全依赖于医生对器械的操控能力，为此周平红苦练技术，别人下午五六点下班，他要干到晚上 9 点，甚至 10 点。内镜手术需要左右手一起开工协调配合，他潜心苦练，很快修习到了双手互搏的境界，器械在他手中就像使用筷子那么自如。回国后，他独辟蹊径，独创出在病人食道管壁的夹层中建造一条隐形隧道，将原本只用于检查的胃镜变为手术刀，灵活运用于手术中。

几百台手术成功后，周平红开始在国际上崭露头角。2012 年，两年一届的世界级治疗消化道疾病大会在雅典召开，来自世界各地的领军人物会聚一堂。周平红作为第一位出场的专家，给大家现场演示手术。只见周平红迈着坚定的步伐，充满自信地走到手术台，动作娴熟地操纵着内镜器械，随着器械的深入，一道狭长的隧道被打开，精准定位到病灶位置，划开口子，准确切除，一番操作就像在核木上微雕图案，简直是精准至极的手艺活儿。半个小时后，手术完美结束。周平红完美打破了日本医生保持的手术用时一小时的记录，向世界展示了中国医生在内镜手术方面的速度、质量和技法，也标志着我国内镜手术跨入领先地位。

求索者的路是没有止境的，周平红在实践中又将胃镜手术应用于胸腔和腹腔，使更多的患者受益。能"工"，才能为"匠"。周平红是当代当之无愧的手脑俱佳的"医学工匠"，在他的带领下，中山内镜中心凭实力"圈粉"，吸引了众多国外业内专家前来观摩学习。

八、征服"洋设备"

对于一名技术工人而言，如果自己制造的零件能够用在航空飞船上，那该是多么自豪的事情。三门峡中原量仪公司首席员工、高级磨工李淑团就是靠自己的双手和"洋设备"，将一块块原始的铁块变成精致零件，实现了载上航天飞船飞入太空的梦想。

1990年，在基层干了6年车工的李淑团，因工作需要被调到精加工车间磨工组，操作两台磨床。其中一台是从瑞士进口的全自动万能外圆磨床S40，这台磨床是当时世界上最先进的设备。但由于当时不熟悉数控编程，工人操作起来不顺手，加工的零件精度不稳定，在运行时有时还不如国产的磨床，渐渐地就被人们遗忘了。

李淑团看到这么高级的机床在"睡大觉"，觉得太可惜了。于是就萌生了让它"起死回生"的念头。她找来说明书等相关资料，晚上学习，白天上机操作，经过反复摸索，不断尝试，居然掌握了S40的所有操作，使水土不服的瑞士高精度机床得以在量仪厂发光发热，加工出了大量高精尖零部件，为企业增加了效益。这个机床也从"弃儿"成了她的"心肝宝贝"。她和S40相互成就，共同成了公司的王牌。

日常的工作中，李淑团凭借聪颖的天赋和勤奋的学习，赢得了同事们的信服。她能将机器的精度操作到极致：一台精度在千分之一毫米的机床设备，在她的操作下能达到的精度为万分之三毫米至万分之五毫米之间。年年技术比武她都是冠军。

李淑团不畏困难，勇于攀登，在她的影响和带领下，中原量仪公司生产出微米级暨千分之一头发丝精度的部件，生产出国家航空航天离不开的中原量仪零件。李淑团的事迹不断地教育影响着青年人，在她的带动下，一批批技术工人，发扬劳模精神、工匠精神，不断提高专业技能，为中国制造贡献力量。

九、网络时代的移动人

当今生活越来越离不开网络，大家都希望无线网络速度快、没故障。特别是新冠肺炎疫情防控期间，线上上课、网络办公等对网络的速度要求很高。高速、畅通的无线网络，离不开网络装修工人的辛苦付出和高超技术。中国移动广西玉林公司的黄正彬就是"网络装修工人"中的一员，他不断地克服困难，用钻研、创新、高效的工作作风，凭借优异的表现和出色的技术能力，赢得了"玉林工匠"的称号。

2016 年之前，玉林市有几千个移动基站，若要对全部基站进行测试、计算和优化调整，派出 5 个优化团队不眠不休也要工作一年以上。面对这样的困难，作为班长的黄正彬意识到，必须发明一个有效工具，用尽可能短的时间来完成网络评估与调整，提高效率。有了想法，黄正彬借来书籍、找来资料，反复琢磨、多次试验，终于开发出 LTE 天线优化调整辅助分析系统。这个系统可以根据用户情况，模拟真实用网环境，进行自动测算，计算出最佳调整参数值和运行结果，大大节省了现场测试时间，更节约了大量人力，为公司带来了效益，为用户带来了更优质的网络体验。

广西医科大学玉林校区网络课堂、玉林市红十字会医院新冠肺炎后备应急病房网络覆盖、玉林动车线路 4G 网络优化等，都有黄正彬的参与和贡献。他以劳动为快乐，以奉献为乐趣，以创新为动力，彰显了"玉林工匠"之美；他投身事业，不畏困难，敢于挑战，践行了大国工匠的精神。

十、身怀绝技的"乙烯人"

"薛师傅，您看这焦杂三天就要清一次，太频繁了，能不能换个大点的过滤器？"工人们一遇到问题总爱找薛魁，因为他是这方面的"大拿"，没有他解决不了的。薛魁有什么绝技？这些绝技又是怎么练成的呢？

薛魁是中国石油独山子石化公司的员工，也是新疆第一代生产乙烯的技术人员，先后参与多项重点乙烯工程建设，发现并解决生产问题百余项，创新创效项目 20 余项，为乙烯产业发展做出了贡献。

刚参加工作时，为了全面掌握乙烯生产技术，他跨岗位、跨工段学习，全面掌握了分离、裂解和压缩三个工段的技术，成为乙烯装置的全能操作手。他还陆续完成了英语专科、化学工程本科学业，并取得工程硕士学位。这学习劲头很不一般。

2005 年，国家实施西部大开发战略，独山子千万吨炼油百万吨乙烯工程获批开建。薛魁迎来了施展抱负的机会，他仔细审查技术资料，结合自己的实践经验，清理出近 400 项乙烯装置问题，并对裂解气管道取消膨胀节等重大方案提出修改意见，为工程的顺利推进做出了突出贡献。从此，薛魁就一直默默守护着这个大国重器，并逐渐成了关键时刻解决重点问题的"定海神针"。

工作以来，薛魁总是在平凡的工作中发现问题，在学技术中解决问题。他独创的"裂解炉精准调节法"极大地延长了轻烃裂解炉的运行周期，提高了单炉生产效益。"裂解炉精准调节法"被认为是中国石油一线生产"十大绝招绝技"之一，在行业中得到推广。

从普通员工到行业领军人物，从金牌选手到金牌教练，从新员工到青年导师，一次次的成长蜕变，让薛魁成为名副其实的乙烯行业技术"大牛"。

第五节　自信自强

自信自强是工匠的心理素质和可贵品质，也是工匠由小到大，不断发展的精神动力。

自信是有能力完成某项任务、解决某个问题的信念，是个人对自己知识、经验、技能的一种积极评价与判断，是一种健康的心理标志，也是成功者的必备心理素质。自信需要以能力为基础，也需要不断调整心态。事情没做好，要思考通过怎样的努力来做好；做事不成功，要考虑多投入精力；对于别人的看法别太在意，尊重自己的感受，努力做下去；选择最擅长、最适合自己的事情，做到完美。通过长期的积累知识、掌握技能，做好每一件事，可以培养和增强个人的自信。

自强是中华民族的传统美德，是不甘于平庸，不依赖他人，自我奋进，不做"小白"做"达人"的追求精神。自强者诚实不自欺，知道自己的问题，也知道问题在哪里。于是敢于"直面惨淡的人生"，努力积累力量，尝试改变的方法，承担行为的结果，收获奋斗的成果，使自己越来越强大。自强是不服输的精神，在困难和失败面前，不低头，不气馁，不卑不亢，自尊自爱，志存高远，积极进取。以坚定执着的心态，奋斗不止。

自强的前提是自立、自主；自强来自自信、自勉；在努力奋进的同时，要学会自我激励、自我鼓舞。

毛泽东说：自信人生二百年，会当击水三千里。人生有成有败，有得有失，有荣有辱。自信自强是乐观的人生态度，是积极向上的精神面貌，是有为者的人生哲学。

一、"天价蛋糕"

一块蛋糕竟然卖 20 万元到 40 万元，这是怎样的蛋糕？又是谁制作的呢？这个人就是蛋糕制造者——翻糖王周毅。

周毅从小就喜欢做手工，高中时成绩不太理想，就选择上了职业技校，学习中餐工艺专业的雕刻和面塑。因为喜欢，所以热爱，同样也因为喜欢，所以他陶醉于烹饪的各种技术，沉迷于自己的每个作品。毕业后，周毅从事面塑模具加工工作。他每天早出晚归，拜访民间的面塑大师，从他们身上学习更为精湛的实践技术。由于他的刻苦，面塑和雕刻水平不断提升。一次偶然的机会，他接触了翻糖塑形，就突发奇想要来个创新：把面塑、雕刻融入翻糖蛋糕中，制造出具有中国特色的翻糖蛋糕。说起来容易，做起来却很难。像人物塑造，除了外观上的美观之外，还需要考虑人物的面部表情、衣服以及整个姿态造型等。这就要求制作者不仅要学习解剖学，还要学习园林设计以及化装技术。困难重重，但周毅没有放弃，他跑到园林观摩，跑到戏班子去了解古人的服饰以及发型，观摩古人的表情以及妆容，回家后把自己关在房间里，一遍又一遍地临摹。

成功属于自强者。2017 年英国举行国际蛋糕大赛，周毅凭借古风翻糖蛋糕拿下第一，成为1500个作品中最亮的焦点，一夜火遍中外。他用外国人从没见过的技术，用翻糖和面塑，将一代女皇武则天"复活"出来。在他的雕刻下，不仅人物的发丝、眼球、睫毛做得极其生动，就连衣角的褶皱都一一还原，而人物的手臂更是仿佛透着肌肤的光泽，垂感的裙摆上不仅有着漂亮的花纹，甚至还有衣服上才带有的细闪。武则天的金丝头饰、叠叠水袖、纤纤玉指都用翻糖制作而成，包括她背后花鸟呼之欲出的屏风以及身边那盏微微发光的宫灯，眼睛所及之处都是翻糖。

比赛现场，周毅很自信，评委很吃惊，全场响起了热烈的掌声。许多网友见到成品后，纷纷表示：这怎么能称为蛋糕？分明就是一件艺术品。何止20万，简直是无价的啊！

此后，周毅的技术更加纯熟，一条条中国龙被刻得栩栩如生，一个个传统形象被完美复刻。神话中的齐天大圣，宋代的李清照，每一个作品都让世界惊叹，也让世界对中国有了更全面、更形象的了解。

二、自立自强，传承匠心

"2022年世界技能大赛特别赛法国赛区的比赛中，来自浙江建设技师学院的学生马宏达勇夺'抹灰与隔墙系统'项目桂冠，实现了中国在该项目上金牌'零'的突破。"这则消息一经播出，"00后"的马宏达就受到了广泛关注。事实上，"抹灰与隔墙系统"就是我们通常说的刮泥子，是指通过填补或者整体处理的方式，清除墙的基层表面高低不平的部分，保持墙面的平整光滑，这是民间常见的内墙装饰技术。而马宏达却让这个操作在国际舞台上大放异彩。

因为父亲是做装修的，马宏达从小就对父亲的墙上涂鸦充满了好奇。耳濡目染下，他也萌生了学习一种手艺的想法。2016年，初中毕业的马宏达抱着这样的想法，进入浙江建设技师学院学习建筑装饰。刚入校的马宏达凭着对装修的兴趣，凭着有一技之长也可收获成功的信念，脚踏实地学理论，搞操作，强实践。很快他就成为同学中的佼佼者，还报名参加了学校的世界技能大赛训练。他暗下决心：一定要成为代表中国出战的那个人，要出人头地，要混出名堂。

因此，无论酷暑还是严寒，马宏达都会准时出现在实训室。他经常低着头一干就是几个小时，训练服湿透了，来不及换洗就开始下一轮的练习。长久不变的姿势让小小年纪的马宏达患上了腰痛，再加上学习上的瓶颈，他一度痛苦不堪。但是凭着对成功的渴望和对技术的执着，马宏达不仅忍下了疼痛，还克服了操作中进步缓慢的心理问题。

终于，马宏达学有所成，代表中国参加世界技能大赛。比赛中，马宏达时刻谨记教练徐震说过的"一毫米原则"——在世界竞赛领域，操作误差往往不能超过一毫米。在这样的高压下，很多选手都会紧张害怕，失去分寸。对马宏达而言，日复一日磨炼出的熟练技术和心中的底气让他多了份坦然、淡定，少了些许恐慌和紧张。最终，马宏达凭着自信的心态、奋发图强的拼搏在比赛中成功夺金，开启了属于他的人生新篇章。

"少年辛苦终身事，莫向光阴惰寸功。" 5 年时间里，马宏达都按照世界技能备战大赛的训练周期来规划每一周。由沉潜到飞跃，"技近乎道"需要一个耐心积累的过程，更需要一个自信自强的力量支撑。从隔墙、抹灰到贴线条，从水泥、石膏板、砖块到瓷砖，马宏达在自信中保持着时钟般精密运转的节奏，不疾不徐，不矜不盈，在自强中、在奋力的拼搏中成就了精湛技艺。

三、绚烂的"焊花"

经过电焊门市，很多人都会被刺眼的焊花惊扰，有的绕行，有的躲得远远的，但四川凉山的小伙子赵脯菠每次看到焊花时却驻足不前，感叹于焊花的绚烂和美丽。

赵脯菠生活在大山里，家境贫困，初中毕业就上了技校，脑海中总是浮现焊花的美，于是选择了学习焊接。那一年，他 16 岁。看着两块钢板被焊接在一起，赵脯菠觉得有意思极了，但等他真正提起那把沉重的焊枪时才发现，这项技能远不是"手拿焊枪、焊花四溅"那般潇洒。但他没有气馁，而是买来相关书籍，查阅各种资料，苦练基本功。入校没多久，学校选拔学生分层次教学，努力的他被选入由四川省人社厅和中国十九冶集团成立的"焊接精英班"学习，老师是被誉为"工人院士"的周树春。周树春老师从赵脯菠身上看到了他的坚韧，还有每次操作焊枪时的坚定和自信。

炎热的夏天，闷热的焊接场地温度高达40摄氏度，厚厚的工作服中，人被汗水浸泡着，但赵脯菠从不抱怨，总是全身心地投入焊接中，眼中是专注，脸上是自信，手中是力量。仰焊是四种基本焊接位置中最困难的一种，焊接时熔池处于工件正下方，受重力影响焊缝成型控制难度较大。初学仰焊，赵脯菠对引弧位置、电弧长度、摆动幅度及各项焊接参数的匹配经验不足，导致前期焊缝成型状况不佳。他一遍不行练两遍，边练边琢磨，勤练加勤问，很快就掌握了技术要领。

2017年3月，赵脯菠参加了第十三届全国工程建设系统职业技能竞赛。在高手云集的焊接项目赛场上，赵脯菠沉着冷静，动作娴熟，表现格外抢眼。焊枪在他手中犹如画笔一般，顷刻之间，漂亮的花纹就被"画"在了钢板上。他获得了第二名。

2019年8月，在第四十五届世界技能大赛上，赵脯菠以娴熟的手法技术、丰富的实战经验和坚定自信的心态，完成了4个模块的焊接，斩获第四十五届世界技能大赛焊接项目金牌，为中国赢得了世界技能大赛焊接项目"三连冠"。

焊花绚烂夺目，闪着自信的光芒。赵脯菠在焊接岗位上，以努力书写着人生的自信。正如他自己所说："焊花虽美，但背后却需要付出千辛万苦。"

四、"砌"出来的世界冠军

"砌墙"这个不起眼的工作，梁智滨却将它做到了极致。水平、垂直、角度测量误差均不超过1毫米，墙体干净、坚固，还将复杂的图案镶嵌在墙体中。在世界技能大赛中，梁智滨凭借着所砌墙的"高颜值"，让评委叹服，砌出了中国在这个项目上的第一块金牌。

1998年，梁智滨出生在广东吴川一个农民家庭。吴川是一个"建筑之乡"，这里出来的建筑工匠，很受行业的欢迎。在这种文化背景下，梁智滨选择到广州市建筑工程职业学校学建筑。他坚信：有一天他一定能建成最牢固、最实用、最美丽的房子。

怀揣梦想，梁智滨学习很刻苦，成绩一直名列前茅。一次偶然的机会，看到砌筑技能竞赛通知，抱着试试看的心理，他参加了学校比赛，竟然获得了校赛第三名。这对他来说是个很大的鼓励和肯定，也让他更加坚信梦想会成真。接下来就是参加为期两年的世界砌筑大赛集训备赛。他暗暗想：一定要取得好成绩，为国争光。炎炎夏日，蚊虫叮咬，切割机发出的噪声，他都不在意，一味沉浸在练习中和对准确度的追求中，很多时候，花费八九个小时完成的墙，测量分差不符合，立即推倒重来，每天他都是在反复砌墙、拆墙中度过。他从未觉得日子单调，反而在磨炼中更显成熟和坚定。为了保持对平整度的敏锐手感，梁智滨砌墙从来不戴手套，手上磨了血泡，贴上创可贴，继续练习。

两年间，他砌了超过 350 面墙，每面墙使用的砖块超过 200 块。经过这样的苦练和钻研，四四方方的砖块在他粗糙而灵巧的大手下，似乎摆脱了平淡的桎梏，竟能组合成各式的形状和图案。从含苞待放的莲花、展开尾屏的孔雀到旋转扭动的广州塔，众多复杂的图案都被梁智滨镶嵌在墙面之上！而且他砌的墙异常整洁、坚固。

世界技能竞赛现场，有来自 30 多个国家的人员参加，他们都是砌筑行业的顶尖人才。面对砖材质量差、操作步骤多、要求高等多种挑战，梁智滨不慌不忙，沉着应战，凭着熟练的技能，顺利完成比赛，以零误差摘取世界砌筑桂冠，他也成为这个行业当之无愧的匠人。

获奖归来，曾有建筑企业开出百万薪水，邀请梁智滨加入，却被他婉拒。他选择一面继续学习，一面留校成为教练，实现"为祖国培养更多工匠"的梦想。

五、轮椅上一针一线绣家乡

石胜兰是重庆市奉节人，小时候因不慎从山崖上摔下导致脊柱损伤。心理上、身体上的伤痛让她整日沉浸在痛苦中，看不到明天，也看不到希望。一次偶然的机会，她接触到了刺绣，那么精美，让人震撼。对蜀绣文化的好奇，对蜀绣图案的陶醉，让石胜兰重新燃起生命之火，开始变得自信起来。她拜在重庆市工艺美术大师单大琼门下，学习传统刺绣工艺，热爱、向往、努力让她不到 3 个月就掌握了基础针法和配色手法。之后又师承吕凤子先生的嫡孙——中国工艺美术大师吕存，向他学习乱针绣。

在中国四大名绣中，蜀绣经历数千年悠久历史，拥有 132 种针法，独具 80 余道衣锦线。2006 年，蜀绣被列入第一批国家级非物质文化遗产名录。"练习、不断地练习"是成为一名优秀绣娘的必经之路，石胜兰也在不断的实践中将蜀绣和乱针绣技法相融合。通过一点点摸索，从花虫鸟兽到山水风景，从生涩的绣工到熟练的操作，她也开始乐观、豁达起来。她用一针一线绣出了自己的"新"生活。

"因为对家乡的山水人文风景最熟悉，也最有感情。"石胜兰充分挖掘地方文化特点，将刺绣与奉节白帝城、瞿塘峡等秀丽风景结合起来，展现出悠久的三国蜀地历史文化。在她的客厅里，各式绣品摆放整齐，有夔门红叶、脐橙花、荷花……《绝美三峡》《夔门红叶》《白帝雄姿》等作品在国家级、省市级工艺美术展览会都获过殊荣。一次，一位江苏客人经朋友介绍，来到石胜兰家里，想给嫁到国外的女儿购幅绣品作陪嫁，最后对售价 2 万元、高 45 厘米、宽 70 厘米的《夔门》十分满意。可以说，刺绣让石胜兰实现了人生价值，赢得了外界的尊重，让她的人生充满自信和自豪。

"刺绣特别耗时间，自己也没更多精力去做推广。我希望把自己的经验方法传授出去。也希望有人可以与我一起共同来推动。"石胜兰说，她期待着早日开办针对残疾人的蜀绣培训班，让残疾同胞也能依靠自己的双手自信地活下去，做更好的自己。

六、如果没拿好笔杆，就拿好工具

世界技能大赛有着"技能奥林匹克"之称，登上世界技能大赛之巅是每个参赛者的梦想。常州技师学院模具设计与制造专业学生宋彪出战第四十四届世界技能大赛工业机械装调项目，实现了自己的冠军之梦。

回望宋彪的成长之路，充满了自强拼搏的精神。

宋彪小时候就喜欢拆拆装装，贪玩的他，学习成绩一直不理想，中考失利后，父亲和他长谈了一次，讲述了自己经历的挫折和人生感悟，告诉他如果没拿好笔杆，就拿好工具。于是宋彪选择了常州技师学院，方向定了，路要靠自己走，宋彪暗暗下决心，坚信技能能改变人生，技能能成就梦想，他要成为"大工匠"。

上学期间，由于他基础差，尽管很努力，但在专业理论理解上还是存在很多问题。宋彪没有气馁，而是黏着老师补习，向其他同学请教，和专业老师"泡"在一起，苦练实操技能。入学第二学期，省里举办第一届技能节活动，专业课老师向学校提议，让宋彪去试一试，当时距离比赛只有半个月了。在这半个月里，要完成超出自己所学范围的题目，宋彪感到压力很大，但压力也是动力。宋彪每天熬夜练习，周末也不休息。就这样，半个月后，宋彪在技能节的比赛中取得了第二名的好成绩。进入国家集训队后，宋彪一方面努力训练，提高技能；另一方面，努力提高自己的心理素质。在"六进三"阶段性考核中，宋彪获得第一名，他更加自信起来。

2017年10月，第四十四届世界技能大赛在阿联酋阿布扎比举行。面对陌生的环境、陌生的人群，宋彪坦然自若，熟悉完场地，和专家、教练研究比赛策略，讨论比赛注意事项。5个模块，4天的赛期，20个小时的赛程。前期进展比较顺利，但是到了第四天，意想不到的事情发生了，首席专家通知宋彪由于赛场计时错误他要被罚掉半个小时！半个小时对于比赛来说是多么珍贵啊。宋彪开始紧张起来，心里也忐忑不安。这时他突然看到赛场赛位上飘扬的五星红旗，想起了父亲的叮咛和自己的辛苦付出，他很快冷静下来。那个自信的宋彪又回来了，他全力以赴，在保证质量的前提下，加快了操作节奏，发挥出了超越训练的最好水平，他的"技能梦"也终于开花结果。

七、打造中国版"乐高"——榫卯积木

榫卯结构，相传是鲁班发明的，可以说是我国古代木匠伟大的杰作。凸出的部分是榫，凹进去的部分是卯。榫卯相扣，契合为一。

山西匠人刘文辉打造的榫卯积木从国内火到国外，成为中国版的"乐高"。国际、国内订单数不断增长，不仅使企业增收，也将中国传统文化

的艺术魅力播撒到世界。

说起刘文辉的创业路，布满了敢想敢干、敢拼能赢的点点滴滴。

学美术出身的刘文辉，大学毕业后，画过商业壁画，做过平面设计，在国外搞过工程项目管理，收入也不错。但这一切满足不了他"想成为手艺人"的梦想。40岁那年，他毅然辞职，开始创业。尝试过开书店、做木头茶盘等。一次偶然的机会，他接触到榫卯结构的古建筑模型：一座美丽的宫殿，利用榫卯技术，搭建得严丝合缝，非常漂亮。他突发奇想，这么好的东西不能只藏在博物馆里供人欣赏，我要让它变得大众化，让"中国智慧"发扬光大。

刘文辉找来了木匠师傅，把自己的设想告诉他们，这些有着浓郁乡村情怀的老木匠正在感慨着传统木匠手艺的后继无人，如果能用这样的方式把榫卯技艺保留下来真的是很不错的一件事情。于是他们非常支持，纷纷献出收藏的图纸、工具等。

刘文辉就从斗拱积木开始，学着做木工，刨木头、锯木头，慢慢地熟练起来。由于榫卯结构是严丝合缝的，所以需要熟练技能，需要用心打磨。刘文辉翻古籍，查图纸，实地考察，请教专家，聘请工匠，一步一个脚印，脚踏实地地做着每一个环节。刚开始，由于产品精细度不高，销路不畅，资金短缺，刘文辉一度陷入困境。但他坚信榫卯里蕴藏着的中国智慧，蕴含着自信且有魅力的中国文化力量，一定能得到世人的青睐。他要做好这个解码员，把榫卯的秘密、古建筑里大家看不懂的东西解读出来，做成符合当下审美和社会文化需求的产物，让千年技艺不断传承发展。

功夫不负有心人，榫卯积木破圈的机会来了，刘文辉不断地更新技术，利用互联网宣传，采用线上、线下销售，榫卯积木"国潮"逐渐兴起，并且火到了国外。刘文辉实现了榫卯手艺的传承，他也在实现"大梦想"的路上越走越远。

八、戏台上的巾帼英雄

侯丹梅是我国著名的京剧大师，她的《四郎探母》《霸王别姬》等都是脍炙人口、耳熟能详的作品。侯丹梅父母都是京剧演员，在这种文化氛围下，她从小也喜欢上了京剧。

一次，父亲带着侯丹梅去看关肃霜老师的戏并想拜师，关肃霜面对这个一点都不了解的女孩儿，没有同意。但当她看到侯丹梅眼中的倔强和渴望时，有点不忍，就说："我带着你到云南，两年时间，我要是满意了就收你。"从那天开始，侯丹梅为了能够让老师满意，每天早早起来，把楼上楼下打扫干净，把楼梯扶手擦得明亮如镜，给师父备好早点，再去练功。中午回来，择菜、洗菜、杀鸡，下午听录音、学师父的戏。晚上师父给她说戏，有时候她站在那儿听着听着就睡着了。真的是太困、太疲倦了。就这样日复一日，侯丹梅从没有打过退堂鼓，也从未落下一堂课。

慢慢地，侯丹梅的身段、唱腔都得到了很大的改善和进步，也积累了一些舞台经验，完全可以独当一面了。但她一直都有着做学生的谦虚和刻苦，每一个剧本都细细琢磨，深刻分析人物特点，用不同的表现方式呈现人物形象。舞台上的她，美丽，大方，自信，有光芒，以至于她一上台，不用开腔，往面前一站，她这枝梅就俨然像挂在悬崖峭壁之中，足以让千军万马驻足、让刀光剑影停止。还有那摇曳的碎步，挑帘而出，杏眼一瞅，全场立即静得掉根针都能听到。外行人看得"痴"，内行人看得"惊"，真叫人佩服得五体投地。无论是演花旦、花衫，还是大青衣、刀马旦，她都游刃有余、挥洒自如。但她并没有满足于现状，而是继续勤学苦练，创新京剧的一招一式，揣摩和理解戏曲人物内心世界。

侯丹梅从艺数十年，在一系列京剧精品剧目中塑造了一个个生动的形象：《巾帼红玉》中英姿飒爽的梁红玉、《布依女人》中纯朴善良的盘秀儿、《鱼玄机》中率性聪慧的鱼玄机、《铁弓缘》中有胆有识的陈秀英……无论文武戏，还是生旦行，她全都能驾驭，唱、念、做、打功夫俱佳，表演游刃有余、挥洒自如。真可谓"梅花香自苦寒来"，侯丹梅名如其人，这梅不仅凛冽、清雅，还有"待到山花烂漫时，她在丛中笑"的自信与大气。

九、从"小木工"到"状元"再到"鲁班传人"

他仅有初中学历，却成为大型企业中建五局的资深技师；他曾是"小木工"，却夺得了全国精细木工第一名，成为人们口中的技师"状元"。他就是人们熟知的"鲁班传人"——翟筛红。

翟筛红16岁跟人学木工，在那个"教会徒弟，饿死师父"的年代，师父只肯教他刨料、锯料、打眼等基本功，从不教他做整件的活儿。两年学徒结束，他连个板凳都不会做。招工到中建五局后，他下定决心要把木工这个专业学精学透，除了单位的学习，他到处借相关的书籍，查阅资料，向老师傅请教。中建五局对技术、质量要求很高，做门门缝只能在1.5毫米到2.5毫米之间，超出范围就是不合格。翟筛红没有觉得这个要求苛刻，而是乐观地接受，努力地改进，反复地练习，靠着耐得烦、霸得蛮、吃得苦，慢工出细活儿的"笨"劲，他的技术越来越精湛。

除了研究工作外，翟筛红最大的爱好就是逛美景。每到一个地方，他就到处转悠，但醉翁之意不在酒，他主要是看古建筑、楼台庙宇、独特装饰工程。他钻研鲁班的榫卯技艺，反复观摩江苏无锡太湖鼋头渚古庙的雕龙柱，就连上面有多少鳞片都记得一清二楚。凭借"干一行爱一行""人间有胜景，技术无止境"的信念，他几十年如一日地坚守在自己的岗位上，练就了一手好木工。在有来自全国116名精细木工选手同台竞技的全国建筑技能大赛中，他以自信的神态和熟练的操作，完成了"乱冰纹"（一种几乎失传的古老的窗棂做法）工艺，以高于第二名0.3分的优势夺得全国精细木工比赛第一名，成为万千匠人的偶像。

自信源于业务精湛，业务精湛源于脚踏实地。当了"状元"以后，翟筛红被破格提拔为装饰公司无锡分公司副总经理，不到半年，他要求下基层，组建工作室，将自己的手艺传授给年轻人，带领大家一起攻关。在翟筛红负责的项目工程中，有3项工程荣获全国工程质量最高奖——"鲁班奖"，2项工程荣获全国装饰工程质量最高奖——"全国建筑工程装饰奖"。

十、中国精度的书写者

提起大国工匠，人们脑海里闪现的大都是上了年纪，历经几十年磨一剑的老师傅，不会想到三十几岁的人也能成为行业翘楚，被称为"大国工匠"。陈行行就是这样一位"奇人"。

陈行行是中国工程物理研究院机械制造工艺研究所的一名高级技师，从事高精尖产品的机械加工工作。出生于农村的陈行行，从小就知道美好的生活是靠自己奋斗出来的，从小就知道男儿当自强。

2004 年，陈行行在山东省机电学校学习电气技术。其间，他学习刻苦，经常利用晚上和周末的休息时间练习技能，两年就完成了三年的所有课程，顺利通过考试，进入山东技师学院深造。他说："只有不停学习，才能永远站在技术的最前沿。会学习的技术人才，才能走得更快、更稳、更远。"

上学和工作期间，他苦练技能，学习了电工、焊工、钳工、制图等 8 个工种，并考取了这 8 个工种的 12 个职业资格证书，掌握了铣削加工参数化编程方法、精密类零件铣削及尺寸控制方法等多项技术和工艺。

2015 年，陈行行接到一项任务——制作国家某重仪专项分子泵项目的一个核心零部件。该零部件不仅加工精度要求高，而且加工过程中程序调试异常烦琐，费时费力，尤其是因加工振动容易导致零件表面质量差。陈行行与技术人员一起从难点入手，通过优化铣削方式、加工刀具和工装夹具，编制合理的加工程序和发掘设备智能辅助专家系统两个高级功能，攻克了加工振动导致的质量难题，同时消除了叶片边缘毛刺现象，不仅缩短了工序，而且加工质量更优，使加工效率提高了 3.5 倍。

陈行行用 3 年时间完成了普通人需要 16 年时间达成的目标，成为单位在新设备运用、新功能发掘、新加工方式创新等方面的领军人才。他的成功得益于他不断学习，肯于钻研，也得益于他自信自强，坦然攀登每一个高峰。在大国重器的加工平台上，陈行行用极致书写精密人生，用精湛的技术报效国家，在一丝一毫中提升"中国精度"。

第五章　工匠精神的内蓄根基：专业素养

专业意味着知识的丰富全面、技术的娴熟、产品和服务的完美。素养是经过学习、训练和实践而获得的一种修养。专业素养是从事专业生产所表现出来的综合品质，是从业者按照专业规范和要求，在世界观、人生观、价值观和具有的专业知识、技能基础上，所应该具备的工作学习风气和行为习惯，养成的作风与习惯。专业素养一般包含了专业知识、专业能力、专业技能、专业素质、专业作风与专业精神等。

专业素养是工匠精神的内蓄根基。工匠的成功需要专业素养作支撑，掌握和学习专业相关的理论、知识、最新学说是基础，熟练和精通工作需要的技术、技艺、管理是技能，能够解决工作中的具体问题、专业难题，对问题做出预判是能力，具备工作需要的心理、身体、智商、情商等素质。养成工作需要的认真严谨、执着专注、精益求精工作作风，培养遇到困难百折不挠、奋发图强、坚定不移的精神。

工匠精神也是专业素养的提炼与升华。工匠精神除了基本的专业素养外，还意味着扎实的专业理论知识，精湛的专业技艺，超越世俗和功利的专业认同、专业使命，追求卓越的专注精神，精益求精的品质要求，等等更高标准的职业操守。而精益求精、执着专注更是工匠精神的本质特征。

本章的思政故事将从执着专注、精益求精、学贵有恒、奋发图强、终身学习等五个方面进行阐述。

第一节 执着专注

执着专注是工匠精神的灵魂。

"执着"一词来自佛教，原义是指对红尘的痴迷，坚持不放，导致不能超脱。在这里是指对自己的工作因为痴爱而始终坚持不放下。专注就是永不言弃，是全神贯注于你所从事的工作。执着专注是工匠成功的法宝之一，也是人生成功的法宝之一。

工匠需要执着专注来成就。工匠始于学徒，来自技工。在这个过程中，能沉下心来，始终如一，全身心投入学习的人，才能在专业的不断精进与突破中展示出"能人所不能"的精湛技艺，从而成为工匠。

工匠的成就来自执着专注。要在一个领域精雕细琢、精耕细作，要生产出精益求精、完美无缺的产品，必须心无旁骛，坚守初心，专注专一。将全身心投入一项工作中，就像聚光镜将日光聚到一个焦点上，经过一定的时间，必定能发热、发光。大国工匠李万君，为克服高铁制造中业界从未遇到过的直径20厘米圆形环口焊缝难题，他无休无止，把焊接时脚下的步法、焊枪的位移等都记录了下来，最终形成了"标准参数"，练就了"一枪焊完"的绝活儿。曾为北斗工程、远望测量船、探月工程、中国"天眼"等国家级大型项目装配天线服务的夏立，磨床加工无法满足精度小于0.002毫米的托盘，他把技术化为手感，以手工保持了精度。"成功不成功，全靠这双手。"高凤林为了练成这双"金手"，吃饭的时候都会不自觉地拿着筷子比画送焊丝的动作，喝水时则习惯端着盛满水的缸子练稳定性，还曾冒着高温观察铁水的流动性，日积月累地苦练基本功。这样的例子，不胜枚举，他们的成功，无一不是来自对事业的执着专注。

习近平总书记讲："执着，就是几十年如一日埋头苦干，为国为民奉献的志向坚定不移。"古人讲："锲而不舍，金石可镂。""精诚所至，金石为开。"执着专注就是对自己从事的工作坚持如一，持之以恒，无怨无悔，不达目的誓不罢休。执着专注是一种坚持不懈、呕心沥血的实干精神，是一种享受孤独、甘于寂寞、勇于承担的奉献精神，是一种积极投入、心无旁骛的拼命三郎式的热爱精神，是为了完美，"一生只做一件事"的信念。

把执着专注的工匠精神作为社会价值导向，提高到时代精神层面，是当前社会的迫切需要。

一、生死飞行，劫后余生

假如给你 34 分钟，你会做什么？有这么一个人，他凭借着坚定执着的信念、高超的飞行技术，在飞机风挡玻璃出现爆裂、机舱失压、仪表损坏、通信失联的情况下，临危不乱，仅仅依靠肉眼观察，手动操控飞机，在零下 40 摄氏度、9800 米高空，历经 34 分钟紧急迫降，成功挽救了 9 名机组人员和 119 名乘客的生命，创造了航空史上的奇迹。他，就是传奇机长刘传健。

刘传健是四川航空公司 3U8633 航班的机长，一直负责重庆到拉萨的航线。2018 年 5 月 14 日，刘传健像往常一样把飞机内外全部做了检查，无问题后，早上 6 点 27 分，开始起飞，起初的飞行一切都很顺利，飞机也稳定在了 9800 米高空进入巡航阶段。7 点 6 分，驾驶室突然传出来一个爆炸声，同时副驾驶前风挡玻璃出现了裂纹，刘传健不假思索地用手去触摸，指尖传来的划拉感立刻让他意识到问题的严重："不好！是风挡玻璃的内层破裂了！9800 米的高空，800～1000 公里的时速，机头风挡玻璃所受到的冲击力无法想象，如果不及时降落，后果不敢设想！"刘传健不敢多想，立马拿起话筒联系塔台，要求返航成都。

此时情况非常糟糕：驾驶舱内的温度已低至零下 40 摄氏度，手指已经冻僵；强大的气流瞬间将驾驶舱和客舱连接的门吹翻；巨大的风咆哮着吹进了旅客休息区，空乘人员手里的推车被刮到了半空；飞机上所有的灯一瞬间全灭了，在座的所有乘客惊慌失措，惶惶不安……眼看就是一场机毁人亡的巨大灾难，刘传健和大家一样，恐惧感瞬间袭来。"今天我一定要把他们飞回去！"面对难以想象的困境，快要冻僵的刘传健迅速恢复理智，在十几秒的时间内无一失误地完成 36 个完整动作。

"每次飞行，我的后面是旅客。任何时候，任何情况下，保证旅客的安全和飞机的安全，是我作为机长的首要责任。"刘传健正是依靠这种坚定的意志力，依靠着这种一定要把乘客带回家的执着信念，稳步地控制着3U8633航班。在事故发生34分钟后，3U8633航班终于成功地降落在了成都双流国际机场，飞机上128名人员悬着的心落下了，客舱里响起了热烈的掌声。

二、执着勤勉，始终如一

在挂面界，提到陈克明，无人不知无人不晓。用最好的原材料，用最少的添加剂，做最好吃的挂面，是他执着的追求。

20世纪六七十年代，陈克明作为湖南省益阳市南县的一名木匠，过着平静和乐的生活。然而突如其来的一场事故，让他失去了两根手指，不得不放弃了木匠这份工作。有点灰心的陈克明不知道该去哪里找工作，找什么样的工作，他在街上溜达时发现，顾客宁愿买更贵的外地面条，也不买本地挂面，这让他产生了好奇，本地的面为什么没人吃？外地的面又好在哪里？一番思索后他开始拿起擀面杖，开启了"面痴"生涯。

虽然他是有名的能工巧匠，但毕竟隔行如隔山，没有经验和技术的陈克明只能凭借感觉摸索着面条的做法……结果可想而知。第一锅面失败后，陈克明从省城买来制作挂面的书籍，又买来各个厂家的面条，一家一家对比、一点一点研究，还找来专业师傅请教。从拌料配比到水分的多少，从面条口感到煮面时间，每个问题、每个细节陈克明都认真钻研，经过无数次的试验和改良，数月后，陈克明做出了让自己满意的挂面，也是首个使用无荧光剂包装的挂面。

为了保证挂面的口感，只要在家，陈克明都会用清水煮上一碗自家生产的面，他相信"要让别人觉得好吃，自己得先吃出味道来"。从业以来，他始终坚守在生产一线，不断探索研究，改进设备和制面方法，至今已经拿到了2项国家发明专利。在保持天然口感的同时，将面条含水量保持在12.5%以内，优于行业标准14%，大大延长了产品的保质期。

正因为这种对事业的专注，陈克明做的面条才能受到人们的喜欢，在他的带领下，"陈克明面条"一路前行，从出于生活所迫到心向往之，再到带动富裕，他始终秉承"诚信勤勉，求实创新"的理念，以始终如一的优良品质，让"陈克明面条"于 2007 年被评为"中国驰名商标"，市场综合占有率达到了 18% 以上。陈克明的名号也享誉大江南北，成就了面条行业的一段传奇。

三、无私奉献，医学圣母

她是新中国妇产科的主要开拓者，北京协和医院第一位中国籍妇产科主任，首届中国科学院唯一的女学部委员。在人生的漫长岁月里，她把全部身心奉献给医学事业，全面深入研究各种妇产科疑难杂症，经她接生的孩子有 5 万多个，大家尊称她为"万婴之母""生命天使""中国医学圣母"。2019 年 9 月 25 日，她被评选为"最美奋斗者"。她，就是林巧稚。

1906 年，年仅 5 岁的林巧稚看到母亲身患子宫癌被折磨得不成人样，看着母亲受尽病痛折磨，撒手人寰，她万分难过，却无能为力。"我要学医，我要拯救更多受苦受难的人！"内心中坚定的声音指引着林巧稚前行的方向。

长大后的林巧稚毫不犹豫地报考了北京协和医科大学，她知道，要想当一名出色的医生，就必须掌握深厚的理论知识。在林巧稚的学习生涯中，每天不是在学习，就是在去学习的路上，图书馆、实验室都有她的身影，饿了就吃一份夹心面包充饥。经过努力，她顺利地考上医学博士。毕业时，她成绩优秀、动手能力强，深受师生喜爱，前途一片光明。但幼时母亲的病痛总不时浮现在她的眼前，所以林巧稚选择了看上去"最没有前途"的妇产科。她要帮助女人，成为第一个妇产科女医生。

林巧稚永远忘不了第一次手术，当时睡梦中的她接到了医院的电话，有一位子宫破裂而流血不止的病人急需手术，但当时医院里具有手术资格的外科医生一时半会来不了。住在医院的林巧稚听到后，跳下床，抓起衣服就冲进了风雪中，任谁都阻挡不住林巧稚救人的脚步。她自己主刀，组织大家立马展开手术。她凭借着多年的练习，娴熟的操作，成功挽救了这条摇摇欲坠的生命。在往后的日子里，林巧稚初心不改，24 小时待命，不叫累不叫苦，始终保持着十二分的耐心和细心，甚至在抗战期间协和医院被迫关门的情况下，她也要开诊所，为老百姓服务，对那些看不起病的病人，她不收一分诊费，还予以资助。这就是林巧稚，把全身心都投入这份她热爱的事业中，直到生命的最后，在昏迷的时候，她还断断续续地喊："快！快！拿产钳来！产钳……"

林巧稚的一生，将自己的全部都奉献给了她热爱的妇产科。她两耳不闻窗外事，满心满眼都是医院的病患。

四、万次捶打，铸造金箔

"吃得苦中苦，方为人上人。"国家级非物质文化遗产项目南京金箔锻制技艺代表传承人王必生从艺50多年，始终坚守在打金箔的路上。

金箔是用黄金捶打的薄片，它色泽纯正，永不变色，不仅用在我国的宫殿、庙宇等传统贴金装饰中，在食品、化妆品、建筑等新兴领域也广泛应用，深受世界各国的青睐。金箔的锻制有12道工序，需要正、副手两名，手持数斤的铁锤，上下配合，千锤万击，才能将一块"金疙瘩"锤打成0.1微米左右厚度的金箔。据科学统计，943张金箔摞一起才仅有1毫米的厚度。

1973年，王必生开启了打金箔的生涯。从当学徒的那一刻起，无论寒冬腊月，还是盛夏酷暑，王必生每天凌晨4点一定起床苦练基本功，十几个小时不停地抡锤敲打，手上练得都是血泡，每天吃饭胳膊都抬不起来，拿筷子都在抖。这么辛苦的工作，每月工资却仅有十几块，但王必生硬是坚持了下来。

20世纪90年代初，机器化的生产引入后，由于其生产速度快、规模大、不费力，很快就替代了人工打金箔。坚守人工打金箔的手艺人眼看金箔厂不再是"香饽饽"，单位效益越来越差，纷纷离厂转行另寻工作，而王必生却选择了留下。"师父还在，我怎么能走呢？""机械捶打的金箔，虽然快，但是难免会出现破了、坏了、光洁度不达标等情况，机器永远无法替代人工，只有我们细细地检查，人机完美配合，才能提高金箔的品质。""机器仅仅能做的是金箔制造工艺中的捶打，其他工序，机器仍然无法替代。"王必生审时度势，用心在坚守着传统工艺。

如今，已经70多岁的王必生还在金箔锻制工艺上发光发热，从事着金箔的锻造、监督、检验和传帮带工作。为了传承金箔锻制手工工艺，这个手工艺人心急如焚，他收了3个徒弟，拍摄了大量关于金箔锻制工艺的视频影像资料，还收集并整理了许多文献，想通过"数字藏品"让老祖宗世世代代留下的技艺能够流传下去。

五、燃尽一生，只为"天眼"

有这么一个人，从开始提出FAST（500米口径球面射电望远镜）概念到建设成型，心无旁骛、专注执着，从壮年走到暮年，带领我国的科学家，把一个别人认为不可能实现的想法变成了国之重器，创造了领先国际20年的壮举，为中国在世界天文史上镌刻了新的高度，他就是南仁东院士，一辈子只专注一件事，让中国拥有了超级"天眼"——500米口径球面射电望远镜。

1993年，来自全世界各地的天文学家齐聚东京，商讨建设新一代功能强大的"大射电望远镜"，以便能接收更多来自外太空的讯息。南仁东深受触动，当时我国最大的射电望远镜口径不到30米，如果能够完成"大射电望远镜"，我国的天文事业将会大幅跃进，世界顶尖的科技也会流向中国。回国后，南仁东便开启了国际化大射电望远镜的落地推进工作，他联络了一批科学家，阐述项目方案，希望更多的人能加入进来。但是在当时，想让射电望远镜的口径从30米一下子跳跃到500米，大家纷纷表示是疯狂行为，是不可能实现的。"国外都没有这么大口径射电望远镜，我国怎么可能有？"南仁东坚定地说："没有什么不可能！"从那以后，他便牢牢地把自己与"天眼"绑定在一起，这一绑就是22年，周围认识他的人都说："这20多年来，他没干别的。"1994年，南仁东开始了选址之旅，他自掏腰包，靠着两条腿，行走在贵州的大山里，那里杂草丛生，荆棘遍地，常常深一脚浅一脚。12年里，南仁东几乎踏遍了贵州所有的低洼山地。功夫不负有心人，他找到了那个适合建设射电望远镜的大坑。这个天然的大坑直径有几百米，四面被山体围绕，可以有效地挡住外面的电磁波。与此同时，年过半百的南仁东也在亲力亲为项目的论证、建设。游说科研启动基金，申请项目立项，补习不懂的知识，调试机械设备，等等，哪一步都非常不容易。甚至在被查出罹患肺癌期间，他也没有放下FAST

的任何一项工作，在生命的最后几个月，他依然密切关注着 FAST 的每一项进展。

为了完成梦想，南仁东放弃了时间、金钱和荣誉，面对着无数次的失败、拒绝和嘲讽，面对着很多不可能实现的技术攻关，他一次又一次坚持了下来，直至生命的最后一刻。正是有了南仁东，我国才拥有了世界上性能最高的射电望远镜，才使我们更加了解神秘和绚丽的宇宙太空。

六、一生一品，三味牛汤

洛阳的汤文化自古流传。张耀杰自创立三味牛汤开始，便一直采用传统的古法熬制技艺，遵循三个"不变"的原则——味道不变、诚心不变、匠心不变，用"原味、本味、真味"为洛阳食客奉献一道雅俗共赏的美食，让食客"不仅喝饱，还要喝好，更要喝美"。

那一年，年轻的张耀杰打算在洛阳开一家牛肉汤馆。家人便劝他："你在职工食堂干得多好，每个月都有固定收入，何苦要创业。""洛阳的牛肉汤馆那么多，你一个毫无经验的人，瞎逞能。"但张耀杰清楚，目前洛阳的牛肉汤不是他小时候的那个味，他要做出来一种牛肉汤，既有瀍河清真甜咸牛肉汤的鲜醇、老城牛肉杂肝汤的浓郁，又有南关小碗肉的清香，是集三家风味于一体的牛肉汤。在创业开始那些日子里，为了能早日研制出美味的牛肉汤，张耀杰可是没少下功夫，每天天不亮就出门，天黑透了还没回来，白天走访学习，晚上还要继续查资料。几个月过去了，这个壮硕的大小伙愣是瘦了一大圈。看着辛苦的张耀杰，家人多次想让他放弃，他都中气十足地说："既然开始了，不管能不能成功，都要坚持下去，干就要有个干的样子。"靠着古法熬制，张耀杰熬制的牛肉汤终于研制成功，汤汁清爽，回味绵长，不仅保留了传统香味，还融合了三家所长。"我做的牛肉汤坚持古法熬制，秉持洛汤原味，坚持食材本味，那就取名为'三味牛汤'吧！"三味牛汤一经推出就受到了大众的喜爱，生意越做越好，也渐渐成了洛阳有名的牛肉汤。但是不管三味牛汤的生意多好，张耀杰坚持三味牛汤在选材、熬制、服务等方面始终如一，绝不做违背职业良心的事情。选材上只用新鲜的牛肉，冻牛肉再便宜也不要，保证了原材料的最优性；每天凌晨4点以后熬制牛肉汤，保证了肉的熬制时间；房租、人工、原材料等成本高，延长营业时间，保证不偷工减料。

张耀杰在三味牛汤的研制和发展中，不忘初心，匠心传承。30多年来，他始终执着于牛肉汤，执着于古法熬制，秉持着牛肉汤"量大、味好、料真"的原则，用"一生一品"的积极态度和对牛肉汤无限执着的精神，让我们拥有了一道雅俗共赏的美食。

七、执着专业，心向热爱

执着成就专业，专业成就深度。李彦宏，北大信息管理专业的高才生，本可以轻松就业，却留学美国攻读计算机硕士学位；硕士毕业后，本可以高薪入职华尔街一家企业，却仍然想亲自创业。正是李彦宏坚定目标，执着初心，他在计算机的道路上才越走越好。

1968年，李彦宏出生于山西省阳泉市，父亲是锅炉工，母亲是皮革厂女工。高中时期第一次接触计算机，他就迷上了计算机；学了一年之后，在阳泉市的一次编程比赛中，获得第二名。高考时，李彦宏以阳泉市理科状元考取了北大信息管理专业，大学期间自学计算机参加辩论队。自此，这个年轻人彻底爱上了计算机。从大三开始，李彦宏便心无旁骛，买来国外关于计算机的书籍，过起了教室、图书馆、宿舍"三点一线"的生活。大学毕业时他想去发达国家学习顶尖的计算机技术，终于在连续申请20多个学校后，他成功了，但是没有奖学金。此时，大使馆怀疑他有移民倾向，拒绝了他的签证。无奈之下，他只好先找了一份市场调研的工作，当起了"北漂"。可是此时他要出国深造的心火依然没有熄灭，工作的同时仍继续申请留学，最终在1991年，23岁的李彦宏收到了美国布法罗纽约州立大学计算机系的录取通知书。

出国留学初期，因为他刚换专业，英语又是半吊子水平，许多功课跟不上，和导师面谈结果也不尽人意。可是他对计算机执着的那颗心从未改变，既然落后就努力赶上。他在留学的第一年，白天正常上课，晚上自己补习英语，编写程序，忙碌到凌晨2点更是家常便饭。这种执着的学习精神感动了很多人，一年以后他顺利进入日本松下进行实习。在此期间，他把信息检索技术和计算机技术结合起来，正式开启了自己在计算机检索领域的研究生涯，而随后的超链分析技术，更是成为现代搜索引擎的重要基础。

"创业者不都是这样吗？别人看来不可能的事，必须二选一，我们就会另辟蹊径，创造奇迹，让不可能成为可能。"大学期间李彦宏学的是信息管理专业，而英语成绩又是短板。在这种情况下，他依然不放弃对计算机的追求，坚定执着，克服了重重困难，最终在计算机这条路上走出了属于自己的辉煌人生。

八、用生命坚守初心

中华人民共和国成立之初，百业待举，油料供应十分紧张，帝国主义更是宣扬"中国贫油"的论调，我国的石油工人王进喜，在生产力极度落后的情况下，将环境艰苦、个人病痛置之度外，凭着对国家、对人民的爱，践行了"宁肯少活二十年，拼命也要拿下大油田"的诺言。

1923年10月出生的王进喜，从小就有一股倔劲，凡是他认准的事情，就一定要专注地做下去，并做到极致。1949年，从来没上过学的王进喜成为玉门油矿老君庙钻探大队一名光荣的钻井工人，他十分珍惜这份工作。这份工作，不但关系到他的生活，更是关系到国家的工业命脉。1958年，在"大战白杨河"的石油勘探中，王进喜像钉子一样钉在井场上，寝不安席，食不甘味，实现了"月上千，年上万，标杆插上祁连山"的壮语。

1960年春，正当国家经济建设急需石油之际，石油战线传来重大喜讯，东北大庆发现油田。听到这个消息的王进喜主动请缨，率领1205钻井队从西北玉门日夜兼程赶赴大庆。一到大庆，呈现在王进喜面前的是难以想象的困难：没有吊车，60吨的钻井无法运到井场；要开钻了，水管还没有接通；打井时遇到突发状况，在第二口井打到700米时，突然发生了井喷……面对一个个全新的困难，王进喜丝毫没有退却，他用积极的心态，和队友们一起想办法。他号召大家："有条件要上，没有条件创造条件也要上！"王进喜和大家一起，双手拉，双肩扛，手肩磨破，腰腿扭伤，奋战三天三夜，用人力架起一架高38米、重22吨的井架；带领工人到附近水泡子里破冰取水，三天三夜未合眼，硬是用脸盆、水桶，一盆盆、一桶桶地往井场端了 50 吨水；顾不上严重的腿伤，带头跳进齐腰深的泥浆池，用身体搅拌泥浆，堵塞井喷。经过艰苦奋战，仅用 5 天多时间就钻出了大庆油田的第一口生产井。

"路漫漫其修远兮，吾将上下而求索！"为了发展祖国的石油事业，王进喜终其一生为祖国献石油，终因积劳成疾，身患胃癌，直到生命的最后，仍然关心着油田建设。王进喜建设祖国大油田的坚定信念，影响了一代石油工人。在铁人精神的激励下，我国成功地开发建设了世界级的大油田，摘掉了"中国贫油"的帽子。

九、一生热爱文物修复

1978 年冬，20 岁出头的单嘉玖来到故宫博物院文物修复厂，开启了她一生热爱的古书画修复工作。转眼间，40 多年过去了，单嘉玖已是我国顶级书画修复师，经她的手修复的古画就有近两百件。其中，最让单嘉玖印象深刻的是明代古画《双鹤群禽图》的修复。

单嘉玖至今还记得初见《双鹤群禽图》的情景：整幅画破损严重，通体折裂，绢面破损，画面上有许多虫蛀破洞，露白部分较多，已经伤及画的意境，透过斑驳的画面，依稀能看到水天相浸、弥漫无涯的景色中，双鹤立于水岸，一鹤回首合咏，一鹤引颈高鸣。看到这样的画面，单嘉玖暗自下定决心：一定要修补好这珍贵的古画，让我们的后人也能够见到它，更好地了解我们的中华文化。可是说起来容易，做起来难。要知道，古画修复，需要经历"洗、揭、补、全"四个步骤，而当单嘉玖在修复《双鹤群禽图》时，整个过程可谓如履薄冰。在进行第一道工序清洗时，便出现了前所未有的问题，画面的不同部位均出现"泡状鼓胀"现象，画的图像也出现局部变形，揭褙和拼对复原格外困难。

修复远比预想中困难得多，单嘉玖牢记师父们的教诲："书画修复，既不能不管不顾乱逞能，也不能缩手缩脚，需要胆大心细。"为了找到合适的方法，为了赶紧把工作做完，不耽误下一步修复，她废寝忘食，夜以继日，有时中午吃饭也顾不上，休息也顾不上，专注而内敛是她工作的状态，细心、耐心与严谨是她工作的态度。就这样，在单调重复的日子里，外界的声音似乎都消失了，时间停留在每一个修复的细节上。通过不断反复比对，细心观察，她终于发现产生鼓胀的原因是由于原裱使用的日本纸与绢质画心吸水程度不同，因此单纯地清洗，两者是不能同步胀开的，必须将清洗和揭褙两个不同的工序结合！单嘉玖在不断出现的问题中挑战着修复的难度，就这样，一个洞补好，再补下一个洞，整整补了四个多月才终于完成。

如今，已经退休的单嘉玖还在故宫和她的徒弟们进行着史上最大的大修工程，还有上万件古书画文物等着单嘉玖去修补，与外界的喧哗相比，修复室里的他们将时间定格在每一个执着专注的细节上。

十、操纵稳定，坚持钻研

"你和别人有差距，但你认真一些，一天、两天你可能感觉不到变化，一年、两年以后，你就会发现巨大的变化。搞学问和研究一定要坚持、执着。态度决定一切。"这是中国工程院院士，中国著名的汽车设计研究专家郭孔辉教授时常对学生们讲的一句话。

1935 年，郭孔辉出生在福建的一个华侨之家，中学毕业就以优异的成绩考上了清华大学航空专业。也许是天意，在大学期间经过几次并系、合校，他最后转到了华中科技大学汽车拖拉机系，从此便与汽车结下了不解之缘。

1971 年，郭孔辉接到一个重要任务，那就是开发新一代"红旗"轿车。"红旗"轿车外观庄重典雅，造型流畅，一直是我国的阅兵礼宾车，也是全国各大重点城市的政府机关用车。但是当时的"红旗车"有一个很大的弊端，那就是不敢开快，一开快就会有一种失控的感觉。接到任务的郭孔辉明白，要想改变这个现状，就得提高红旗车的高速稳定性。这是一项艰巨的任务，也是一项政治任务，周围人说什么的都有："研究难度太大，汽车操纵稳定性的理论，谁能看得懂！""这有政治风险，搞不好就成'三脱离'，要被'批倒批臭'。"虽然当时的郭孔辉已经在汽车研究领域取得了显著的成绩和名誉，但也顶着巨大的困难和压力。可是凭着对汽车的那份热爱与执着，他马上成立攻关小组，克服试验过程中的种种困难。没有样车就全国到处找，没有检测仪器就自己开发研制，没有试验场地就另辟蹊径，利用飞机场作为试验场。经过无数个不眠之夜，经过数以千计的设计、尝试，他提出了"巧用场地，背道而驰，预调方向，以弧代圆"的高速试验法，在这种方法下，他将试验场地的宽度设定为国外场地宽度的五分之一，将要试验的红旗车的车速从每小时 70 公里提高到每小时 140 公里，从而发现了汽车在高速下的特殊运动规律，解决了红旗轿车高速乱跑的问题，为高速操纵稳定性提供了可靠的理论指导。

众所皆知的香格里拉酒店就是郭家的产业之一。几十年来，家人多次劝他放弃辛苦的学术研究，出国继承家业，将家族企业发展壮大，但他都拒绝了。他说："如果出去做生意，我的物质生活会过得很好，但是，让我放弃我热爱的事情，放弃我的学术研究，我肯定会不快乐。既然我选择了做学术，我就一定要做出个结果来！"

正是满怀这种对事业的执着，他在汽车研究方面取得了巨大的成就。1994 年，郭孔辉光荣当选为中国工程院院士。

第二节　精益求精

精益求精的品质追求是工匠精神的核心。

"精益求精"语出《论语·学而》："《诗》云：'如切如磋，如琢如磨。'"朱熹注："治骨角者，既切之而复磋之；治玉石者，既琢之而复磨之，治之已精，而益求其精也。"精是完美，益是更加，求是追求，整体意思是事物已经非常出色了，还要追求更加完美。精益求精作为工匠精神的核心要义之一，是指对产品、工艺、服务细节的极致完美的追求，彰显的是永不满足、不断超越的职业精神和创新精神。

精益求精的工匠精神对当今企业的品质提升有着极其重要的时代价值。在许多企业热衷于"圈钱、做死某款产品、再出新品、再圈钱"的循环圈钱时，推崇和坚持工匠精神的企业，依靠信念、信仰，不断完善、不断改进着自己的产品，并使得企业在逐步凝聚起来的精益求精的品质、品牌灵魂中，破茧成蝶，获得长足的进步和持续发展。这是国家高质量发展的重要支撑。

精益求精离不开精雕细琢。它反映了工匠们在生产中，在每道工序、每个细节上都凝神聚力，下足功夫，精雕细琢，追求极致。

一、深入挖掘，细雕慢琢

北京冬奥会让"冰墩墩"成了网红。作为2022年北京冬季奥运会的吉祥物，"冰墩墩"将熊猫形象与冰晶外壳完美结合，友好可爱，憨态可掬。而且当"冰墩墩"的彩色光环发光时，随着一首悦耳的铃声，瞬间就会装备上某种冰雪运动器械，比如脚上的冰刀或护目镜等。这是广州美术学院视觉艺术设计学院曹雪领衔的14人团队（以下简称"广美团队"）将传统与5G结合的设计，让"冰墩墩"不管是从形态还是从质感上，都有了完全不一样的演绎。

2019年年初，凭借着"冰糖葫芦"的冰雪造型，曹雪所在的广美团队在冬奥会吉祥物的设计筛选中首战告捷。"如何让吉祥物的设计更加突出冬奥元素、突出中国元素，又能生动可爱呢?"曹雪紧急召开会议，"我们的冰壳创意很好，那么修改的重点就是冰壳的内部，在冰壳的内部加入生动可爱的中国元素，这个方向有很多种的选择，像动物、装饰、美食等都可以，但是单单在脑海里想想，肯定是不行的，我们要一个一个设计出图案，再来对比，看看哪些造型更合适。"在曹雪的倡议下，广美团队的成员设计了老虎、麋鹿、藏羚羊，甚至考虑到冬奥会正值春节，他们还设计了元宵、饺子。经过无数次的修改、摸索，最终曹雪他们把思路定格在了熊猫身上——一只被冰壳包裹的熊猫。"2008年北京奥运会的福娃'京京'是熊猫，1990年亚运会中的'盼盼'是熊猫，我们如何设计才能让这只熊猫散发出独特魅力，避免和其他的熊猫设计重复呢?"广美团队又一次陷入了困境。他们立马成立资料组，海量收集全世界各地的熊猫形象，收集一个就贴一个，那段时间工作间中到处都是各式各样的熊猫，大家每天不停地比对分析，观察它们的特点，不断地挖掘文化、运动以及国际化诸多元素，反复锤炼推敲：结构比例、装饰纹样、文案说明、设计元素等。在对各种熊猫图案的设计和比对中，大家一遍又一遍地做着调整：融入"冰丝带"，融入 5G 概念，装饰彩色光环……一切朝着更完美的方向发展。整体形象完工后，团队朝着更加精细的方向修改，为了表达和平、爱心的理念，在熊猫的掌心画一个心形图案；为了表达雪板图形，在熊猫的背后构造一个雪板的图形。

在长达 7 个月的漫长设计中，曹雪带领团队经历数千次的修改，上万次的草图设计，认真对待每一个细节，直至完美，成就了一只现代感极强，充满时代感、未来感和速度感的"冰墩墩"。

二、精益求精，勇攀高峰

中俄东线天然气管道的建设，离不开中国石油天然气集团有限公司一线人员的锐意进取、无私奉献。张亮作为中国石油天然气集团有限公司的一员，自 2006 年考入辽河石油职业技术学院焊接自动化专业后，从一名普普通通的学生，成长为高级技师、盘锦工匠、辽宁五一劳动奖章获得者、中国青年五四奖章获得者，这些荣誉的背后，支撑他的是一颗永不停歇、追求完美的心。

2017 年，28 岁的张亮被调入中俄东线天然气管道修建项目，负责焊接工作。当时的他在同行的眼中已经是佼佼者，不仅掌握了各种电焊技术，如氩弧焊、全自动焊等，还在省市的各种比赛中多次获得第一名，但是面对本次任务，张亮仍然感到责任重大。这次焊接需要将 1422 的管径、X80 高钢级和 12 兆帕的压力聚集于一体，不仅是我国管道天然气建设史上的第一次，也是当时世界管道天然气建设史上的第一次。张亮紧急召集团队会议："我们接到的任务是一项重要的任务，也是一项具有挑战的任务，大管径、高钢级、大压力，施工难度肯定会增大很多，但是本项目代表的是国家形象和利益，无论如何，我们一定要顺利完成任务，除了完成，我们还要做好！"一句"要做好"，点燃了大家的斗志。全自动焊机的焊接效率高、焊接密封性好、焊接的外观平整，但是全自动焊接对焊接的参数要求很高，张亮很快把目标集中在了全自动焊机上。当时黑龙江的温度是零下40 多摄氏度，生长在南方的张亮，顶着风雪，冒着严寒，每天天不亮就到现场调试设备，他不断地学习，反复研究焊接参数，找出了"分组焊接、同时起弧"的焊接模式，大大提高了工作效率，降低了劳动强度，提升了焊接质量。

随着焊接的增多，大家发现，天然气的管径较厚，所以在焊接参数调试的过程中，始终存在每层焊接厚度不匹配导致频繁出现层间未熔合、上下接头处较低等焊接问题。倘若焊接的问题解决不了，肯定会影响天然气的输送。想到这里，张亮坐不住了。通过现场研究，张亮又通过新的"双侧吊装组对"的办法，提高了焊接的精准度。开工后，他边干边总结，他认为，再先进的全自动化设备，也会有不完善的地方，对于缺陷的部分要及时找出原因、给出解决办法，并不断地把焊接缺陷汇总，然后改进、完善，以确保焊接质量。

"没有最好，只有更好。"在高手如云的焊接领域里，张亮始终不断地进步着，他们队的焊接合格率全线排名第一。

三、勇砸冰箱，重视质量

古人云：天下难事，必作于易。意思是说，天下的难事，都是从容易的事开始的。海尔集团从创业至今，始终注重把小事做好，把小事做精，使得海尔品牌享誉海内外。创业之初，海尔首席执行官张瑞敏怒砸冰箱的行动，诠释了海尔集团追求质量、追求完美的企业形象，展现了海尔人对追求产品质量精益求精的工匠精神。

1985 年，中国刚刚改革开放，物资还比较缺乏。时任厂长的张瑞敏在一次日常巡查中，看见检测人员正在对一批准备出厂的冰箱进行检测。他发现检测表上冰箱门体安装偏差一栏中，有十几台门体偏差都达到了标准上限 2 毫米，而门体偏差检验要求标准是小于 2 毫米。对于这种结果，张瑞敏如坐针毡，经过一番激烈的内心挣扎，终于下定决心，海尔绝对不能容忍品质有折扣！这些冰箱必须砸掉，而且要当着全体员工的面砸！海尔一定要做到对产品认真负责，对用户负责。

全体员工现场会上，张瑞敏抢起大锤亲手砸下第一锤！咚咚的声音敲打着海尔人的心，他们心疼，在当时，一块钱能买十斤白菜、一斤多花生油、六两猪肉，而一台冰箱八百多元，十数台冰箱尽数销毁，那得砸多少钱啊；他们悔恨，厂长一直强调质量，如果内心存有质量意识，就不会有这起质量事故；他们惊醒，"有缺陷的产品就是废品"，唯有提升质量，保证产品零缺陷，才能让企业更好，才能保住自己的工作岗位……

张瑞敏砸了有问题的冰箱，唤醒了海尔人的质量意识，砸出了缺陷产品都不能出厂的制度，"零缺陷，零容忍"的理念植入人心。正是有了海尔人对品质的追求，才使海尔获得了中国冰箱行业的第一块国家质量金奖。精益求精的品质意识，使张瑞敏带领海尔从一个濒临倒闭、资不抵债的集体所有制小厂发展成为物联网时代引领世界的生态型企业。

四、要打胜仗，丝毫必纠

"战场无小事，差之毫厘，谬以千里。要打胜仗，就要做到丝毫必纠。""要拿着放大镜找问题，解决问题于萌芽之中，要在发现和解决问题中摔打部队。"说这些话的就是人称"导弹司令"的中国人民解放军原第二炮兵副参谋长杨业功，他用他的一生讲述着一个共和国导弹部队军人的一丝不苟、精益求精，拒绝"差不多、过得去"。"不留下一个死角，不放过一处隐患"是他一生的工作标准。

"只有从全局高度确立打赢标准，瞄准世界一流抓战斗力建设，才能成为党和人民可信赖的铁拳头。"为达到一流的效果，他迎难而上，尽心竭力，严谨细致。对自己，他舍得下"细功夫"，他经常研究现代化部队建设的相关新装备，查阅国内外几十种导弹发射技术资料，解决模拟操作和实弹射击之间的误差，对"新技术""新手段"不仅要知道，还要了如指掌，娴熟于心。带部队，同样如此。训练场外，他经常组织大家研讨战争中导弹的运用，研究军事强国导弹部队的"先进指标"，深钻细研、严抓细抠。训练场上，他精细求落实，哪怕一个小小的错误也绝不放过。

在一次导弹日常演习中，杨业功像往常一样早早来到了训练场，在他的带领下，大家为训练做着最后一分钟的检查。虽然比赛前他们的准备很充分，但在杨业功力求精确的要求下，大家还是认真检查着实施方案、应对措施、作战阵地和点位，不放过现场的任何一个装备、一个制片、一个位置、一个螺丝钉、一个标识。一切准备就绪，训练有条不紊地进行着。但是杨业功突然发现了异常，在进行导弹发射时，有个基层指挥员随意目测导弹发射定位线，杨业功把他叫到跟前，问："这样目测准确吗？"指挥员答："差不多。"话音未落，杨业功就非常生气地质问道："差不多是差多少？这是演习不是演戏，马上重测！"随行的参谋长早已习惯了杨业功的认真严谨。随后，杨业功又对那位指挥员谆谆教诲："导弹发射无小事，马虎的思想绝对要不得，今天你对自己马虎，明天就会埋下隐患，战场上，牵一发而动全身，一个小小的失误在战场上就会被无限放大，我们要拿着放大镜找问题，杜绝各种'差不多'。"

事后，导弹发射定位线的测量方法及要求按照战争时的标准执行被写入专业教程，沿用至今。天下虽安，忘战必危，在杨业功的心中，一兵一卒、一枪一弹都必须在训练中锤炼一丝不苟的专业精神，确保精益求精，万无一失。

五、不断突破，速度"神威"

计算机已经成为现代人生活、工作的必备工具。从 1946 年世界上第一台电子计算机出现至今，计算机一方面迅速走进百姓的生活，另一方面作为大国重器，检验着国家的科技实力。我国高性能计算机"神威"的研制，使中国高性能计算机峰值运算速度从每秒 10 亿次跨越到每秒 3000 亿次以上，充分体现了科学家们追求精益求精、开拓创新的精神。

20 世纪 90 年代，我国决定研究巨型计算机，取名"神威"。巨型计算机因其运算速度快，处理数据图像能力强，成为衡量一个国家综合国力的重要指标之一。当时，金怡濂主持的新型巨型计算机已经问世，并创造了运行速度突破每秒 10 亿次的纪录，实现了中国巨型计算机与国际同步发展。但金怡濂决心站在世界巨型计算机的潮头打造"神威"，他清晰地认识到，至少要造出运算速度在每秒 1000 亿次的巨型计算机，才能保证我国的计算机进入世界先进行列，否则我国的计算机水平就会被世界越甩越远！其实，从每秒 10 亿次跨越到每秒 1000 亿次，技术上难度大、风险大，根据现有的技术条件和经验，每秒百亿次运算速度的计算机是比较可行的选择，但对于这个冒险的决定，金怡濂说明了自己的整体构想和技术依据，表现出了他超越平凡、追求完美的态度和一丝不苟、开拓进取的干劲，与会专家认可了金怡濂的专业和大胆创新，认可了每秒1000亿次运算速度的计算机的研制。

这一天，担任"神威"总设计师的金怡濂又遇到了难题。原来，计算机的电路板焊接完后，却没有可靠的设备检查焊点是否焊接完好，电路板上有很多电路、芯片、电容、接口，这些元器件都是通过引脚焊接在主板的焊孔上的，一旦有一个松动，计算机就无法正常工作，但是，计算机上的焊接点都比较小，仅仅依靠肉眼检查成千上万个焊点绝非易事。但是，为了达到自己提出的"零缺陷"要求，没有可靠性的检查焊点设备也要干下去，于是，金怡濂像一个老工人一样，和有关人员一道，一手拿放大镜，一手握电筒，周围是震耳的噪声、刺鼻的化学气味，累了、饿了就在车间凑合一下。就这样，靠着肉眼，他们检查了成千上万个焊点。

金怡濂带领团队历时多年，先后3次调整方案，甚至在"神威"预定出机鉴定的前一年，他仍决定调整指标并把"神威"的运算速度提高到每秒3000亿次以上。正是有了这种不懈追求、精益求精的意志，"神威"的峰值运行速度达到了每秒3840亿次，在当时处于国际领先水平。而74岁的金怡濂老先生也荣获了2002年度国家最高科学技术奖。

六、利民调料，坚守30秒

在天津，"利民调料"家喻户晓。无论是传统制作，还是现代化生产，利民调料有限公司始终凭借着匠心传承、精益求精的理念，本着对调料生产的热爱，赢得了大众的信赖。

2007年，杨科来到天津利民集团，成为一名操作工。初来乍到，杨科从蒸面、生产到成品、灌装，一步一步学起。酱油的生产工艺要求非常严格，酱油厂的师傅们要求更是苛刻：豆子的选取、粉碎、车间的温度和湿度、发酵、酿造、成品包装都要严格把控。蒸面，顾名思义就是把面粉蒸熟。这是酱油生产中的一个细小环节，却反映着师傅们对酱油生产的一丝不苟、精益求精的传统本色。按照师父的要求，蒸一次面需要整整8分钟，多一秒少一秒都不行。杨科不是第一次蒸面，他总是掐着点，算着时间，所以蒸的时间刚刚好，他的认真得到了师傅的好评。有一年夏天，杨科像往常一样蒸面，车间里像蒸笼一样，杨科进车间没几分钟衣服就湿透了，像水洗一样，更别提蒸面的时候，火一上来更不得了，车间里根本就待不住，汗顺着额头往下流，蜇得脸上火辣辣的，眼睛都睁不开，杨科有种站不住的感觉，他头晕眼花地去喝了点水缓和一下，凭借着多年蒸面的经验，杨科闻到了空气中弥漫的熟面粉的香味，于是关上了火。这一幕被经过的师父看个正着，师父询问着杨科的身体，同时提出了问题："刚才蒸面用时多久？""7分半。""蒸面要求8分钟，你只用了7分半，相差30秒。30秒看起来很短，但是，别小看了这30秒。多了这30秒，蒸面看起来没多大区别，但是对于酱料最终的口感和色泽，影响非常大，顾客的差别体验也会非常明显。"杨科被师父狠狠地批评了一顿，从那以后，"别小看30秒"成了杨科工作的态度，他把师父的这种一丝不苟精神延伸到工作的方方面面。

如今的杨科已是一帮年轻徒弟和工友的"老师傅"，他正在扮演着当年老师傅的角色，"别小看30秒"的严谨认真、精益求精的态度，在车间内无声传承。

七、是工程也是艺术品

港珠澳大桥是中国境内连接香港、珠海和澳门3个地区的一座大桥，是中国筹备6年，建设9年，历时足足15年的建设成果。大桥的建成不仅成为贯通粤港澳大湾区的"脊梁"，更成为"世界桥梁建设史上的巅峰之作"。这个被称为桥梁界的"珠穆朗玛峰"的大桥，就是林鸣团队设计并参与建设的。该桥"弯道桥岛隧"的设计方案，"百万方混凝土滴水不漏"的施工策略，"分工细致显现关怀"的管理模式，无不彰显着该团队精益求精、开拓创新的理念。

港珠澳大桥的减光罩是海底隧道在人工岛上一个重要的交通转换节点，是东人工岛沉管隧道的代表性景观建筑之一。其主体结构分为横梁、纵梁和立柱三个部分，共计95个构件，总结构重量超过1200吨。为了让减光罩兼具工程功能与艺术功能，港珠澳大桥总工程师林鸣注重品质，严求细节，一直强调"要像打磨工艺品那样建造减光罩"。在减光罩的建设过程中，施工单位克服了种种技术难题，一直按照林鸣的施工标准严格进行：横梁和立柱互相垂直，立柱的垂直度误差在 5 毫米以内，横梁左右对接的误差在 1 毫米以内，横平、竖直，每个点都在一条直线上，一切都按照标准有条不紊地进行着。这一天，林鸣像往常一样上午 7 点进入现场，当走到减光罩这一块时，林鸣不禁露出了喜悦的表情，此时减光罩的安装已进入收尾阶段，只见眼前的减光罩横梁和竖梁完全垂直，两横梁之间坡度相同，形成了爬坡式的优美线形，横看、侧看、远看、近看，减光罩的每个构件的各个点都在一条直线上。正当林鸣心里松了一口气的时候，突然，"眼毒"的他发现了问题，原来减光罩的纵梁部分有一块 5 毫米的突出，大大影响了减光罩的美观。"不行，必须修整。"林鸣坚定地说。周围的人很是不解："减光罩只是一个工具，目前我们建造的减光罩，已经完全可以避免进出海底隧道时的行驶隐患，还有了全国首创的见光不见灯的渐变式设计，与一般隧道减光罩相比，港珠澳大桥的减光罩在功能和外观上都非常完美，别说是有 1 厘米的偏差，就是有 5 厘米的偏差那也不是问题，更何况我们的偏差仅仅为 5 毫米，远远超出了工程标准。"听到这话，林鸣摇摇头，说道："减光罩不仅要具有功能性，更要具有艺术品的效果，如果大家把它当作一件艺术品，就要更加严格地对待它。我们干的活儿必须经得起考验！"在林鸣追求更完美的要求下，大家花费了巨大的精力和毅力，人工将最后的安装误差打磨得一毫米都不差。

珠港澳大桥在设计和施工过程中，不仅严格要求按照标准执行，而且还精益求精，努力将大桥打造得更加完美。正是因为在细节上的精益求精，才成就了今天的港珠澳大桥。

八、人无我有，人有我优

秋风起，尝蟹鲜。作为一年一度的"网红"生鲜，每年秋天，大闸蟹从养殖基地走进千家万户，其间各大电商平台、物流企业功不可没。顺丰作为民营快递行业的老大，用"不辜负每一份托付"的行动，践行着立足用户需求，不断提升服务制高点的理念。

2008 年，顺丰开启了邮寄阳澄湖大闸蟹第一单，从此拉开了顺丰运送大闸蟹的序幕。此后，顺丰一直尝试从行业的高度和温度中为客户提供更好的服务。我国每年大闸蟹的产量约 80 万吨，仅阳澄湖大闸蟹每年产量就有 1500 吨，足足有 500 万只。如何让这么多新鲜捕捞的大闸蟹快速送达消费者手中，仅捆扎就是个难题。为了保证捆扎质量，顺丰有着自己的一套标准：捆扎采用统一的专用绳，绳中不能夹带泥、砂和其他杂物，捆扎时，螃蟹的八只爪子与两只大钳子要与身体贴合，甚至绳子缠绑的位置与圈数都有要求。工人们按照顺丰捆扎的要求，将大闸蟹按照重量、公母分别捆扎。

随着销售量的增多，大闸蟹运输成为电商必争之地。兵来将挡，水来土掩，顺丰的应对之道也很简单——别人没有的，我有；别人有的，我更好。在多年的销售经验中，顺丰清醒地认识到，单纯依靠手工捆绑不行！螃蟹捆扎熟练工一分钟也就捆两只螃蟹，费时费力不说，蟹钳、蟹腿的刺还容易扎伤人手，还有一个重要的原因，高峰期招工难而且人工成本太高。为了降低捆蟹成本，解决人工捆蟹受伤，提升打包效率，能否把手工捆扎弄成自动捆扎呢？这时顺丰提出了更高的要求。历时近两年的时间，顺丰终于在 2019 年 9 月初研发出行业领先的自动捆蟹机，实现了从 0 到 1 的突破，实现了由人工捆蟹向设备自动捆蟹的跨越。自动捆蟹机占地 6 平方米，由一名操作人员辅助操作，操作方便，流程简单，轻柔不伤蟹。相比人工捆扎，单只蟹捆扎效率提升 100%、成本降低 20%，独特的捆扎技巧加上经过特殊工艺处理的绳子，大大改善了大闸蟹捆扎过程中产生的损耗，大闸蟹的鲜活率明显提升，为此节省下来的费用就高达百万元。

如今，在大闸蟹运输这个领域里，顺丰代表着专业，在大闸蟹的捆扎、包装、运输等方面都走在了行业的前列。

九、戏比天大，艺无止境

马金凤是我国著名的豫剧大师，其代表作被称为"一挂两花"，"一挂"指《穆桂英挂帅》，"两花"指《花打朝》《花枪缘》，这三出戏风格迥异，尤其是《穆桂英挂帅》《花打朝》，一个严肃，一个幽默，在祖国各地家喻户晓，久演不衰。可以说，马老师的成就与她从艺90多年对事业兢兢业业、对艺术精益求精的态度分不开。

《花打朝》是马老师的代表作之一，马老师在剧中扮演程七奶奶，为了刻画程七奶奶的泼辣大胆、快人快语、大智大勇和粗中有细的人物性格，增强喜剧效果，马老师对原有的豫剧唱腔、表演技巧进行了改革。通过活灵活现的吃鱼、午门脚踏奸臣、法场救罗通、脱绣鞋打皇帝等细节，赢得了观众的热烈赞誉，红极一时。1981年的一天，大雪纷飞，马老师随剧团在乡下演出《花打朝》。尽管天气很冷，大家冻得手都伸不出来，但剧团长久以来形成的惯例让大家像往常一样，提前几个小时开始化装："化彩妆""贴片子""梳头"……贴片子是旦角扮相中额头、鬓角处的假发，是为了模仿生活中女子的额头、鬓发，可以很好地修饰美化演员的脸型。当时在市面上流行的有水鬓和化学鬓两种贴片。"今天这么冷，我们常用的水鬓刚贴到脸上就被冻住，冻得像冰碴子一样，打鬓的时候手指尖冻得都伸不出来，咱能不能改用化学鬓？""再冷也必须用水鬓，谁用化学鬓，卸下重新包，唱戏是我们的职责，我们必须对观众负责！"在马老师的强烈要求下，大家都用了一直佩戴的水鬓。化装结束后，新的问题又出现了，原来，为了取暖，剧团里的有些人改变常规，在戏服里面多穿了一件棉背心，细看起来显得鼓鼓囊囊，不太好看。马老师却只穿了平常的单薄戏服，没有多加一件衣服，全团的演员都看傻了，纷纷脱下棉背心。化好装穿好衣服后，马老师开始"默戏"，为了防止衣服上有褶皱，她不坐也不披外套，全程站在那里，一站就是四个小时，在站的过程中，她认真揣摩《花打朝》里的每一个寻常动作，每一句唱腔，每一个声韵，甚至不经意的一个眼神。"小郎门外连声请，后堂里来了我王氏诰命。"台下的观众屏住气息，聚精会神，沉浸在马老师那圆润、纯净、吐字清晰的唱腔中。

心中时刻想着观众，为艺术魂牵梦萦，在马老师的艺术生涯中，她与时俱进，精益求精，不断揣摩各角色的性格，领悟每个表情和动作，不断提高着她的表演水平。

十、板寸文化，品位见精

刘清池是土生土长的北京人，靠着一手理发的绝活儿，在业界享有盛誉。他把板寸这种发型做到了极致，他理出的板寸不仅符合个人特点，还能让人更显"精、气、神"。很多人慕名前来，也有许多影视明星找他做剧情发型设计，他被称为京城"板寸王"。30多年来，他始终牢记："理板寸看起来是普普通通的理发，实际上是一种文化品位，品位出来了，那才叫精。"

2005年8月的一天，一位顾客在朋友的介绍下慕名前来。他刚踏进门，便发现这间店面不一样，没有动听的音乐，没有热情的招呼，没有焗油烫头，但是一点也不影响店里的人气，好多人都在排队等着理发。只见剃头师傅刘清池，一把推子一把梳子，推子仿佛长在了他手里，上下翻飞左右移动，如行云流水；梳子与推子高度协调，"快、准、精"，不到十分钟，一个精神的板寸头就剪好了。轮到这位顾客时，刘清池热情地招呼他坐下，一边聊天一边仔细观察着他的脸型、发色、气质和特点。刘清池认为这一步非常关键，每个人的特点不一样，不能所有的板寸都像一个模子刻出来的。不能千人一面，而是毫厘之中见功夫，当初为了研究什么样的人理什么样的板寸好看，他除了苦练基本功外，多少个夜晚，他苦思冥想，像过电影一样静静地思考着各种发型，俨然一名追求精细的科研工作者。"刘师傅，你练习板寸没少下功夫吧？""板寸是最诚实的发型，它短啊，你少推一点就是个包，你多推一点就变成了个坑，一眼就看出来了，所以板寸特别讲究毫厘之间的功夫，为了这个毫厘之间的功夫，那就要拿稳手上的推子和梳子，无论入冬立夏，哪怕是三伏天，我手臂上吊块砖头，一站就是大半天，虽然大汗淋漓，你别说，嘻，还真管用，我握在手里的推子不滑也不抖。"只听悦耳的像割麦子似的嗡嗡声，不一会儿，一个精神、豪气又不呆板的板寸头呈现出来了。顾客非常满意，连连称好："今后，我要推荐周围人来你这里。"

如今，刘清池还在为大众剪板寸，忙得不可开交。他还准备写一本理发教材，还想开几家连锁店，把自己的板寸手艺发挥到极致。有人问他：

"你理的板寸已经出神入化了，怎么还那么拼？"他说："寸头的差别在分毫之间，努力钻研，把理论和实践操作融会贯通，才能做专做精。"

第三节　学贵有恒

据说曾经有位少年向东晋大诗人陶渊明求教："我非常敬佩先生的学识，不知有何读书的妙法？"陶渊明听后并没有急于回答，而是拉着少年的手来到稻田旁，指着一根苗说："你看看它是否在长高？"少年注视良久，说："未见其长。"陶渊明反问道："那矮小的禾苗是怎样变得如此之高的呢？"见少年低头不语，陶渊明继续说："其实，它是每时每刻都在长啊！只是我们肉眼察觉不到罢了。读书学习也是这个道理，学识是日积月累的，有时连自己也察觉不到，但只要你勤学不辍，总有一天会有所成就的。"

鲁迅曾说过："哪里有天才，我是把别人喝咖啡的时间都用在写作上了。"鲁迅的文学造诣如此出众，不仅因为他天赋异禀，更重要的是他有十年如一日、坚持不懈的恒心；匡衡凿壁偷光，凭借着一点微弱的光线坚持读书，寒来暑往，最终下笔成章，成为西汉著名学者；李白受到铁杵磨成针的启发，经过日复一日的坚持与积累，最终成了众人仰慕的"诗仙"……

天下之至拙，能胜天下之至巧。学习的过程就是一个持之以恒、坚持不懈的过程，每个人只要抱有一颗恒心，终究会取得非凡的成就。作为工匠，要追求精益求精，追求卓越，就需要以恒心学理论、学技术。恒是不变、是坚定、是初心不改，是对一个项目、一个难题、一个任务、一种产品的完美解决所表现出的坚持与执着。

一、追逐高度，筑梦云端

城市化高速发展，摩天大楼拔地而起。上海环球金融中心、广州西塔、平安金融中心等都是令人印象深刻的高层建筑代表，它们不仅成为城市的醒目地标和对外宣传的名片，还能让人直观地感受到我国建筑技术的进步和国家的繁荣富强。

毕业于南京建筑工程学院的陆建新，就是这些"天空之城"的缔造者，他用一颗坚持不懈的恒心，不断描绘着中国城市的新高度。

陆建新是中建钢构工程有限公司的首席专家，参加工作几十年，一直"铆定"在建筑一线，被誉为"中国摩天大楼第一人"。陆建新18岁就进入中建钢构，做了一名技术员。职场"小白"又学历平平，在专家如云的公司里毫无存在感。他并没有因此而自卑、气馁，而是白天在施工现场奔波，晚上拖着疲惫的身体继续研读相关书籍，或就遇到的一些技术难题与工友们进行探讨。这样日复一日、年复一年地学习，虽然很难熬，虽然辛苦，但他明白：学贵有恒，只有不停地学习，才能超越昨天的自己，才能赶上在起跑时就在自己前面的人。

公司每引进一台新设备，他都潜心研究其原理和操作技能，以至于工地上的绝大多数设备他都能熟练操作。这些他工作之余的充电学习，为他此后一步步成为项目总工程师、项目经理、大区总工程师，乃至成为如今中国钢结构行业绝对的顶级专家蓄积了宝贵的知识和经验。

如今，已是教授级高工的陆建新仍然保持着学习的习惯，工作再忙也要抽时间读书。不仅如此，他还加强 CAD 等专业制图软件的学习，"熟练程度让不少年轻人都自愧不如"。为了继续提升，他参加华南师范大学劳模工匠本科班学习，和同学们交流，向老师请教，去图书馆查阅资料。打开陆建新的电脑、登上学习系统，可以看到已经近60岁的陆建新的成绩仍不逊任何一个年轻人：计算机基础93分、经济法概论90分、管理学原理91分等。这些成绩是陆建新不断学习的见证，是一个花甲老人追梦路上永不服输的努力与坚持。

中建钢构董事长王宏曾说过："按照陆建新的年龄、贡献、资历，调到中建钢构总部来、进入公司管理层，是完全可以和应当的。"实际上，公司早就已经有了这样的动议，并且找他谈话。但是陆建新拒绝了，他依然活跃在高楼桥梁、公路住房等建筑工地，每天和技术人员一起工作，一起探讨，一起学习，一起攻坚克难。在陆建新的心里，自己并不是那个万人敬仰的国际专家，而是要时刻充电，不断学习的职场"新兵"，因为只有这样，才能不被时代抛弃，才能保有自己的专业价值。

二、万籁鸣与《大闹天宫》

《大闹天宫》是中国最有代表性的经典动画片之一，它为无数人的童年带来了欢乐。说起这部动画，就不得不提起一个人——万籁鸣。

万籁鸣从小就喜欢《西游记》，喜欢连环画里各种表情、各种姿态的孙悟空。19 岁那年，万籁鸣到上海商务印书馆工作，好动的万籁鸣一有时间就穿梭于上海的大街小巷。一次偶然的机会，他看到一个巷子的影院里正在放映着外国动画片，滑稽的卡通人物、夸张的表情，不时引得台下观众哄堂大笑。看到此情此景，万籁鸣一下子就想到了孙悟空，如果孙悟空也能像这样动起来那该多好啊！回去后他就给美国的动画公司写信咨询相关技术，可是没有得到任何回应。万籁鸣把 3 个弟弟召集起来，说："外国人能搞的，我们也能搞！"说干就干，万籁鸣就在上海一个弄堂里租了一个仅 7 平方米的小房间，成立了万氏卡通工作室。没有技术，他们便买一些动画相关书籍自学，下班后再去机器上摸索。就这样日复一日，万氏兄弟创造了许多中国动画片的第一！

1937 年，卢沟桥事变爆发，抗日战争全面打响，万氏四兄弟搬到租界避难，依然继续学习做动画。1941 年，万籁鸣为了动画事业移居香港，为了能让"美猴王"尽快展现给大家，不管环境怎样艰苦，不管漂泊到哪里，他都随身带着动画技术书籍，时刻沉醉在动画中。1956 年，香港组织了一次文化创作代表团访问内地活动，万籁鸣便是其中一员。当时，上海美术电影制片厂刚好有拍摄《大闹天宫》的计划，两方一拍即合。已是花甲之年的万籁鸣，再次焕发了青春活力。

这部 114 分钟的《大闹天宫》，光是画稿就有 7 万多张，他们每天的工作就是学习技术，绘图，整合资源。从筹拍到制作完成足足用了 4 年，仅剧本就耗费了万籁鸣半年多时间，手工绘制则用了两年多。为了使这部动画片有中国特色，万籁鸣专门学习借鉴了中国戏曲的表现形式，使之呈现出一种全新的动画片风格。为了使动画中的人物、场景更符合文学描述，他又特意带人上京学习。他们走遍了北京的故宫，参观了颐和园和一些庙宇，学习古代绘画、建筑、雕塑、人物等方法，汲取创作灵感。有时为设计一个动作想得入神，年过六旬的万籁鸣会顺手抄起一根棒子，在院里和年轻人挥舞起来。很多动画片中的动作设计就是在他们一次又一次的"打斗"中生成的。

试映那天，听着铿锵的锣鼓，看着腾云驾雾的孙大圣，这位64岁的老人激动地哭了："孙悟空，我们终于见面了！"

作为当时"中国动画"的巅峰之作，影片问世后，在国内外引起了巨大的轰动，先后荣获英国伦敦国际电影节年度杰出电影、中国电影"百花奖"最佳美术片奖等多个奖项。

三、轨道上的蓝领传奇

2002年，中国某铁路局进口了一台世界上最先进的钢轨焊接机，铁路局派技术骨干前往观摩学习。负责调试设备的外国专家见状，傲慢地说："这是顶级技术，需要保密，中方人员不得靠近。"说完，这位洋专家头也不回地去调试设备了。过了很长时间，洋设备并没有被洋专家调试成功。设备公司准备撤回这些专家，退回中方的货款。这时，一位中国技术员，聚精会神地蹲在地上，脸上流露着笑容，不一会儿，他走了出来对工作人员说："我可以调试。"抱着试试的心态，工作人员同意了。不多时他便成功找出故障并完美修复，狠狠地打了洋专家的脸。这位技术工人就是郭晋龙。

"土专家"战胜"洋专家"，打破技术封锁，为中国人赢得了认可和尊重，一时间成为美谈。事实上，刚参加工作时的郭晋龙，初中都没毕业，也没有任何技术底子，连一张简单的电路图都看不懂。好学的郭晋龙从自己每月42元的工资里拿出一半的钱报了一期夜校电工初级班，买了一些相关书籍，全身心地投入电路知识的学习中。白天上班，晚上学习，很是辛苦。更糟糕的是，3个月下来，郭晋龙根本没听懂所学的内容。于是，郭晋龙再次来到这个初级班，可他还是没有吃透书本上的知识。第三次开班的时候，郭晋龙又来了。连代课老师都说，没见过这么笨的，也没见过这么执着的！破例让他上了第三次。

郭晋龙深知学习的重要性，他说："只有不断地学习，在学中干、在干中学，拥有知识和技能，咱们工人才更有力量！"他将每月微薄工资的半数用来买书，曾一度让儿女的学费都成了问题。通过不懈学习，郭晋龙的知识和技术水平都得到了提高。得益于这种好学与执着，他成为该领域的佼佼者。

小有成就的郭晋龙并没有止步于此，而是投身到了焊轨领域的另一技术攻关中，开始研究在电压变化的情况下如何保证焊轨质量。为了攻克难关，他查阅了大量的外国文献。只有初中学历的他为了学习，竟开始学起了他一直不擅长的英语！虽然年龄大，记性差，但劲头丝毫不输大学生。遇到自己翻译不出来的内容，他就根据资料介绍进行试验，通过试验来论证推断。记不住又长又难的专业术语，他就发明了许多符号来代替。就这样，靠着学习上的钻研和骨子里不服输的倔强，郭晋龙终于成功研发了中频逆变直流钢轨焊接机，填补了我国工业领域的又一项空白。2011年，郭晋龙的"钢轨焊缝双频正火设备及工艺"获得国家科学技术进步奖二等奖，他成为第一位登上国家科技最高领奖台的铁路工人。

从初中学历的一线工人，到技术"大拿"，凭借坚持不懈的精神，通过自学和潜心钻研，实现了自己的价值，为国家争得了荣誉，这就是轨道上的"蓝领传奇"郭晋龙。

四、不停"奔跑"的好焊工

张忠作为一名电焊工，被评为了"全国学习型职工先进个人"。入职几十年来，张忠在平凡的岗位上，以学习增强能力，以创新实现业绩，面对企业国际化，其技术知识不断升级，在超越自我中诠释了"工匠精神"。

15岁那年，初中毕业的张忠走上了电焊工的岗位。电焊工是一个又苦又累的工种，而且易学难精，要焊得结实牢固、美观耐看是一件很难的事。好学的张忠用了一年时间就通过考核，拿到了电焊工上岗资格证。越学习，他越觉得自己知识匮乏。于是，张忠给自己制订了在常人看来近乎"苛刻"的"充电"计划。白天在公司，他埋头于钢铁堆里，苦练技术，常常被焊条呛得睁不开眼，直流泪，手臂酸得抬不起来。晚上下班后，直奔夜校学习理论知识，有时还抽出时间跟厂里的大师傅讨教。这样近乎"苦行僧"般的生活持续了整整 12 年。他不仅学习完成了焊接中技、焊接高技、焊接技师的课程，还业余补修高中课程，并取得了大专学历。难得的是，他凭借惊人的毅力，硬是把抽象、深奥的《焊接工艺学》《金属材料学》等焊接理论书籍一点点"啃"了下来。经过持续不断地学习和练习，他先后取得了国际焊接技师证书和四项国际焊工资格证书，成了名副其实的复合型高技能人才，世界公认的"焊接大师"！

2009 年，中国南车戚墅堰公司作为国内唯一一家专门从事内燃机车修造生产的公司与美国 GE 公司"牵手"，合作生产大功率交流传动内燃机车。在和谐 N5 型机车的转向架试制生产过程中，公司遇到了很多新难题，在没有任何经验可借鉴的情况下，张忠带领工艺师们钻图书馆、阅览室，查阅各种资料，学习世界最前端的技术，然后细致地进行分析、计算及论证。经过一个多月的努力，终于完成 15 项关于和谐 N5 型机车的转向架焊接工艺评定参数，让代表全球顶尖水平的 GE 公司技术专家也惊叹不已！

中国的列车从平均时速 48 公里到如今动辄几百公里的时速，在 6 次大提速中迎来了"追风时代"。面对技术知识的不断更新、迭代、升级，张忠深深体会到了学习的重要性。白天焊接，与四溅的火花相伴；晚上就一头钻进书海里，不断"充电"。从初中生到技术"大师"，张忠用了 32 年，如今的他依旧在持之以恒地不断学习。正如张忠自己所说："我只有不停奔跑，才能跟上时代的步伐！"

五、人生与精彩"齐名"

20 世纪 90 年代初，齐名从石家庄市技工学校毕业，到华北制药集团当了一名普通电工。齐名的人生信条是："可以没文凭，不能没水平。"为此他付出了比别人多得多的汗水与努力。

初到公司，学历较低的齐名难免遇到这样那样的技术问题。对此，他不自卑，也不抱怨，而是等别人下班后，一个人留在公司翻看图纸。遇到晦涩难懂的问题，就跑到书店和图书馆里查资料自学。买不起书，他将需要的东西抄下来，常常到书店关门时，店家几番催促，他才依依不舍地离开。这种认真的态度，这种学习的劲头，让他很快对自己的工作领域熟悉起来，处理起技术问题也逐渐变得得心应手。

但在 1999 年，因工作需要他被调到华北制药集团金坦公司，从事高压电维修和进口设备检修工作。齐名面对的是一个完全陌生的领域，对他而言无疑是很大的挑战。一方面，公司里的很多技术资料都是英文；另一方面，金坦公司又属于高新技术产业，大量采用进口设备，自动化的程度很高。

刚开始，齐名就是打打下手，可好学的齐名不想永远做个下手，更不想看到自己整天接触的设备只能由外国人来维修。想到此，他再次踏上了艰苦的自学之路。先是去购买各种专业书籍，涉及电工工艺、机械基础、模拟电路、数字电路、编程语言、程序编写、专业英语等，只要有用，都省下钱买回来。为了把这些"硬骨头"啃下来，齐名把时间安排得紧凑些再紧凑些。多少个白天他忘了饿，多少个黑夜他忘了困。慢慢地，齐名可以在电气仪表领域解决一些难题了。这时一台外国进口的设备出现了故障，如果厂家拆走维修，费用高达几十万元，还要停产一个多月，初步估算一下，企业损失会达到 1000 多万元。齐名听说后，主动请缨。经过两天两夜的拆装、测试、排查，终于找到了故障原因，仅花一角钱买了个电阻换上，就让设备重新运转了起来。

20 多年里，他勤学不辍，凭借自己办公室和家里那一本本早已翻烂的各种专业书，成了公司里的"百事通"和名副其实的自动化专家。后来，齐名被确诊为白血病，病床上的他还念念不忘自己的工作，让同事把自己的一些还未读完的专业书籍和笔记本电脑送到医院来，治疗期间他经常吐得一塌糊涂，可吐完之后，擦擦嘴，他就又翻开了书。大家不理解，妻子看在眼里，更是心疼，齐名淡淡地说："看书有止吐作用，精神愉快能提高免疫力！"

如今的他早已成长为精通电工、机械、仪表、计算机、自动化控制等多种专业的知识型、技能型、创新型工匠大师，他用自己持之以恒的学习、创新、奉献，彰显了 21 世纪产业工人的光辉品质，擦亮了新时代大国工匠的耀眼名片！

六、振超效率

青岛港工人许振超，初中毕业进入青岛港，从一名普通装卸工成长为技术能手、著名技术专家、青岛港驾驶桥吊的第一人。许振超之所以在平凡的岗位上创造出不平凡的业绩，得益于他时刻把学习作为"第一需要"，坚信"知识改变命运，学习成就未来"。

1968年，许振超来到了青岛港，当了一个皮带机电工。知识储备的欠缺，常常让他感到心有余而力不足。工作之余，别人休息，他就学电工知识，看设备图纸，日积月累，慢慢掌握了很多技术窍门，精通了电工技术。

随着中国的高速发展，青岛港已逐渐变身为融各种高科技为一体的现代化港口，港内的桥吊就是其中一种技术密集的大型机械设备，科技含量很高，需要掌握的知识很多，如高压变配电、电力拖动系统、计算机系统、数字控制技术、网络通信知识等。为了适应时代的变革和发展，更好地为公司、为国家服务，40多岁的许振超开始系统地学习桥吊知识，从高中课程开始，到自学英语和桥吊电控系统。当时桥吊上的可控硅直流调速系统是国内最先进的，他又就买了清华大学的教材《可控硅整流技术》，从原理学起，那段时间，他下班回家后就开始学习，家里的桌子、床上全摆满了电子零件、图纸和参考书，这本对于大学生都比较困难的教材，初中毕业的许振超硬是将它"啃"了下来。随着青岛港的桥吊越换越大、越换越先进，许振超学习得更加刻苦了。为了适应学习需求，他随身带着"三件宝"：一台手提电脑、一个笔记本和一个电子词典。看着许振超一心学习像着了魔一样，妻子劝他说："不着急，慢慢来，差不多就行了。"他却说："我底子薄，现代技术变化又快，不学怎么能追得上？"

持之以恒的学习，使许振超逐渐成长为业界名副其实的"桥吊大拿"。可是，现代化生产要求团队协作，只凭自己一个人是远远不够的，但要想成为一支一流的团队，首先要成为一支学习型的团队。于是，许振超在队里建立起了严格的学习制度，他规定每月都要进行集中学习、课题研究，不管再忙，他每次都带头践行。他还要求队员们做到"经验互补、资源共享",不管是技术主管还是桥吊司机,每排除一起故障,都要把造成故障的原因和排除的方法写成专门的材料在队里交流,供大家学习。在许振超的带动下,桥吊队形成了浓厚的学习风气。现在,维修主管们下了班还经常聚集在队里研究问题,看图纸。新录用的大学生也人人带着电子词典,有空就研究桥吊上的英文资料。

"缺少知识误人误事,唯有知识才能改变命运。"许振超始终坚信,面对一个变革的时代,要学习、学习,再学习,否则就要成为时代的落伍者,就不可能保持和发扬与时俱进、开拓创新的时代精神。

七、大庆"女铁人"

大庆油田是我国工业战线的一面旗帜,诞生于这里的"铁人精神"影响了一代又一代的中国石油工人。刘丽很小的时候,就跟着父亲奔波在大庆油田的砂石路上,从小就被铁人精神耳濡目染。

刘丽中学毕业后考虑到家里的经济情况,选择了技校。父亲说,别小看技校出来当工人,当工人一样会有出息。两年后,刘丽以全校第一名的成绩从技校毕业进入大庆油田工作。刘丽很快发现,她的知识储备一方面过于理论化,另一方面亟须更新。要想适应公司发展,并有所成就,必须坚持学习。有了目标就有了动力,凭借在技校自学高中课程的基础和认真、刻苦的学习态度,刘丽在参加工作的当年,就以超出录取分数线两百分的成绩,考取了大庆职工学院。生活一下子忙碌了起来,白天要在井上工作,晚上要赶往职大学习。读书充电成为她生活的常态。但刘丽不觉得辛苦,经常说:"采油工并不是一味干'粗活儿',知识和技术才是实现人生价值的本钱。"抱着这样的信念,她不断提升理论和实际操作水平。

持之以恒的学习使她不仅站在了本职岗位的前沿,还学会了采油、维修、集输等多个方面的技术。洗井工、维修工、集输工、采油工,采油队里几乎所有岗位刘丽都精通,多方汇集的技术知识和磨炼,使刘丽成为一专多能的"岗岗通"。后来,领导推选她参加国家技能大赛。备战技能大赛时,她除了完成教练规定的学习任务外,还给自己加码加量,每天只睡三四个小时,累了就躺在宿舍走廊的地毯上休息一会儿。近 3 个月的强化学习、训练让她一度疼得直不起腰，膏药敷得腰间起满了泡。那一次，年轻的刘丽一举夺得第三名，被评为"全国技术能手"。

刘丽凭借持之以恒地学习，成为我国石油领域的"大国工匠"。但她并没有骄傲，而是始终坚守在采油一线，扛起了新时代"铁人精神"的门面担当，称得上是名副其实的"女铁人"。

八、从学徒到匠师

"深圳是一座造梦之城，只要通过不断学习，成功只是时间问题。"李明权谈及自己从汽修学徒到全国技术能手的转变，感慨颇深。

1978年，李明权出生在湖北省一个偏远山村，因家境贫寒，19岁就辍学到武汉一家汽车修理厂当学徒。24岁时，李明权来到了深圳闯荡，做过维修工、技校教师、研发工程师，还跟人合伙创业，但似乎都和汽车维修、汽车制造相关。闯荡中，李明权深知知识的重要，在家人和朋友的鼓励下，李明权参加了成人高考，考上了武汉理工大学汽车检测与维修技术专业的函授班，经过两年半的学习顺利毕业。2015年他又拿到湖南工程学院汽车服务工程专业的本科毕业证书。

作为一名技术工人，他把很多时间都用来阅读业务书籍，钻研汽车技术，像海绵吸水一样不断汲取汽修行业的新知识、新技能。他参加深圳职业技能鉴定考试，从汽车维修初级电工起步，到2012年考取了汽车维修电工高级技师，2019年又考取了汽车维修工高级技师，成为深圳为数不多的"双高级技师"专业技术人员。

2008年，李明权代表所在的汽修公司参加全国技能竞赛，他在备赛期间仅做笔记就用完了5支笔，4500多页的汽车维修手册被他学了一遍又一遍，早已成竹在胸，最终斩获"最佳维修技师"荣誉称号。2010年，为了参加全国交通运输行业机动车检测维修职业技能竞赛，李明权又利用闲暇时间学完了4本厚厚的维修手册，最终获得了广东省技能竞赛第三名，并荣获"广东省交通技术能手"称号。

经过多年学习、竞赛、攻关的历练，李明权已经小有成就，可是，在发展日新月异的汽车领域，想要永远站在前沿，就要想方设法、持之以恒地学习下去。李明权不但自己学习，还想带动团队学习，更想把自己的经验继续推广给大家。现在李明权在某短视频平台上注册了"李明权劳模说车"账号，用通俗易懂的语言讲解汽车使用和维修等方面的知识，粉丝量20多万，视频播放量已达千万。

"干一行，爱一行，学一行，钻一行。"李明权在汽车维修这个平凡的岗位上辛勤付出，持之以恒，对知识永不止步地追求，对技艺精益求精地探索，用汗水和智慧诠释了新时代的"工匠精神"。

九、从机修钳工到"智造"专家

比起"维修神医""大国工匠"的美誉，刘云清还是最喜欢别人称他"刘工"。一直以来，刘云清对专业都充满着热爱，对技术充满着执着，从业近30年，他一直坚守在维修一线。

工作中，刘云清的"脉络"并不复杂，每天车间、宿舍、图书馆"三点一线"，简单却又充实。数十年来，他在图书馆里阅读了大量进口数控设备维修理论方面的书籍，凭借努力，先后完成了大专、本科的学习，系统掌握了设备机械、电气、液压、软件等多门本领，被人称作"维修神医"。平时，他还喜欢向老师傅请教，用心揣摩、吸收他们的技艺。20多年来，刘云清一直住在单位附近的宿舍里，每天吃完晚饭就到车间里转转，对照着各种资料琢磨机器的构造，思考维修中的关键难题。很多时候遇到难题，即使在梦中，他也会像"放电影"一样，在脑海里把设备的结构和白天诊断的细节一遍遍回放；有了灵感后，他不管是走路，还是吃饭时，总是第一时间记录在笔记本上，第二天再到图书馆翻阅资料，咨询专家。刘云清不懂就问、不会就学，死磕技艺，经过对数百台不同设备的学习钻研，他犹如打通了"任督二脉"，练就了"庖丁解牛"和"听音辨症"这两大绝活儿。机器设备有什么异常，刘云清往往一听声就能知道大致是哪个地方出了问题。对刘云清来说，维修机器从来都不是"头痛医头、脚痛医脚"，而是像中医一样辨症施治、标本兼治。

2008年，由于技术垄断，作为关键工序设备的数控珩磨机只能依赖进口，不仅价格昂贵，而且故障频发。但这个时候，企业的客户订单却在不断增多，数控珩磨机已成为制约产能的主要因素。为什么这么关键的技术只能被"老外"牢牢握在手里？难道中国人就不能研发出性价比更高的数控珩磨机吗？刘云清不服气。于是，他全身心投入新型数控珩磨机的学习、研究中，找来多个领域的书籍苦读、充电。他花费大量时间去翻阅资料，分析了各种数据，改造了闲置废弃设备。

经过大半年的学习、研究，数千次的反复试验，2010 年，刘云清自主研发的国内第一台新型龙门式全浮动数控珩磨机诞生了，成本仅为进口设备的四分之一，精度却从 3 微米提高到 1 微米，达到国际领先水平，填补了国内机床市场的空白，打破了国外的技术垄断。

刘云清凭借坚持不懈的学习，从一名普通的机修钳工，蜕变为一名掌握设备机械、电气、液压、软件等多门本领的"智造"专家。他完成了企业第一条机器人自动化生产线，自主设计完成了具有国际领先水平的数控珩磨机，带领团队获得了数十项技术创新成果和发明专利。刘云清说："作为新时代的一名高级技术工人，一定要坚持不懈，苦学勤练，这样，在'中国制造 2025'的宏伟蓝图中，才能有更大作为。"

十、为"洋"机器看病的国产专家

高中汉出生在一个贫困的农村家庭，高中毕业后考上了郑州机械专科学校，知道生活的艰苦、求学的不易，在校期间，他学习十分刻苦。1983 年，高中汉以优异的成绩毕业，并被分配到了中国一拖公司。

进入公司后，高中汉看着这些机械设备，它们好像都会说话，都有生命，这使他产生了极强的敬畏心理，也激起了他学习、研究的兴趣。他仔细观察，每看到一个新的东西，都记到笔记本上，回去后再翻书自学、消化。遇到难题，他就在厂里待上一整天，一边查资料，一边摸索，一句话也不说，甚至连饭也忘了吃。后来，高中汉被派往日本验收进口设备并接受技术培训。因为热爱，他在培训中如饥似渴地学习，每天都要工作到很晚。待设备被运到一拖后，厂家草草安装好，就留下一尺厚的纯英文说明书离开了。高中汉开始学习研究。一方面学习设备的用法、操作和维修；另一方面因设备是进口的，他还不得不自学起了英语。几个月后，设备突然出现了故障，他凭借着前期的知识积累，对每一个零件逐一排查，最终修好了设备。此后，高中汉靠着这股好学不倦的劲儿又陆续"拿下"了不少进口设备，让同行刮目相看。

2015 年的一天，一台还在保修期内的进口设备出现故障，4 名外国工程师连续来了 5 次都没修好。设备停机，工人停工，工厂损失很大。高中汉站了出来，他决定试试。当他导出控制程序时，瞬间傻了眼：500 多页电路图、3000 多页控制程序块，没有一年半载的工夫，看一遍都难。为了尽快弄懂技术要点，他来到厂里，查看下载程序、分析技术要点、信息读取、跟踪排查。他把平时的笔记翻开，参考着说明书、电路图一点点对照、排查。经过多日奋战，他终于找到了故障点，加工中心又正常运行了。

"掌握新设备、新技术没有捷径，只有通过不断学习、潜心钻研。"几十年来，高中汉就是凭着坚持不懈的钻劲儿，勤学苦练，攻坚克难，治好了很多进口设备的"病"，打破了外国的技术壁垒，展示了中国工人的智慧，提供了中国工人的方案，成为一名优秀的为"洋"机器看病的国产专家。

第四节　奋发图强

"天行健，君子以自强不息。"中华民族以勤劳务实、自强不息的性格，创造了历史的辉煌。新中国成立后，党领导人民自力更生，奋发图强，建立了较完备的工业体系。改革开放后，亿万劳动人民以饱满的热情参与到社会主义市场经济建设中。中国特色社会主义进入新时代，实现中华民族伟大复兴，需要每一个人奋发图强，不忘初心。

奋发图强是指以饱满的情绪、振奋的精神来谋求自己的强大。奋发图强作为一种心态，是不甘落后、知耻后勇、积极向上、敢于争先的精神面貌；奋发图强作为一种精神，是以自力更生、艰苦奋斗为主要特征的精神；奋发图强反映在意志上，表现为立足本职，始于平凡，身处落后不自卑，遇到挫折不气馁，咬定目标不放松，刻苦钻研，顽强拼搏。奋发图强作为一个过程，是以心血和汗水、智慧和勤劳、意志和毅力，厚积而薄发的过程。

工匠精神本质上与奋发图强是契合的，对劳动过程、劳动工艺、劳动产品的不断完善的执着追求，正是一个奋发图强的过程。

一、成长在"红旗"下的汽修工人

在中国，红旗牌轿车是家喻户晓的品牌，是凝聚着我们民族自豪感与自信心的国家名片。事实上，红旗轿车前期的研发生产却是一个充满艰辛坎坷的过程，凝结着众多像齐嵩宇一样优秀工匠的心血与汗水。

1994 年，齐嵩宇从技校毕业进入中国第一汽车集团，在焊装车间当了一名维修电工。为了能早日成为一名优秀的技术工人，下班后，他一头扎进维修间苦干到深夜，反复拆装生产线的一些替代设备，研究分析设备电路图纸，钻研专业理论书籍。许多设备都是进口的，说明书是英文的，好学的齐嵩宇就拿着字典一个单词一个单词地查，累了就睡在长椅上，饿了就泡面吃。功夫不负有心人，经过一段时间的"煎熬"，齐嵩宇终于掌握了整条焊装线设备维修的全套技能。

2002 年企业改革，齐嵩宇所在的车间整体外迁成立新厂。对齐嵩宇来说，必须转岗才能留在原厂。他决定留下来，做更基层、难度更大的轿车车身焊接操作工。来到新的岗位，新的困难也迎面而来，齐嵩宇发现操作电焊的漏焊问题很严重，一直以来也没有得到很好的解决。红旗轿车大约由 6000 个电阻点焊接而成，在汽车焊接领域，大多数焊接工作主要依靠人工完成，在对汽车进行焊接时，有时候工人一天要焊几千个焊点，稍一大意，难免会漏几个，对此，世界各大汽车厂商都没有行之有效的办法。齐嵩宇决心要破解这一难题，他查阅了大量国内外技术资料，对车间 700 多份焊接工艺文件进行深入分析，在车间不断地进行试验，经过 5 年时间上千次的试验改进，齐嵩宇带领团队，终于将微电子电路开发技术、焊点信息同步采集处理技术和计算机技术成功结合，开发出了一款"电子漏焊监控器"，有效解决了轿车焊接过程中的质量监控和检测难题。

齐嵩宇凭借这项发明获得了自己的第一个国家专利，并荣获首届全国职工优秀技术创新成果奖三等奖。2007 年，点焊操作工齐嵩宇又凭借"点焊机监控器"技术，获得了中国机械工业科学技术奖二等奖。像这样的发明、专利、荣誉，他不知得了多少个。但齐嵩宇从没有因荣誉而骄傲，也没有因此停下奋斗的脚步，而是一直坚守在红旗工厂，在生产一线拼搏不息、奋斗不止。他用浓厚的"红旗情怀"，在"一汽"的传承、祖国的复兴这条路上不断前行。

二、忍辱负重，为国摘得航发"明珠"

洪家光出身于农村家庭，家境贫寒。洪家光在上学期间就想早点毕业，早点挣钱。于是他选择上了技校，毕业后被分配到了中航工业沈阳黎明航空发动机有限责任公司工作。

洪家光入职场那年，中国发生了一件大事，以美国为首的"北约"部队，用当时最先进的 B-2 隐形轰炸机投下五枚远程精确制导炸弹，悍然轰炸了我驻南斯拉夫联盟共和国大使馆。新华社记者邵云环、《光明日报》记者许杏虎和朱颖当场牺牲。消息传来，身为航空人的洪家光怒火中烧。他暗暗下定决心，要刻苦钻研技术，奋发图强，为祖国航空事业的快速发展贡献自己的一份力量！

2000 年，随着我国航空事业的迅猛发展，公司的生产任务越来越繁重，洪家光主动要求加班。他把行李搬到厂里，一住就是一个多月。一天，由于过度劳累，体力不支，搬运时工件砸在他左手手指上。为了不影响工作进度，洪家光没有吭声，忍着疼痛坚持干活儿。晚上回到家，他疼得在床上打滚，被爱人硬拉着去了医院，确诊为粉碎性骨折！医生要求在家休养两个月。可是，一想起祖国因航空工业发展落后而受制于人，洪家光所有的疼痛仿佛一扫而光，他不顾家人的劝阻，又回到了工作岗位。左手缠着绷带，右手操作机床，一干就是两个月。

2002 年春节前，公司接到一项紧急任务，为一款重点型号航空发动机核心叶片加工修正工具——金刚石滚轮。洪家光作为这一项目的负责人，深感责任重大。因为他知道，一台航空发动机上有上千件叶片，要保证每件叶片的精度和质量，就必须攻克金刚石滚轮的制造技术。金刚石滚轮的加工极其考验操作者的水平，要求极其苛刻，所有尺寸误差必须在 0.002 毫米以内。他遇到最大的问题就是"震动"和"啃刀"的现象。他不停改善加工方法，一遍又一遍地尝试，每天工作 14 个小时以上，饿了就吃身上带的干粮。经过艰苦的研究、试验，洪家光最终自行设计、研制了一套精密夹具，有效避免了震动，使原来的废品率从 85% 降低至 5%。经过前期的知识与技术的积累，他又做出了一套装备，装在车床上把原来的车削工艺变成了磨削工艺。利用这个方法不但解决了"啃刀"现象，还攻克了多项高硬度材料的精密加工，使零件的合格率由 70% 提高到 100%。

洪家光不懈努力、奋发图强，凭借自己的知识与汗水使这项世界航空工业"皇冠上的明珠"有了"中国制造"的标签，实现了对世界强者从望尘莫及到同台竞技的跨越，为国家航空事业的飞速发展做出了突出贡献。

三、"工人专家"的航天人生

张自飞，这位来自甘肃天水华天电子集团的高级技术工人，从一名技校生成长为"工人专家"，为航天着陆系统电子控制装置组件的"中国制造"做出了突出贡献，创造了辉煌的航天荣耀。

2004 年，张自飞在公司的公告栏看见一张"招贤榜"，说是公司急需一名高水平技师来助力攻关一种电源变换器技术。这种应用于国家重点工程项目上的电源变换器，是西方国家对我国进行技术封锁的产品。年轻的张自飞看到这种情况后，心中滋味真不好受，有悲愤，也有屈辱。他暗下决心，一定要发展属于我们自己的民族工业。于是，他开始认真阅读产品要求，发现这个比烟盒还要小的盒子，造价却要近 50 万元，内部的复杂结构胜过一座小型变电站，并且还必须能在各种复杂恶劣的环境下保持绝对稳定运行。其难度可想而知。

在接下来的一年里，张自飞沉迷在这个"魔盒"中，脑海里整天翻腾着 300 多个电阻、电容、电感的元器件和五六百个焊接点。有时候太过于投入思考，吃饭筷子掉了都不知道，上楼梯踩空台阶，从车间回家走错门都是常事。他查阅过的资料堆满了整整一间房子，画好的图纸和编写的工艺流程打印出来垒了 1 米多高。终于，张自飞完成了绘图设计、工艺流程，然后开始组织生产、检测检验。当怀揣着6个"魔盒"样品来到北京,交给专家们检测时,他内心紧张又担忧。谁知一位老专家看后激动地拍着他的肩膀说:"能做出这样一个电源变换器真是太伟大了!你为中国的航天事业做出了不可替代的贡献!"这时他才知道,这个变换器就是中国载人飞船回收着陆中一个非常关键的电源部件,"魔盒"里的每一个元器件,都是遨游太空的中国航天员能够平安返回的保障。

有一次,在"嫦娥三号"即将发射的前夕,器件在低温下出现异常。项目组组织多名专家会诊无果,只能把希望的目光投向张自飞,盼着他能尽快解决故障。整整15天时间,张自飞把自己关在实验室里,每天睡觉不到两小时,最后成功解除了故障。可当他抬手摸自己的头时,手心里却是大把的头发。身边的同事们看到后急忙过来安慰,但张自飞觉得,为了祖国的航天事业,付出再多也值!

张自飞不仅攻克了变换器,他还完成了50多项电子器件的技术攻关,获得了多项国家专利技术,神舟八号到十一号系列载人飞船能够成功返回,还有"嫦娥三号"卫星首次在月球表面软着陆,都有着这位"工人专家"的功劳。他说:"宇宙无止境,航天无终点,我们只要时刻保持奋斗不息的精神,祖国就会更强大,我们的飞船就能飞得更远。"

四、忠于祖国,奋斗不止

张永忠是重庆长安汽车股份有限公司发动机厂的一名发动机维修工。"永忠"这个名字不但极具时代特征,也代表着父母对他的期望,让他永远忠于祖国,为国家强盛而拼搏不息、奋斗不止。

19岁,张永忠就进入长安汽车工作,刚开始干的是木工活儿。后来又被调去参加汽车发动机的组装调试工作。第一次见到发动机,张永忠心里发慌,什么都不认识,图纸也看不懂。但张永忠知道:这条路没有捷径,只有付出辛苦和汗水。于是他拿起相关书籍和字典,一点一点把图纸里的每一个单词都理解、消化,不分昼夜地把发动机装了拆、拆了装,反复揣摩其结构。慢慢地,他竟然可以自己摸索着组装成一台发动机了。

1984年12月30日,张永忠自己组装的第一台发动机成功点火。看着它发动，张永忠一边笑一边流泪，这是他多少个日夜的付出换来的啊！他激动得一夜没睡好觉。

随着纯手工组装的发动机的成功，长安第一批微型汽车出厂，几代汽车人的梦想终于实现了，这标志着中国汽车微车时代的开始。

2003年，厂里生产的"G系列气门调整螺钉"报废率一度高达30%，严重影响了生产效率。由于生产线是从日本引进的，厂方就和日本代理商交涉并希望能解决这个问题。但日本公司回应：问题不在合同范围内，解决问题需另付600万美元研发费用，时间要一年，且不保证一定成功。听到这样蛮横无理的答复，张永忠气不打一处来："不求别人，我们自己来！"有些"赌气"的张永忠又拿出了他那股不服输的劲儿。他加班加点，日夜鏖战，自己动手设计、画图纸，反复试验、修改，稍有不满意，就推翻重来。通过大量实践和摸索，一个又快又能保证质量的专用工具终于研制成功并投入使用，其装配合格率达到了惊人的100%，报废率竟然为零，不但突破了生产瓶颈，还获得了国家专利。

成功后有人问起他的初心是什么，他不假思索地答道："我的初心，就是让我们中国人也能生产高质量发动机。"

在以张永忠为代表的一代代长安人的共同努力下，长安汽车的发动机技术在国内自主品牌中已经处于领跑位置，新款的蓝鲸发动机在世界上也已经跨入了先进水平行列！

没有惊人的履历，却做出了傲人的成绩。他用三十年如一日的努力奋斗，攻坚克难，为国家在汽车发动机领域争得了荣誉，赢得了尊重，为祖国的崛起与强盛做出了突出的贡献。

五、把"工"变成"干"的高铁工匠

从"中国制造"到"中国创造"，一辆辆飞驰在神州大地上的高铁列车见证了我们由"追赶者"到"领跑者"的伟大跨越。而在这场跨越中，以张雪松为代表的众多技术工人是当仁不让的主角。

1992年，张雪松技校毕业后进入中车唐山公司工作，成为一名铁路技术工人。当时张雪松才19岁，他对母亲说："工人怎么了？谁说'工'字不会出头？我把'工'字变成'干'字，不就出头了嘛!"由此，他便开始了自己的铁路和高铁事业。

张雪松真的是说到做到，在钳工这个岗位上踏实、努力、坚持不懈地奋斗，在省、市各类比赛上夺得了"钳工状元"的称号。但张雪松并没有因此骄傲，他知道，我们的铁路发展还落后于其他国家。而作为新时代的铁路技术工人，一定要有多个专业的技术储备，成为复合型人才，才能为国家的复兴做出更大的贡献。于是，他开始利用业余时间自学铆工、焊工、电气、机械、计算机等业务知识，他还进修了机电一体化专业的大专课程和电气工程自动化的本科课程，自学了电力传动、液压与气动、ABB机器人编程与操作等多门课程，逐渐成为掌握钳工、数控、智能制造和三维建模等多种技能的新一代复合型技术工人。

2004 年，中车唐山公司开建铝合金车体生产线，开始研制生产时速300 公里以上的高速动车组。但动车组铝合金车体生产的每一道关键工序，都需要由大型数控设备来完成。为此，公司引进了几十台价值数亿元的尖端数控设备。可是，厂里却没人敢维修。紧要关头，张雪松迎难而上。于是已在全国钳工界小有名气的张雪松主动请缨"转行"到装调维修工，做进口设备的"保健医生"，要为国之强盛拼尽全力。凭着这份信念，他一点一点"啃"下大量专业书籍，写下了几万字的装调维修数控机床学习心得，排除了几十次各类疑难故障，攻克了 8 项难题。

更让张雪松和工友们感到自豪的是，2012 年，中车唐山公司为德国西门子公司批量提供了高速列车铝合金车体大部件，打破了国外垄断，推动了相关技术的国产化。2008 年 4 月 11 日，中车唐山公司第一台国产"和谐号"动车组成功下线。中国用 3 年时间，走完了国外 20 多年的技术路程，跨进了 350 公里时速高速列车制造俱乐部!

"工"字出头就会变成"干"字。成功，缘于实干；实干，才能兴邦!正是有了一批像张雪松一样的实干家，饱经沧桑的中华民族必定走出苦难，走向辉煌。

六、"太空之吻"背后的航天工匠

中国从 20 世纪 50 年代后期开始发展航天技术，经过几十年的奋斗，取得了举世瞩目的成就。这成就的背后是几代航天人无私奉献的结果，王曙群就是众多航天人的代表。

1989 年，从新中华厂技校毕业的王曙群，凭着对航空事业的热爱，迈进了上海新中华机器厂的大门，成为一名普通工人。没有高学历，没有经验，王曙群一度感到自卑，但想到自己的梦想，自己的初心，他坚定起了信念，从拧紧一颗螺钉开始，迈向了属于自己的人生征程。

王曙群从事了 7 年的后勤保障工作，但对航空技术的热爱一直在他的血液中澎湃，一有时间，他就找来各种书籍钻研，向师傅们讨教。机会总是青睐有准备的人，1996 年，他以中级工考试第二名的成绩破格进入高级工培训班，在培训过程中正好赶上对接机构产品研制，就此加入了中国载人航天研制生产的战队，开始了他将要为之奋斗终生的对接机构装调之路。

12 把对接锁是对接机构中的关键部件。为保证对接、分离成功，舱与舱之间对接时必须保持平稳、牢固，不能剧烈晃动，务必做到万无一失，天衣无缝。然而在试验中，王曙群发现，分离姿态与设计要求产生了严重偏差，并且这种偏差毫无规律可循。从那天起，他便和这个问题较上了劲儿。为早日攻克这一难题，他昼思夜想，绘图、实践。经过近一年的试验、摸索，他终于找到了问题的症结，王曙群提出改变钢索旋向，对钢索进行预拉伸处理。这个方案一举解决了困扰团队近两年的难题。

王曙群和他的团队最为辛苦的时期，是第一次"太空之吻"对接机构交付前的两年。为了使我国自主研发的飞行器成功对接，他每天早出晚归，全天都在车间工作、加班，产品交出去的那天，王曙群走出车间发现太阳还未落山，突然百感交集，因为他已经好多天没有见过夕阳了。

30 多年来，王曙群好似一颗螺丝钉，坚守在航天装配一线。从神舟到天宫，从天舟到嫦娥，王曙群带领着团队为打造国之重器呕心沥血、披荆斩棘，引领着我国航天事业的发展与进步，书写了一个又一个中国传奇。

七、从农家女到大国工匠

1975 年，孙红梅出生在山东省沂源县的一个小山村。小时候，她就听老人们讲，1939 年，日本帝国主义的铁蹄无情地践踏了她的故乡，飞机肆无忌惮地狂轰滥炸，大火在村里烧了三天三夜，许多乡亲在这场惨无人道的大轰炸中遇难。这让孙红梅对"落后就要挨打，富强才能自立"有了深刻体会，长大了要造出先进的飞机，为国之富强而努力的信念便深烙在了她的心底。

1999 年，孙红梅从西安理工大学毕业，义无反顾地选择了位于大山深处的襄阳五七一三厂，进了航空发动机焊修车间。刚进车间的员工都要从最基础的工作做起。孙红梅的工作是焊接，师父给她下了硬任务："半年内，必须拿到焊工资格证！"用平时拿笔的手拿焊枪，孙红梅一时间手忙脚乱，烧红的焊丝一不小心就戳到了自己的衣服上，烧出一个大洞。孙红梅硬着头皮进行焊接练习，出来的成果惨不忍睹，焊缝歪歪扭扭，像条丑陋的毛毛虫。孙红梅原本坚定的信念似乎有了动摇。就在这时，厂里引进了一批先进的外国焊机，但上面全是英文，且操作复杂，连技术"大拿"都手心出汗、不得要领。此时，孙红梅的师父姜巍，一位老资历技校生，带着大家迎难而上，试验出脉冲氩弧焊工艺，救活了大批停修的火焰筒，为工厂节约资金几百万元。

"只要奋发努力，焊工照样大有作为！"孙红梅的心里豁然开朗。为了早日学成，她自我加码，下班了也不回家，往往练习到深夜。手上被一次次烫出水泡，眼睛常被电弧光打伤，她都不在乎。半年后，一条代表最高工艺的鱼鳞般的焊缝从她的焊枪下流淌而出。盯着这条焊缝，孙红梅觉得受再多的苦都值了。

2013 年，一批军用飞机发动机机匣损坏，国内没有成功修复的先例。眼瞅着 30 架飞机就要"趴窝"，孙红梅主动请缨。打开机匣一检查，内部构造一层又一层，层层相套，而故障点多发生在腔内视线盲区。她没有被困难吓倒，而是抓紧时间查阅相关资料，反复动手试验。一天早上，孙红梅看着镜子，突然灵机一动：做一把长柄小镜子，再做一把小焊枪，把钨极弯一下，不就可以焊到腔内故障了吗？孙红梅赶紧付诸行动，利用镜面反射查找故障点，用自制的焊接定位夹具定位，再采用仰焊将漏气部位修复，最后将"窗口"补片焊牢。

机匣死角故障的修复难题就此破解，修复后的机匣从性能到使用寿命，与原来的产品基本没有差别。后来，由孙红梅所创的这种焊接方法被命名为"镜面反光仰焊法"。

凭着一颗为国之强盛不断拼搏的心，孙红梅发奋图强，用一把焊枪闪耀出人生的光辉。20多年来，她破解了60余项修理难题，形成了12项核心修理技术，获得发明专利授权7项，修理保障600余台航空发动机，创造经济效益近2亿元，孙红梅自己也从一名普通技术员成长为一级技术专家、空军装备焊接专业首席专家，为国家航空工业的发展贡献出了力量。

八、钢铁是这样炼成的

1937年7月7日，日军跨过卢沟桥，攻进宛平城，中国开始了全国性的抗日战争，中华民族到了最危急的时刻。20岁的吴运铎参加了新四军，投身到抗日战场。

当时，我国枪支弹药匮乏，型号不统一，没有技术工人，许多枪支用坏后也不能及时更换、及时维修。战场上，与敌军相差悬殊的后勤供给和武器配备让中国军队吃尽了苦头，吴运铎看着很是着急。

从小就对机械感兴趣的吴运铎，开始琢磨着修理战士们用坏的枪。正巧部队开始筹备专门负责修理枪支弹药的修械所，他就自告奋勇报了名。就这样，吴运铎在一所破败的院落里开启了自己修理、生产枪弹的伟大事业。他发扬党的优良传统，自力更生，奋发图强，没有专业人才，吴运铎不等不靠，努力学习，让自己成为专家；没有设备，吴运铎就用碾粮食的石磨、水井上的支架、手电筒等组成了制造枪支弹药的"先进设备"。

制造枪弹的危险程度不亚于前线作战。吴运铎亲自进行试验，多次与死神擦肩。一次，在制造弹药时，吴运铎不小心被掉落的发动机摇柄砸伤左脚。因当时医药缺乏，也没有及时治疗，更重要的吴运铎根本就没有当回事，简单处理后，就又投入紧张的工作中。直到他高烧晕倒后被送到医院，医生发现伤口已化脓，只能将腐烂的地方挖掉，脚上留下半个碗口大的洞，从此不能再正常行走。

还有一次，一颗炮弹在试验中意外爆炸，距离现场只有几米远的吴运铎被气浪抛出十几米远，全身都是血，让人看了触目惊心。几个同志赶紧将他送到医院。尽管伤势不轻，可躺在病床上的吴运铎依然用缠着绷带的手把试验设计稿做完，还让人把实验室搬到病房，他拖着伤残的身体一刻也不停歇。

妻子陆平经常嘱咐吴运铎："小心点！"吴运铎总是开玩笑地回复她："没事，炮弹和我有交情！"但事实上，炮弹和他没有一点交情！他身上先后累积100多处炸伤，左手4个手指在试验时被炸断，左眼因飞进弹片而失明。最严重的一次，吴运铎右腿被炸裂，但他不顾医生的劝说，非要尽快截去右腿后返回兵工厂工作。吴运铎说："我不能眼睁睁看着我们的祖国受到凌辱，我宁愿用自己的生命换来祖国的强大！"经过他和战士们无数次试验、改造，彻夜不眠地加快研制速度，终于研制出我国第一支自制步枪，建成了我国第一个军械制造车间。吴运铎用自己的生命做代价，换来战士们手中一天比一天改装精良的枪支和弹药。

中国革命的胜利，是由无数像吴运铎这样发奋图强、无畏生死、流血流汗的英雄们换来的。

九、盾构机"刀手"

盾构机是普遍应用于公路、铁路等基建工程的隧道掘进机，由于其复杂的内部构造，盾构机又被称作"工程机械之王"，其技术水平是衡量一个国家机械制造水平的重要标志，被视为"大国重器"。在国产盾构机研发之前，这项技术是被国外垄断的。

1997年，李刚作为中铁的技工有幸参与了一次进口盾构机拼装调试。听工作人员介绍进口一个盾构机需要3亿元人民币，且不允许我方技术人员靠近，只能外围观看，一股不甘、屈辱的情绪涌上心头。李刚默默发誓：总有一天我们中国人也能造出自己的盾构机！为此，只有技校学历的他开始全面系统地学习盾构机工作原理。从图纸开始，研究学习每个系统、每个接头对接、每个电缆走势，白天李刚在盾构机上探寻各种奥秘，夜晚则埋头在各种书籍、图纸中寻找答案。2001年，隧道掘进机的研究被正式列入"国家计划"，中铁隧道集团盾构机研发项目组正式成立，李刚成为项目组成员之一。他们从零开始，夜以继日地学习、探索。2008年4月，中铁装备集团自主研制的第一台盾构机终于顺利在天津地铁下线，用于天津地铁的施工，李刚则负责这台盾构机的电气系统。此时，他只有一个信念：一定要快点把第一台国产机做好。为此，身为技术人员的李刚与一线员工常常是不分彼此，他总是带头背着电缆到工地，不分昼夜，连轴转。正是靠着这股拼劲儿，他们的第一台盾构机获得了施工方和业主的一致好评，从"一"开始，拉开了盾构国产化的序幕。

从第一台国产复合式盾构机的电气组装到现在，李刚已经高质量地完成了300多台盾构机的电气系统组装。2016年7月，在李刚的带领下，世界首创"马蹄形"盾构机的中铁装备下线。"马蹄形"盾构机的电路系统有4万多根电缆电线、4000余个元器件、1000多个开关，一旦有一个出问题，整个盾构机就会"神经错乱"。经过两个月的殚精竭虑，李刚终于设计出了一套新型"脑神经"系统，中国异型盾构装备生产实现全面自主化，这也标志着世界异型隧道掘进机研制技术跨入了新阶段，中国工匠们终于站到了这个领域的世界巅峰！

如今，中铁装备的盾构机订单源源不断，其中不仅有用于地铁、山岭隧道、水利工程施工的盾构机，更有走出国门，在新加坡、马来西亚、印度、俄罗斯、以色列等国际市场大显身手的"中国盾构"。作为这些设备的电气系统"操盘手"，由于在解决盾构机电气问题时的快、稳、准，李刚被同事形象地称为"刀手"。

正是得益于千千万万个"刀手"的不懈奋斗，"中国制造"正在向"中国创造"发生转变，"中国速度"也逐渐向"中国质量"转变，更多的中国产品成为享誉全球的中国品牌。

十、书写"大洋上的中国荣耀"

2001年，张冬伟从技校毕业进入沪东中华造船公司工作。当时公司正在全力以赴建造 LNG 船。LNG 船被称为"海上超级冷冻车",用于在海上运输液化天然气。由于液态天然气需要在零下 162 摄氏度的超低温中保存运输,所以对建造储存仓提出了极为苛刻的要求,舱内焊接时不能有一丁点缝隙,甚至哪怕工人们在舱内作业时不慎掉一滴汗珠或稍微喘了一大口气,都可能造成储存仓的腐蚀,后果不堪设想。整艘 LNG 船须由人工焊接的地方长达十几公里,要保证在十几公里的焊接中没有一点瑕疵,对任何一个技师都是个巨大的挑战。也因此 LNG 船是国际上公认的高技术、高难度、高附加值的"三高"船舶,被誉为"造船工业皇冠上的明珠"。目前只有美、日、韩等极少数发达国家能够建造。

张冬伟的任务就是焊接船上最核心的部件——液货围护系统的殷瓦钢。殷瓦钢的厚度只有 0.7 毫米,焊接难度可想而知。年仅 26 岁的张冬伟并没有畏惧,而是立下誓言,要尽快翻越殷瓦钢焊接这一座技术大山,让我们自己建造的 LNG 船自由地游弋在大洋上。

为了尽快掌握 LNG 船焊接技术,张冬伟师从国内知名焊接专家秦毅,每天跟在师父身边仔细观察,学习他每一个焊接手势。经常一看就是几个小时,连晚上做梦都是师父的一招一式。他在钢板上只要一练起来就忘了时间,除了吃饭睡觉,就是练习、再练习,思考、再思考。焊接最难熬的是夏天,原本光着膀子都嫌热,可是由于舱内的殷瓦钢很薄又不能见水,他只能穿着密不透风的厚重的工作服,和滚烫的钢板、烟尘打交道,在船舱里伴着铁水"战高温"。寒来暑往,经过无数个日夜的艰苦不懈,他终于信心满满地接受专家的检验。刚开始,见多识广的外国专家并不相信一个来自中国的毛头小伙子能掌握如此技术。张冬伟则没有丝毫胆怯,开始了焊接。刺耳的焊接声中,焊缝一米米在延长。在焊了几十米后,国外专家叫停,经过专用设备检测,质量完全符合标准。在场的外国专家惊讶过后纷纷向张冬伟竖起了大拇指。

如今,沪东中华已成功建造了 20 多艘 LNG 船,创造了多个世界第一,张冬伟实现了心中的目标,他却丝毫不因已有的成就沾沾自喜,而是在不断地奋进,书写更多"大洋上的中国荣耀"!

第五节　终身学习

学习是文明传承之途、人生成长之梯、国家强盛之要，学习的重要性不言而喻。习近平总书记在党的十九大报告中指出："要增强学习本领，在全党营造善于学习、勇于实践的浓厚氛围，建设马克思主义学习型政党，推动建设学习大国。"

学习如逆水行舟，不进则退。在当今这个飞速发展的时代，要想不被时代淘汰，唯有树立终身学习的观念，以"归零心态"和"空杯心态"，不断学习新知识，掌握新技能，才能紧跟时代步伐，永领时代潮头。

2020年，习近平总书记在全国劳动模范和先进工作者表彰大会上指出："我国工人阶级和广大劳动群众要树立终身学习的理念，养成善于学习、勤于思考的习惯，实现学以养德、学以增智、学以致用。要适应新一轮科技革命和产业变革的需要，密切关注行业、产业前沿知识和技术进展，勤学苦练、深入钻研，不断提高技术技能水平。"

国与国的竞争归根结底是人的竞争，是人才和劳动者素质的竞争，是学习态度、学习能力、学习内容的竞争。就工匠而言，学习态度实际上是上进心的问题，活到老学到老是一种积极的人生态度。"佛系""躺平""船到码头车到站"等任何裹足不前的心态都会影响到学习态度。学习能力某种程度上决定着工作能力、工作水平，具有终身持续学习能力的人，一定是不满足，不断发现问题、研究问题、创新问题的人。工匠的终身学习是围绕自己的职业、自己的工作实践不断获得理论指导，不断解决新问题，克服新困难，取得新发展，不断创新，迎接新挑战的学习过程。

一、柳叶刀上的领舞者

他的手并不大，但看起来却灵活、有力，指甲什么时候都修剪得整整齐齐，右手食指、中指相向弯曲，变形明显，了解他的人都知道，那是握了70余年手术刀、止血钳的结果，正是这双手，创造了中国肝胆外科的无数个第一，把数万名病人拉出了生命的绝境。他，就是柳叶刀上的"领舞者"，我国肝脏外科领域的领路人——吴孟超。

吴孟超的研究领域是肝脏。肝脏结构复杂，方寸之间，大大小小的血管密密麻麻，就如同一棵大树，枝叶繁茂而难以尽数。肝静脉壁比纸还薄，钳子一触就破。为了优化肝脏手术的方法，让病人少流血，少受罪，吴孟超在工作之余坚持刻苦钻研，学习先进的技术，更新医人理念。吴老说：医学是一门实践学科，作为医生，要不断学习，重视基础，用理论指导临床，临床中发现问题再来做理论研究，将其结果用于临床，如此循环反复，才能不断提高，更好地服务于病人。他是这样说的，更是这样做的。虽然他早已是行业权威，但他对专业的钻研从未停止，90岁高龄时还坚持上午做手术，下午查病房，晚上读报纸、学文献，周末写论文。

吴孟超还积极地研究国外专业领域发展动态，学习他人先进经验，并将自己的理论、实践与之有机结合，创造出了多个医学界第一：他翻译了第一部中文版肝脏外科入门专著；制作了中国第一具肝脏血管的铸形标本；提出了中国肝脏解剖经典理论——"五叶四段"理论，主刀完成了中国第一例成功的肝脏外科手术，创造了间歇性肝门阻断切肝法和常温下无血切肝法，完成了世界上第一例中肝叶切除手术；建立全球规模最大的肝胆疾病诊疗中心和科研基地，使我国肝脏疾病的诊断率、手术成功率和术后存活率均达世界领先水平。

日复一日地学习、实践，互相促进，相辅相成，他创造的"吴氏刀法"已经可以做到心到刀到，合二为一。他的手像机器一样熟练精准，又如高山流水般一挥而就，别人先处理外围，他一上来就直奔主题；别人边做边想，他几无停顿；别人两个小时完成的手术，他能缩短一半时间。正是这种"活到老，学到老"的坚定理念，让吴老手中的手术刀，在纵横交错、险象环生的血管间熟练游走，逢山开路，遇水搭桥，斩关夺隘，在肝脏手术"禁区"中，他用神奇的双手挽救了数以万计病人的生命。

二、一盏明灯

王亮是山东威达重工股份公司电气技术部的高级技师，凭着对职业的热爱和勤奋好学的精神，从一名车间工人一步步成长为享受国务院政府特殊津贴的精密数控机床技术专家。他三十年如一日，潜心研究高端数控机床，用持续不断的理论知识积累奋力推动国产数控机床达到国际领先水平。

王亮刚接触物理时，便对电气显示出浓厚的兴趣。高考时由于成绩不理想，他选择了技校电工专业，毕业后进入工厂，成为一名电工。做自己喜欢的电气工作，王亮并没有沉浸在喜悦中，他深知知识的重要性，尤其是电气行业，知识更新速度很快。于是他暗自定下了目标：就算没能上大学，我也要通过自学成为最优秀的电工。

王亮利用空闲时间看书学习。冬天，裹着被子读书；夏天，钻进蚊帐里学习。每天晚上，当整个工地的灯光都熄灭了，王亮被窝里这盏像萤火虫一样的小灯就悄悄亮了起来。这盏夜灯为王亮打下了坚实的理论基础，他的技术也快速成熟，很快成长为厂内的技术骨干，重要的任务和考验也随之而来。

由于设计员跳槽，国家级新产品——C 型翻车机卸车线电气主调这个重担给了王亮。面对重压，王亮拿起技术资料和棉大衣就搬进了 C 型翻车机的电控室，开始不分昼夜地学习、研究起来。由于用眼过度，他的眼睛里总是布满了血丝，短短一个月时间，体重就减轻了 4 公斤，但可喜的是他终于初步明白了控制原理。经过上百次的反复调整和修改，他终于完善了控制程序，在预定时间内完成全线调试，并通过了国家验收。

2001 年，大连华锐重工与英国某公司合作安装调试两套双车翻车机。在二线翻车机调试的时候，设备出现了故障，眼看着试车期临近，束手无策的英国专家向山东威达紧急求助。此时，王亮临危受命，带着团队开始了艰难的故障排除工作。面对程序中可能出现问题的 300 多个相关点，王亮连续 40 多个小时"钉"在安装现场，一项项排查，终于找到了问题所在。一贯高傲的英国专家得知是一个中国电工解决了这个难题的时候，满是惊叹，对王亮的态度就一个字：服！

这个"服"字王亮知道来得有多不容易，这是他不知多少个日夜的忙里偷闲和挑灯夜战换来的，这一刻他才更清晰地认识到"知识才是第一生产力，知识才是核心竞争力"。

三、知识书写出彩人生

冯鸿昌出身于福建一个普通的农村家庭，18 岁那年，他怀揣着豪情壮志，从厦门机械技工学校来到海天码头实习。第一次上桥吊检修，40 多米的高空令他双腿打战，复杂的设备使他不知所措，曾经的豪言壮语早已被抛到九霄云外了。更让他羞愧的是自己用了半个小时都没有找到问题所在，师父来了，仅仅用了两分钟就解决了。看到师父那股从容劲儿，冯鸿昌感到脸上火辣辣的，他深深认识到了知识的重要性。从此，他便在心底埋下了"学无止境，终身学习"的理念。

在接下来的日子里，人们每次看到冯鸿昌，都是他忙碌的脚步，匆匆的背影。白天上班跟师父学技术，搬工具，递配件；晚上在宿舍将白天遇到的问题通过翻看各种书籍找出解决的办法，做笔记，画图纸。几十年如一日，主动为自己充电。

1999 年，公司从国外引进许多新设备，但技术资料多用英文标注，这让只有中专学历的冯鸿昌慌了神。但他知道，这是挑战也是机遇，于是他毫不犹豫地接下了这个任务。连 26 个字母都读不准的他，买来电子词典，对着图纸，一字一句注释，花了半年的时间，硬是把一大堆英文资料整理成一套完整的中文设备维修资料。翻译技术资料的经历进一步提高了冯鸿昌学习的积极性，他不止一次地说："现代科技发展日新月异，要想紧跟时代，就必须树立终身学习的理念。"凭着这股坚韧的学习劲儿，他将技术难题——化解，先后完成价值 6000 万元的 8 台龙门吊的监造、4 台 20 世纪 70 年代日本制造的龙门吊的全面技术改造、大型柴油机大修和轨道式龙门吊吊具导板改造等工作，为公司节约开支 100 多万元，为同行的技术进步提供了有益的尝试，也为港口技术积累了宝贵的经验。

在冯鸿昌的工作生涯里，他一直将学习视为第一需要，虚心向老师傅学习、向技术人员请教，他自费报名了厦门市高级技工学校高职班。每天下班，他就骑上 1 个小时自行车，从公司赶到学校上课。当别的工友在打扑克、侃大山、沉迷网游时，他主动充电，用知识搭起了一架通向未来的阶梯。经过数年的坚持，他获得了自考大专文凭，相继拿下高级钳工、计算机操作员等数十个职业资格证书。

昔日冯鸿昌手上的文曲星早已变成电脑和手机，但不变的是他那颗终身学习的心。正是这样的坚持，冯鸿昌的工作质量和效率迅速提高，自己也从"学徒工"迅速成长为"技术状元"。

面对成绩，冯鸿昌并没有一丝满足，2011年，冯鸿昌又被保送至中国劳动关系学院劳模本科班继续深造。他说："现代科技发展日新月异，要想取得进步，就必须树立终身学习、永无止境的理念。只有不停地学习，我们才不会被社会抛弃，我们才能永远站在这个时代的前沿。"

四、一直奔跑的"盾构陆"

作为上海建工基础集团的电气高级技师，陆凯忠获得过全国劳模、全国技术能手、上海工匠等几十项荣誉，是守护着全国无数盾构机、享誉业内的"盾构电气通"，也是外国专家口中的"盾构陆"。

陆凯忠，一个从技校毕业的普通工人，蜕变为行业权威，大国工匠，这一路成长让他明白，终身学习是他事业上成功的不竭动力。

20世纪80年代末，陆凯忠为了"跳出农门"，选择到上海市技工学校学习建筑电工，1991年中专毕业后便进入了上海建工基础集团。初入单位的陆凯忠工作很拼，整整5年都没回过家。有一次冬季施工，陆凯忠跳进冰冷的泥浆池中，顶着严寒，成功排除了故障。从此被同事们称为集团的"王进喜""铁人"。

然而，陆凯忠知道，在21世纪，科技、知识才是第一生产力。于是，他在"铁人"式拼搏工作的同时不断地学习，希望有一天能成为一名"专家型"技术工人。一次，在上海人民路隧道施工时，我国的技师调试完盾构机后，按"惯例"邀请了几位外国专家"把关"，而这所谓的"把关"竟然要付给外国专家60万元人民币。当时的上海，正值城建高峰期，全城至少有十几台盾构机同时运作，如果每台机器调试都请外国专家"把关"，仅咨询费就是天文数字。陆凯忠一拍桌子："这种工作，以后我们自己也可以做！"夸下"海口"，就算立下了"军令状"。怎么才能快速赶超西方先进科技水平，成为这个领域的"权威"呢？他很清楚，只有知识才是高效"助推剂"。为了在科学技术上"弯道超车",他争分夺秒,坚持学习。马路边,和老师傅们讨教;台灯下,捧着专业技术书籍;图书馆里,在知识的海洋中遨游。终于,陆凯忠凭借努力,改变了每次调试都要外国专家"把关"这一"惯例",为国家节约了不必要的巨额支出。

几十年如一日坚持不懈地学习带给他强大的自信和实力。在一次地铁掘进过程中,一台日本盾构掘进机出现了奇怪的故障,反复停机。陆凯忠检查后,提出解决方案。用一个个数据分析、一道道程序验算,使在场的日方工程师惊愕无比,在修正了数据后终于使盾构机恢复了正常掘进。时至今日,盾构机的每个零件、线路,陆凯忠都熟悉,但一来到机器旁边,他还是一边端详着机器,一边拿着各种专业书籍,研究个半天。尽管他早已实现了自己"做新时代知识型、智能型技术工人"的诺言,但陆凯忠依然觉得,自己仍旧是那个刚刚入行的小电工,对盾构机充满着新鲜感。他不止一次对别人说:"现在的技术日新月异,我不一直朝前跑,不就落后了吗!"

五、擦亮"眼睛"的数控铣工

陀螺仪是大国重器导航系统的关键零部件。卫星能否到达预定轨道、导弹能否命中目标,靠的就是陀螺仪这双"眼睛"的精准定位。中国航天科技集团数控铣工刘湘宾就是擦亮这双"眼睛"的人。

1983年,刘湘宾退伍后进入中国航天科技集团7107厂,成了一名数控铣工。刚脱下军装的他,连铣刀和钻头都没有见过,更辨认不出各类机床设备。但他相信,知识能够改变命运。于是,每天去上班时,他的挎包里总装着技校学生的用书,从最基础的内容学起,把看不懂的地方全部做上记号,向师父请教。他晚上自学理论,白天在工作中实践。他的每一本笔记都图文并茂,像一本产品使用说明书。就这样日复一日,他学完了技校的13门课程,并且将理论与实践相结合,逐渐成为厂里的技术骨干。

2000年,厂里为了提高零件加工精度,采购了第一台进口数控加工机床。刘湘宾作为厂里的技术能手,被派往国外学习掌握设备加工、保养和维修技能。连英文字母都认不全的刘湘宾面对语言短板犯了难。可是,他并没有胆怯，毅然拿起了书本和字典，买来英语卡片，从一个个字母学起，从一个个单词记起。一个月后，操作设备没问题了。然而，高精度数控机床需要电脑编程，从未接触过编程的他仍要从零起步，花5000元报了一个培训班，这是他家里的全部积蓄。对于刘湘宾来说接下来的日子就是白天上课，晚上去厂里的数控机床上实践，发现问题，记下来后再翻资料进行学习。靠着一股拼劲儿，靠着这种学习的态度，他很快就掌握了编程的要领，以至于后来画图建模的速度比老师还快。

2018年，刘湘宾转入石英半球谐振子研究，有人好心提醒他："石英玻璃易崩易裂，零件加工精度要求又高，是国际难题。"刘湘宾却没有退缩，年近花甲的他面对全新领域，带领团队一边学资料、访同行，学习相关知识，了解前沿动态，一边绘图、建模，在实践中寻求突破。多少个日夜，他常常是加完班回去后再查资料，一直学到视线模糊了才想起来休息。终于，2019年2月，刘湘宾远超预定要求，打破瓶颈，使我国成为惯导领域超精密加工的"领跑者"。

做数控铣工40载，从一名退伍老兵，成长为现在的"大国工匠"，"终身学习"这四个字被刘湘宾演绎得淋漓尽致。作为一名一线的技能操作者，他仍然以国家需要为己任，用孜孜不倦的学习，不断攻坚克难，为祖国航天事业做出更大的贡献。

六、插上"翅膀"的"航标工匠"

如果说航标是船舶的"眼睛"，那航标工就是保护"眼睛"的"医生"。在上海航标处，就有这样一位不简单的航标"医生"，他的工作是用双手给航标插上科技的"翅膀"。他就是"航标工匠"吴志华。

1986年，20岁的吴志华被分配到无线电导航仪器修理所工作。刚进单位时，面对复杂的航标灯器、无线电仪器，吴志华感到有点儿手足无措，为了尽快上手，他一头扎进了航标堆。他找来许多相关的书籍、资料，遇到不懂的地方就向师父请教、与同事交流，经常是一边对着仪器一边思考琢磨。慢慢地，操作技能提高了，理论知识也丰富了，碰到一些难题也能解决了。

"知其然，也要知其所以然。"吴志华为了搞懂其中的奥妙，经常会拆开设备，探究其内部构造，力图会用会修。有一次，正在专心"捣鼓"设备的吴志华见同事开门进来，奇怪地问："大晚上的你怎么来了？"没想到同事一脸诧异，拉开窗帘，原来已经是第二天早上。学习让吴志华忘记时间，忘记吃饭，甚至忘记睡觉。随着"让航标灯亮起来"这个口号的提出，航标处里多了许多进口大型灯器，这些灯器大都安装在灯塔等重要位置，必须充分保障其质量可靠。然而，这些灯器大多是英文说明书。吴志华便抱着字典，挨个单词理解、挨个句子琢磨，刚开始时效率低下，一整天甚至看不懂一页；后来看得多了，语法熟练了，专有名词掌握了，速度就快了。看懂以后他就上手拆灯器，拆下一个个元器件，再去查文献资料进一步熟悉构造和功能。久而久之，不同设备结构也能互相借鉴、融会贯通。若干年过去，他就这样把一页页说明书、一个个元器件、一座座灯器"啃"了下来。

"活到老，学到老。"这是他坚守了几十年的人生信条。"航标发展越来越快，如果不学习、不钻研，怎么能跟得上？"2000年以后，随着科技时代、信息时代的到来，为了更好地"捣鼓"航标设备，吴志华开始学习信息技术，还读了成人大专，既打牢基础知识又及时更新知识，不断提高与时代发展和航标事业要求相适应的素质和能力。现在，吴志华的桌上还放着许多相关的杂志，是他每个月必读的"教材"。

从"小吴"到"吴师傅"，伴随着荣誉和鲜花，吴志华见证并助力着中国航标的现代化进程，但他始终没有放弃"航标工"的身份。虽然已经成为养护中心的副主任，成为高级技师，也带出了许多优秀的徒弟，但他仍在不断学习、不断钻研、不断实践。

七、学无止境的女工匠

石晓棠是石家庄炼化子弟，从小就在父母的熏陶下，对炼油厂工作充满着好奇和向往。初中毕业后，她毫不犹豫报考了炼油厂技校。因为热爱，3年的学习生涯被她安排得充实且快乐。

尽管没有升学和就业的压力，好学的石晓棠依然感受到知识的重要，所以对自己的要求也异常苛刻。她勤学不辍、闻鸡起舞，认真学习专业知识，刻苦钻研实际操作。每次上实践课，她总是不顾形象，从一群男生中挤到最前面听讲，遇到不理解的，她就追着老师问。下课后，她对照着课本把记下的笔记再梳理一遍，弄懂、吃透才作罢。石晓棠凭借着敏而好学、坚持不懈的精神，毕业时以优异的成绩顺利进入石油炼化车间工作。

在工作中，石晓棠深知自己学历平平，只有不断学习进步，不断进步，才能胜任岗位要求，才不会被社会淘汰。在当操作员时，一下班，她就开始琢磨研究装置细节。晚上回到家，继续挑灯夜战。无数个不眠的夜换来了她对装置设备的了如指掌。遇到机器异常，她会持续几个小时守在现场记录参数，待技术人员指导处理时，她则跟在后边"打破砂锅璺（问）到底"，把日常学习中遇到的疑难问题逐一搞懂，这才"鸣金收兵"。

2002 年，为适应市场需要，企业决定对设备进行升级改造。领导了解到石晓棠刻苦好学，决定把这项大工程交给她。一位技校毕业的年轻女同志负责整个改造工艺管理，这种情况可是史无前例。石晓棠虽然感到压力很大，但也欣然接受挑战。随后的工作中，她查资料、请教专家，白天盯着现场，晚上梳理难题，凌晨睡觉是常事。经过两个月辛苦鏖战，装置改造项目终于完成，并一次建成投产成功。

后来，石晓棠的工作岗位从操作员转到工艺主管师、首席技师了，可无论干什么，岗位怎么变，她都没有改变自我充电的习惯。她的包里没有化妆品，没有防晒霜，而是时刻装着书和图纸，一有空就会掏出来琢磨会儿。有次她参加劳模会，会议中途休息，她拿着图纸坐在外面楼梯上看，一同参会的劳模看到，问她："这么嘈杂的环境，能看下去？"她的回答则干脆利索："能。"殊不知，几十年来，她早已经养成闹中取静看书学习的习惯，就像在厂房里，即使设备噪声再大，她也能捧书静读。

入职几十年来，她先后获得集团公司技术能手、省劳动模范、省能工巧匠等众多荣誉称号，可以说头顶光环，但她学无止境的人生态度始终未变，这也一直引领着她披荆斩棘，再创辉煌。

八、"工人教授"的不凡历程

1956 年，窦铁成出生在一个知识分子家庭。初中毕业时，正赶上国家号召知识青年上山下乡，于是他便插队来到了农村，成为一个村民眼中的"文化人"。抽水机上不了水了、电灯不亮了，这些"技术活儿"村民们都来找窦铁成。事实上，窦铁成也不会，但好在他识字又好学，便买来相关书籍，照着说明要求，硬着头皮去检修，都说熟能生巧，慢慢地，他还真成了村里的"电力"专家。

1979 年，中铁一局集团有限公司向社会招工。已经结婚生子的他仗着这几年自学的"知识"和在农村练就的"本领"，参加了应聘，不承想竟然考上了，成为中铁一局的一名电工。初来乍到的窦铁成很有信心，可是当被派到工程工地时，他惊呆了。高耸入云的铁塔，密如蛛网的电线，构架林立的变电设施，每一样都是一个新难题。面对窘境，窦铁成下定决心，一切从头开始！要学的东西实在太多了，他随身带着本子，在工作中随时记下施工的技术要点和疑难问题，下班后及时翻阅资料、查漏补缺。40 多年来，他累计写下了 90 余本共 200 多万字的学习笔记，这些知识被他一点点消化、吸收，他的水平也越来越高，这些笔记也成了他日后工作的胆量和底气，在很多时候都派上了大用场。

1983 年，在京津铁路变电所施工时，领导提出让窦铁成当技术员。初担重任，窦铁成心里憋了一股劲儿，白天干活儿，晚上把自己关在房间里，对照专业书籍，一张张图纸、一条条线路、一个个节点地分析、学习、研读，研究设备如何安置、电缆怎么走。其间，他把加起来一寸半厚的 7 套各类技术图纸齐齐地画了一遍。功夫不负有心人，在窦铁成无数个日夜废寝忘食地学习、钻研的带动下，工程最终顺利完工，他还获得了国家颁发的优质工程奖章。

知识在更新，脑袋也要跟着换代。1999 年，变配电设备的测试开始采用计算机分析，已经 40 多岁的窦铁成不甘落后，立刻买来各种计算机教材，从零开始，终成为中铁一局数万员工中掌握计算机设计、绘制图纸的第一人。

学习让窦铁成始终站在技术的最前沿。从电磁保护到晶体管保护，从微机联锁保护到四电集成保护，我国电力变配电所经历的几次升级换代，窦铁成都精通在手，了然于胸。"没有窦师傅不学的东西，现在很多国外设备图解都是英文的，为了学这些，这不，老伙计又在捣鼓英语了！"对窦铁成这股活到老学到老的不服输的劲儿，同事们都服。多年不间断的学习，窦铁成成了铁路电气施工的技术"120"。只要有技术难题，大家第一时间会想到找窦铁成，难题往往也迎刃而解。

窦铁成坚持终身学习的理念，从一个只有初中文化程度的普通工人，成长为众人眼中的"工人教授"，这是窦铁成朴素的人生经历，更是当代产业工人的学习榜样。

九、从学徒到大师

"不积跬步，无以至千里；不积小流，无以成江海。"董宏杰在生产一线已经坚守了20多个年头。20多年里，他从最初的一名学徒工，成长为如今的数控大师，靠的是不断地学习与积累，靠的是踏实进取、任劳任怨的工作态度与作风。

刚接触机械行业的时候，会计专业出身的董宏杰对此一无所知，不了解工艺，看不懂图纸，只会摇一摇手中的手轮，力气出了，时间用了，工作效率却不高。好学的他清醒地知道，知识是第一生产力，知识也是不可替代的核心竞争力，知识才能改变命运。于是，他决定从零开始，从基础学起，不管花多少时间，都要把自己的知识短板补上！说干就干，他利用业余时间开始自学起了《机械制图》《机械加工工艺学》等相关书籍，并在实践应用中不断地摸索总结，虚心向同行请教。逐渐地，他掌握了图纸与工艺路线，工作也变得得心应手起来。

但是，董宏杰不是满足现状、停止不前的人。他认为，随着科技的发展，数控技术今后必定会成为机械生产加工的主导技术。所以他又开始对数控知识进行钻研。工作之余，他埋头在书海中。事实的确如他所料，没过几年，数控技术就在行业里崭露头角，如雨后的春笋一般。各大企业也都大批地引进了数控装备。2003年，已经凭借自学掌握了扎实的数控技术的董宏杰自告奋勇要求参加数控工作，从此，他更是如鱼得水。

但他仍然保持着清醒的认知：科学技术更新迭代很快，要想永远不被时代抛弃，必须树立终身学习的理念。于是，他一边工作，一边仍继续从书中、交流中以及网络中不断学习数控知识，继续提升自己。2011年，他参加了高速压缩机M012产品机身试制。几个月的时间里经常加班加点，白天的任务出现问题完不成，晚上就翻出资料边学习边思考，在书本中找答案。功夫不负有心人，新产品试制终于获得了成功，一举打破了国外高端压缩机对中国市场多年的垄断，成为公司走向国际市场的拳头产品，为公司创造产值数十亿。

2013年起，董宏杰又自学了机床参数和宏程序，成功摸索出"一分钟工作法"，精准快速地加工大型零部件，利用机床参数和宏程序的配合使用，将过去三四个小时的工作压缩到一分钟，大大提高了工作效率。

就这样，通过几十年持续不断地学习、攻关，董宏杰在自己的工作岗位上创造了不菲的价值，他也因此成为企业里无人不知、无人不晓的"数控大师"。随之而来的是"全国五一劳动奖章获得者""国务院政府特殊津贴获得者""全国劳动模范"等重磅荣誉。面对这些，董宏杰没有骄傲，而是冷静地说："时代在变，但终身学习的理念不能变！我会继续坚持学习，提高自己的专业理论水平，这样才能为国家的装备制造业做出更大的贡献。"

十、壁画医生

莫高窟坐落于河西走廊西端的敦煌，是世界上现存规模最宏大、历史最悠久的石窟艺术宝库之一。这颗璀璨的艺术明珠，能够保存得如此完好，离不开一群好学的特殊的守护者，年过九旬的李云鹤就是其中一员。

1956年，李云鹤响应国家号召，前往新疆支援建设。因探望在甘肃敦煌工作的舅舅，便在当地逗留了几日。未承想，这一留，便是一辈子。

初见敦煌，初见莫高窟，李云鹤就被中国优秀的传统文化和千百年来劳动人民的智慧深深地折服了。他决心要接过这个接力棒，当一名洞窟里的"医生",保护这些壁画和雕像。

对于仅仅上过高中,从未学习过专业考古、文物修复的李云鹤来说,保护敦煌的壁画和雕塑,并不像他想象的那么简单。这需要汗水,需要付出,更需要持续地学习。

1957年,国家文物局邀请捷克文物修复专家格拉尔来敦煌为莫高窟做文物保护。李云鹤主动请缨做格拉尔的助手,这对他来说是一个学习修复技术的好机会。于是他跟在格拉尔身边,仔细观察每一个细节、每一个步骤。格拉尔采用的是当时比较先进的"打针修复法",非常适合莫高窟壁画病害修复。

通过这次近距离的学习,李云鹤买来针管和相关用具,开始在格拉尔所教授的内容基础上进行自学、研究。他把黏合剂推送进壁画缝隙里,再用棉球轻轻按压,让壁画牢牢地贴回了原处。但几次试验后,他却发现用医药注射器修复洞窟壁画的效果并不好,因为胶水量难以控制常导致其外渗。有一次,他看到同事的孩子捏着血压计上的打气囊玩,突然灵机一动。他拿来打气囊,迫不及待地开始尝试,经过几次试验,黏合剂可以酌量控制了。用血压计的打气囊输送黏合剂成了他的独家发明,大大提高了滴灌修复的精准度。随后的工作中,他坚持学习第一,为了弄清楚壁画颜料、胶水老化等问题,李云鹤去美院求教如何调色;为了搞清楚壁画病害的成因,他翻遍了几乎能借到的所有的资料,化学、物理、材料、水文、气象、历史,每一门学科李云鹤都尽可能地去涉猎,除此之外,他还学会了木工、铁艺和泥工等多种手艺。李云鹤也由此慢慢成了敦煌"百科全书"式的修复师。

从1956年来到敦煌,李云鹤在60多年的工作中硕果累累:修复壁画近4000平方米,修复复原塑像500余身,其多项研究成果为国内"首创",成功把敦煌研究院的彩塑和壁画修复技术提升到全国第一。光环加身的李云鹤虽已是耄耋之年,但对于最新应用在壁画修复上的技术和一些测绘软件在壁画修复中的应用还是跃跃欲试,热情劲儿丝毫不输刚来的大学生。

有位学生为表达对他的感激,对他说:"您教我这知识,足够我吃一辈子。"这遭到了李云鹤的严厉批评，他说："这一行没有终点，我现在还在学习新技术，你们靠那点东西就能一辈子高枕无忧?"可见，在他的心里，活到老学到老，才是人生该有的样子。

参考文献

［1］左传［M］. 郭丹，译注. 北京：中华书局，2016.

［2］诗经：风雅颂［M］. 弘丰，注析. 北京：北京燕山出版社，2019.

［3］许慎. 说文解字［M］. 徐铉，等校. 上海：上海古籍出版社，2021.

［4］吕氏春秋［M］. 张双棣，注. 北京：国家图书馆出版社，2018.

［5］礼记［M］. 张滃，注. 金晓东，校点. 上海：上海古籍出版社，2016.

［6］列子［M］. 张湛，注. 卢重玄，解. 殷敬顺，陈景元，释文. 上海：上海古籍出版社，2014.

［7］后藤俊夫. 工匠精神：日本家族企业的长寿基因［M］. 王保林，周晓娜，译. 北京：中国人民大学出版社，2018.

［8］黄速建，肖红军，王欣. 雨林古茶坊公司考察：以工匠精神打造极致品质［M］. 北京：经济管理出版社，2017.

［9］孙晓玲. 新时代工匠精神与高职思政课融合研究［M］. 北京：时事出版社，2021.

［10］马德. 敦煌古代工匠研究［M］. 北京：文物出版社，2018.

［11］唐崇健. 匠心管理：如何铸造工匠精神［M］. 北京：机械工业出版社，2017.

［12］国家电网公司工会. 匠心筑梦：十位国网工匠的筑梦故事［M］. 北京：中国电力出版社，2017.

［13］程志媛. 新时代高职大学生工匠精神的培养探赜［J］. 成才之路，2022（32）：1-4.

［14］刘偶. 坚守工匠精神　勇当首都"开路先锋"［N］. 首都建设报，2022-11-10（1）.

［15］单琴慧. 一座蔡侯祠承载纸史文化［J］. 新湘评论，2022（11）：54-55.

［16］余双. 阻击乙肝第一人［J］. 创新世界周刊，2020（5）：60-61.

［17］宁滨，李蕊. 茅以升：立强国之志　建强国之桥［J］. 交通运输工程学报，2022，22（2）：1-5.

［18］于海军. 宁允展：咫尺匠心　诠释极致［J］. 民生周刊，2022（8）：26-28.

［19］褚嘉佑，舒俭德. 征服小儿麻痹症之路：你"死"我"活"的较量.［J］. 科学，2022，74（5）：57-62，69.

［20］金松. 衣被天下躯躬暖［N］. 海南日报，2022-02-28（B07）.

［21］梁伟. 宁波北仑第三集装箱码头有限公司桥吊班大班长竺士杰：我在空中"穿针引线"［J］. 中华儿女，2022（1）：83-86.

［22］唐圣平，李文威. 拼命三郎的"两丝"绝技：大国工匠之装配钳工顾秋亮［J］. 职业，2018（3）：19-20.

［23］余双. 张红超的甜蜜事业［J］. 国企管理，2022（17）：68-69.

［24］颜士州. 李万君：焊接高铁的"大国工匠"［J］. 少年月刊，2022（Z1）：4-5.

［25］张天宇. 冯斌：我是"红旗"的孩子［J］. 中国工人，2022（6）：50.

［26］王江山，骆玫. 戈壁滩上的科学明珠：吴明珠［J］. 知识就是力量，2022（4）：74-75.

［27］王德. 当代药王：金世元先生［J］. 中国医学人文，2022，8（1）：2.

［28］侯若斌. 白芝勇：点线勾画精彩人生［J］. 中国工运，2018（2）：36.

［29］付裕. 王亚蓉：重现锦绣华裳［J］. 文物天地，2021（2）：120-123.

［30］兰洁. 孟剑锋：分毫之间追求极致［J］. 中国品牌，2016（7）：24-25.

［31］张媛媛. 匠心筑梦跟党走　建功立业新时代：记大国工匠马荣［J］. 金融博览，2022（10）：66-67.

［32］武阿珍，吴雅楠. 利剑自因匠心铸：记中国航天科技集团有限公司四院 7416 厂特级技师徐立平［J］. 中国培训，2022（6）：26-27.

［33］倪海龙，郭新燕，李江. 北重造重器　精工铸民魂：记中国兵器工业集团首席科学家雷丙旺及其"360 工程"项目团队［J］. 科学中国人，2022（24）：16-21.

［34］王昱倩，胡杰. 尼玛扎西：我为青稞而生［J］. 中国人才，2020（11）：20-23.

［35］郑明桥，吴江龙. "农田院士"朱英国的育种人生［J］. 党员干部之友，2018（6）：38-39.

［36］任德成，张耀民，吕飞龙. 瓷行天下，"心"向世界：唐白瓷非遗传承人、牡丹瓷创始人李学武［J］. 智慧中国，2021（11）：36-39.

［37］叶晓丹. 娃哈哈集团董事长宗庆后：坚守实业　秉承"产业报国，泽被社会"经营理念［N］. 每日经济新闻，2022-10-28（3）.

［38］乐队. 行业能手巨晓林［J］. 劳动保障世界，2019（10）：35.

［39］尚杰，李慧. 百年烽燧考古　还原千载河山：访新疆文物考古所研究馆员胡兴军［N］. 光明日报，2022-04-07（9）.

［40］赵德忠. "独手焊侠"：以执着追求成就不凡人生：记中国兵器内蒙古一机集团大国工匠卢仁峰［J］. 企业文明，2022（9）：111-112.

［41］李洁. 钟波在投影业的冒险旅程［J］. 中国企业家，2019（11）：72-76.

［42］兰心. 刘先林：测绘"扫地僧"［J］. 创新世界周刊，2021（11）：64-65.

［43］蔡倩，曾庆州. 大国有重器［N］. 人民长江报，2021-07-24（1）.

［44］郝天聪."航空"手艺人胡双钱［J］.江苏教育，2021
（Z4）：33.

［45］逯禹涵.王树军：坚守铸造重型机车中国心［J］.工会博览，
2020（30）：38-41.

［46］顾冰.内镜里的"大国工匠"［J］.民主，2021（2）：36-38.

［47］沈黎明."中国糖王"周毅：刻苦学艺自主创业，精美作品惊艳
世界［J］.中关村，2020（6）：99-101.

［48］李桂杰.世界技能大赛金牌得主马宏达：冠军并非"刮腻子"
那么简单［N］.中国青年报，2022-11-07（8）.

［49］何子维.刘传健：不朽的34分钟，英雄归来［J］.初中生世界，
2019（45）：4-6.

［50］袁航."中国天眼"引领创新发展［N］.贵州日报，2022-10-
16（T04）.

［51］余玮.金怡濂：为中国巨型计算机魂牵梦萦［J］.国际人才交
流，2022（8）：31-35.

［52］苏烁然.延续京城传统发廊的"魂"：美发非遗技艺传承人归秀
凤和刘清池的见证与坚守［J］.中国化妆品，2021（2）：106-110.

［53］矫阳.陆建新：不断挑战中国建筑新高度［N］.科技日报，
2021-12-21（3）.

［54］朱军，赵琳.许振超：不要"差不多"，干就要完美［J］.山东
干部函授大学学报（理论学习），2022（3）：63.

［55］余天娥.金牌工人"窦铁成［J］.新西部，2021（6）：83-84.

［56］长弓."大国工匠"李云鹤：一家三代守护莫高窟［J］.劳动保
障世界，2020（7）：40-41.

［57］唐聪.绚丽焊花成就"大国工匠"［J］.共产党员，2022（17）：
40-41.

［58］孟伟，王泰泉，李朝瑞.全国人大代表齐嵩宇：大国工匠为
"中国智造"保驾护航［J］.吉林人大，2022（9）：13.

［59］梅石."红旗工匠"项目融入高职院校"学习筑梦"课程建设研

究［J］.吉林教育，2022（26）：69-72.

　　［60］舒曼.新时代的楷模："大国工匠"人物素描［J］.快乐作文，2022（36）：32-35.